發薪即破財，直面高房價、高通膨時代的虐心解讀

被壓榨的一代

知名社會評論家
艾莉莎・奎特
Alissa Quart
著

李祐寧 譯

Why Our Families Can't Afford America

Squeezed

CONTENTS

前言

再也回不去的生活

債務讓米雪兒．貝爾蒙特（Michelle Belmont）寢食難安。這種焦慮實在很難對別人說明，然而每當有人問起，她又像是得到救贖般感到解放。她希望能讓別人聽聽，自己到底是如何奮鬥，而債務又如何像幼童腦袋中那張牙舞爪的怪物，死命追趕，從超市一路到兒子的安親班，以及那小小的一房一廳公寓裡。

就如同多數人的情況，一切從大學時期的學生貸款開始。米雪兒到父母的家鄉喬治亞州念大學，認為學歷能應允自己一個美好的未來。緊接著，她又因為攻讀圖書資訊學碩士學位而欠下更多學貸。沒過多久，她的兒子艾蒙誕生，而她和丈夫也因此累積超過兩萬美元的醫療帳單。米雪兒的生產、住院費等等看似再平凡不過的事情，所伴隨而來的代價，讓夫婦兩人感到錯愕。生產後，她希望能在醫院多住幾天——畢竟，她可是花了超過五個小時的掙扎，才好不容易把這個體重高達四．九公斤的胖小子生下來。

「我原以為保險可以幫助我們勉強度過難關，」米雪兒對我說。「但我先生買的保險太便宜了，所以你能申請到的給付也有限。」

緊接著，債務這頭巨獸開始成長。小艾蒙發高燒到三九．四度，他們不得不讓他住院接受治療。接著是連兩年的手術。餐桌上的帳單開始堆積成山。一開始，米雪兒總是努力把帳單付清，害怕拖欠醫藥費可能影響兒子未來接受治療的機會。但漸漸地，那些信封她連拆都不想拆。信封上有著不同的顏色，上面那些宛若無聲控訴的文字，不是要求米雪兒立刻繳費，就是威脅準備採取何種法律行動。她心中浮現自己站在法庭上接受審判的樣子，費心解釋自己的帳戶為什麼擠不出一點兒錢來。儘管債務總額已經超過六位數，卻似乎沒有要停止增長的意思。

在孩子出生前，這對夫妻勤勤懇懇地過日子，「但在艾蒙出生後，事情開始徹底失控。過去我們總是有錢吃飯，現在卻淪落至『我們該拿什麼買食物？』我開始用這張信用卡支付另一張信用卡的帳單。就算領到薪水，我還是擠不出該繳的房租。和周遭的人相比，我和先生的收入已經算是相當不錯的了，」米雪兒說。

米雪兒想盡辦法讓自己留在中產階級。她希望培養自己擁有更穩固的職涯發展——

成為一名圖資管理員，確立自己的未來。但這件事情的代價遠超過她的預期，而她變得更脆弱了。與此同時，生活上的各種壓力也更大了。貝爾蒙特一家人住在明尼阿波利斯一間還不錯的公寓內，而她和丈夫每個月必須負擔一千三百美元的房租。對米雪兒來說，明尼阿波利斯這樣一個時髦的都市（注：明尼阿波利斯擁有許多文化機構，其中著名的格斯里劇院〔Guthrie Theater〕是紐約百老匯以外的地方劇院先驅。明尼阿波利斯也是公園系統的典範，從每個住家到公園的距離都在八百公尺之內），所謂的中西部現代食品、家具和紡織品變得愈來愈昂貴。在我第一次和她見面時，貝爾蒙特一家人的債務，看似永遠都還不清。

為「做你所愛」付出代價

「除非未來一件壞事都不會發生，」米雪兒說著說著，幾乎笑了出來。「而壞事發生了。」

在我第一次和米雪兒對話時，我非常能理解她心中的擔憂。那時，我才剛生下自己的女兒。一直到我生了孩子後，我才迅速意識到自己也如米雪兒般，站在中產階級的邊緣，搖搖欲墜。我的女兒是面朝上出生的（醫院說這叫「單面荷包蛋」），而她堅毅的眼神也意味著我們即將擁抱的喜悅和憂慮。很快地，她的哭聲成為我和先生與浪漫喜劇生活絕緣的背景音樂。在她出生後，我和先生無預警收到一千五百美元的帳單，我們選擇匆匆繳清；然而多數美國人要面對的帳單金額更高，一般而言，生產帳單的平均金額約為五千美元。儘管我們確實避開了本書即將目睹到的許多人所面臨的經濟困境（部分原因在於我們租到一間租金在紐約堪稱奇蹟且穩定的公寓），但我們確實接連好幾年，陷入財務窘迫的危機。我們兩人多數時候是所謂的自由撰稿人，但在女兒出生後，這份工作變得不夠可靠（多數自由業者都會面臨此問題）。現在的我們必須面對托兒所和醫院帳單。於是，我們開始尋找收入穩定、工時穩定，而且還有附醫療保險的工作。

我先生已經五十歲了，而事實證明我們過去為了「做你所愛之事」、追逐相對自由的代價，終於來了。在女兒四個月大時，情況更糟了。一開始，我們雇用了一位全職保姆，而我作為編輯的稅後收入，幾乎全部用於支付這名保姆的薪水。再後來，我的薪水則全部用於支付女兒那美好的波希米亞式安親班費用（然而諷刺的是，這些付出愛與無微不至關懷的保姆，賺得的薪水往往只能讓自己勉強餬口）。然而與廣大因此受苦的人們相比，我們家的困境顯得微不足道。儘管如此，我們依舊渴望著擁有更大的社會安全網，以確保自已即便載浮載沉，也不至於翻覆。那時，我們活的就像是易受驚嚇的夜行動物。接受政府補助的日間托兒所，給了我們極大的幫助。但是對於那些沒什麼選擇的人來說，托兒所又能幫得上什麼忙？

最終，我先生找到一份全職的編輯工作，我也是。不過這或許並非巧合，我的工作是在非營利的新聞機構「經濟困難報告計畫」（Economic Hardship Reporting Project）擔任主編。該機構的目標是支援那些雖報導著社會不公現象、但自身卻面臨真正困境的記者們。

有了一份全職工作，我和先生總算免於跌出自身的社會階級外——至少目前還是如此。但即便在我們終於獲得暫時的安穩後，我卻怎麼也無法擺脫自責心理。儘管我們兩人都已經邁入中年，但我們卻沒有做好事前規劃，我這麼想著。我覺得自己太孩子氣，同時也懷疑是不是有外力在操控著這場遊戲——與我們不同，那些圍繞在我成長、並在都市裡工作的有錢人，以及在金融界工作的人們，從來都不用為了一點小差錯擔驚受怕。

而這份個人體驗，在某程度上讓我體悟到這本書最重要的宗旨：這不是你的錯。這點對我來說至關重要，也就是在面對債務或崩潰邊緣時，明白這不全然是你個人問題的體悟。儘管一些心理諮商或鼓勵確實有所幫助，但無法在美國社會生存下去的問題，不可能光靠鼓勵就獲得解決。也不可能透過一份用漂亮彩色印刷的履歷或養生食療法就順利排除。這是體制的問題。

生活在崩潰邊緣的新族群

《被壓榨的一代》是一本由心理與社會經濟困境所構成的書。此處的壓榨，指的是來自於個人經濟、社會地位和自我投射的壓力。在書中登場的中產階級們，其地位的判定不僅僅是依據財富；還包含了出身背景、教育程度、志向、資產，當然還有家庭收入。在美國，根據二〇一六年五月所出版的皮尤研究中心（Pew Research Center）調查，所謂的中產階級為三口之家年收入在四萬兩千美元至十二萬五千美元（二〇一四年）之間的工作族群，而中產階級家庭的數量，占美國家庭數量的五一%。[1]米雪兒．貝爾蒙特和她的家庭，就屬於中產階級家庭，而她們正承受到極大壓力。

許多中產階級家庭為了待在這個理應廣闊且多元化的生態圈裡，已經瀕臨崩潰且喘不過氣。那些未曾預料自己會淪落至這般境地的專業人士（如受過高等教育的律師、教授、老師、藥劑師等），在面對困境時，覺得自己就像是被一個不利於自身處境的體制所拋棄。他們對未來的期待在許多行業趨向自動化或機器人興起的威脅下（這些故事可在稍後的章節中讀到），顯得更加黯淡。

根據《華盛頓郵報》（*Washington Post*）和米勒研究中心（Miller Center）的調查，六五%的美國人擔心無法支付帳單，而那些接受我採訪，坐在餐桌前焦慮地喃喃自語的父母們，證實了這項調查的真實性。這些焦慮的部分成因在於，和二十年前相比，現在的中產階級生活開銷成長了三成；事實上，在我們即將看到的某些故事中，日常生活開銷的金額，幾乎是二十年前的兩倍。[2] 通往中產階級的門票——在公立大學接受四年教育的代價，自一九九六年以來，也幾乎成長了兩倍。[3] 在這二十年中，醫療費用幾乎漲了一倍。儘管租金（先不談買房）並沒有如教育開銷和醫療費用水平那樣，出現如此駭人的成長，卻也變得更貴了。與此同時，工會和員工權益卻持續受到削弱，退休金和最低福利限制不斷下滑。工時不穩定的情況變得愈來愈普遍，導致一直是眾多家庭經濟重擔的兒童照顧變得更難安排，代價也變得更為高昂，甚至進一步威脅家庭內部的和諧。而這樣的壓迫狀態，也同樣構築在性別歧視上。本書許多故事的主角都是女性，這個現象並非巧合。儘管確實還有其他原因，造成故事主角多為女性的情況，但最簡單的解釋就是，母親在職場裡是一個非常不利的身分。」根據統計，有孩子的女性其收入往往低於男性同事或沒有孩子的女性同事。但父親也沒能逃脫這場苦難，如果他們企圖平衡工作與家庭的時間比重，在職場上往往會被冠上「懦弱」的刻板印象。而如果他們進入傳統上以女性為主體的職業（這也是當前就業成長的主要範圍），他們也會獲得女性「傳統上」的低薪。

對於這些生活在崩潰邊緣的族群，我引用了經濟學家蓋伊・史坦丁（Guy Standing）所創造出來的「流眾」（precariat，另譯「不穩定無產者」）一詞，命名他們為「中產階級流眾」。[4]這個在二〇一一年迅速竄紅的詞彙，是用於形容那些因為僅能找到短期、低薪而導致負擔不斷加重、且人口數正在不斷增加的勞工階級。從收入的角度來看，我所謂的「中產階級流眾」，指的是那些位於流眾階級頂端的人們。此一新階級的觸角不斷、不斷地向上蔓延，甚至觸及傳統上被視為最堅實的中產階級。這些人深信自己所獲得的培育或出身背景，足以確保自己成為生活安逸、處事游刃有餘的中產階級，然而事情卻有出人意料的發展。他們的勞動力也變得不穩定或難以預測——他們簽下短期合約或接受輪班制，或甚至是無償加班。他們還必須額外做其他無償的工作，例如，與獲得終身職的教授相比，兼任教授甚至必須幫授課班級裝訂教材。此外，「中產階級流眾」中的有色人種處境更為艱難，他們的退休保障往往更差，且較沒有能力支付大學學費。

如同典型的流眾，中產階級流眾對人生與未來的憧憬被漠視了。他們是誰？他們又會變得怎麼樣？他們的收入驟降。面對堆積如山的帳單，許多人變成中產階級的「最前線」。當前的發展源自於種種問題，然而最關鍵的是，這些人口往往面臨收入成長不公平的處境，或如商業電視台企圖否認自己正是導致此一落差，進而刻意委婉稱之為「不均」（disparity）。美國是全世界上最富裕、同時也是貧富差距最大的國家。根據二〇一五年的《全球財富報告》（*Global Wealth Report*），美國的貧富差距規模居兩百多國之冠。[5]當最頂端的一％人口握有如此多的資源時（甚至遠超過五％至一〇％人口所擁有的資源），中產階級就會被排擠——無論是在金錢或精神上。

在美國中產階級家庭中常見的天鵝絨窗簾後，站著那些試圖維護既有社會地位、保有光鮮亮麗外表的絕望美國父母們。

這是一個再真實不過的演變。當我在臉書上發文提到自己無法如我的父母般（他們都在學術界工作），負擔相對節制的生活開銷時，許多朋友向我分享了自己的故事，提到他們的收入是如何全部投注在房租與育兒上——後者更是經常蠶食鯨吞總體家庭收入的三〇％。生兒育女的開銷就如同艾瑞．卡爾（Eric Carle）那本經典童書《好餓的毛毛蟲》（*The Very Hungry Caterpillar*）中的毛毛蟲，吞噬掉我們所賺到的每一分錢。育兒費用反應了一條現實原則：根據「機會均等計畫」（Equality of Opportunity Project）於二〇一六年所發表的研究結果，出生於一九四〇年代的美國人，其三十歲時的收入有九二%的機會，可以超越父母。出生於一九八〇年代者，則有五〇%的機會可以超越父母。而根據《紐約時報》的調查，中西部的機率則低於一半。[6]

「中產階級流眾」的誕生

在我還很小的時候，職業志向這個詞，等同於在每個一九七〇年代的早晨，看著母親將分級的藍皮書夾在腋下，蹬著腳下那雙高跟靴，「摳摳摳」走去教書的模樣。而每一天的結束，都在筋疲力竭的母親趕在托兒所休息前的最後一秒接我回家，並吃著義大利麵與肉丸的時光。作為大學教授的父母親，努力工作，享有健康保險、應得的退休金和社會保險（Social Security）。在他們年輕的時候，工作機會充裕，都會區的房租也較為便宜。他們可以承擔對現在家庭而言，可能過分沉重的額外開銷，他們可以將作為大學教授的薪水，撥出一部分讓我去上溜冰課。我被送到紐約市一所私立學校接受教育，全家人還會一起到海邊度長假，而我可以買一個蝴蝶形狀的風箏，在沙丘上採著野莓。他們並不是特例。過去，「中產階級」意味著擁有兩個孩子，並且能夠將孩子送去品質較高的公立學校

——有時甚至是私立學校的經濟狀態。這同時意味當舊鞋開始摩腳的時候，父母親可以替孩子買一雙 Stride Rite 的褐色瑪莉珍皮鞋。此外還可以擁有一間房子（儘管我們家沒有，但多數人確實會買房）。也許稱不上豪宅，但就是一幢附帶車庫、外觀樸質的美式平房。到了週末，你可以和家人共享天倫，有時還可以一起去電影院看電影，或利用繳交的劇場會員費，欣賞一齣舞台劇。平時的工作日，總能在六點下班，因此全家能一起共進晚餐。除此之外，這更意味著你可以進行儲蓄，支付孩子們未來的大學學費。

然而，對現在的美國中產階級家庭而言，這樣的生活餘裕變得愈來愈遙不可及。中產階級在各方面皆瀕臨危機，而「中產階級」這個名詞背後所承載的美好意象已然消失。同時，這種弱化也導致自我形象的崩毀。在二〇〇八年經濟危機之前，僅有四分之一的美國人，視自己為社會底層或中產階級底層。但即便是這些為生活所苦的人們，也認為自己的問題不過是暫時性的，不會持續太久。[7] 但在二〇〇八年的經濟衰退後，有四〇%的美國人視自己為金字塔底層的人口。（儘管此場衰退的導因經常歸咎於金融風暴，但事實上也可以解釋成自雷根時代以後，數十年來社會階級分離與向下流動現象的爆發或累積所造成。）自民意調查機構首度提出此一問題後，僅有低於一半——四四%（根據皮尤研究中心）的受訪者，認為自己是中產階級。[8] 與此同時，富裕者（此處對富裕的評估是根據資產扣除債務後）和中產階級流眾有著截然不同的命運。二〇一四年的拉塞爾・塞奇基金會（Russell Sage Foundation）報告指出，美國前五％的富人資產淨值為一百三十萬美元。[9]過去三十年間，前一％至五％的人口在收入方面，出現爆炸性成長，其餘人口卻停滯不前。

對於中產有色人種家庭而言，此種薪資與財富停滯的現象是非常可怕的。在二〇一七年一份由美國智庫「政策研究所」（Institute for Policy Studies，該組織為我所屬組織「經濟困難報告計畫」的資助者）和「繁榮計畫」（Prosperity Now）合作的研究指出，白人人口中的中等富裕者，其財富為黑人中等富裕者的六十八倍。對黑人家庭來說，所謂的中等富裕不過是擁有一千七百美元。

對多數美國人而言，二〇一七年的稅改，只會讓情況雪上加霜。而所謂的稅制改革，恰好展現了近期的美國是如何將貧富差距的現象，確立在法律體制內的例子而已。

如果你也是典型的美國白領階級，承擔著上述種種壓力，你或許會覺得自己就像是在憑著一己之力，努力抵禦國會的攻擊。然而，每次都是國會勝利。儘管如此，所有和我對談過的父母親，卻責怪著自己，從不認為是體制在和他們作對。

在《被壓榨的一代》中，你會認識來自芝加哥領著食物券（food stamps）的教授、波士頓的失業餐廳總經理、遠渡重洋到紐約找工作卻被美國夢背叛的褓母，甚至還有匹茲堡市那位因為機器人而丟了工作的藥劑師。這些處於邊緣的人們做了每一件「對的」事，然而他們的家庭生活卻沒有因此獲得相應的改善。有些人可以得過且過，有些人卻因為某些事的發生跌了一跤，然後再也爬不起身。

對母親們而言尤其是，我將她們的處境稱為「階級天花板」（class ceiling），這個詞結合了阻礙女性工作者升遷的「玻璃天花板」（glass ceiling）和社會階級所帶來的種種傷害。

期望本書能照亮正處於水深火熱之際的中產階級，並提供些許能幫得上忙的可行辦法。無論當前美國的社會現象為何，這些家庭依舊掙扎著企圖保有、或甚至只是單純地想要實現中產階級生活。接下來，就是他們的故事。

第1章
成為母親的痛苦抉擇

那本該是丹妮拉．南諾（Daniela Nanau）的職業顛峰，她三十多歲，當上一間法律事務所的合夥人十個多月。她的合夥人在勞動法領域享有極高聲譽，而她也為此感到雀躍；對於自己那間位在紐約市、有許多藝術品相伴的辦公室，她也非常滿意。南諾和老闆在工作上總是合作無間，她覺得她們兩人互相欣賞。甚至覺得兩人擁有極為罕見的「專業上的心靈契合」（引用她本人的描述），而且彼此的人格特質非常相似。

只是上班的通勤過程，開始讓南諾不太舒服：有些時候，她不得不在公車站牌附近一塊狹小綠地上的長椅坐下，但在紐約皇后區的早晨，這麼一坐，也意味著失去排隊上車的機會。等到公車要來時，她就如同住在郊區的西西弗斯，努力凝聚起全身的力氣站起來，但此時排隊的人龍早已越過了她的位置，她只好走到隊伍的最後頭。等到她終於踏進自己那間裸磚風格的辦公室時，她必須設法穩住自己，趁著自己在跌倒之前趕緊坐到椅子上。她覺得自己異常虛弱，並因此去看了腫瘤科。她得了癌症嗎？在血液檢測的結果出來後，醫生問：「妳難道不知道自己出了什麼事嗎？」她懷孕了。

如果這只是一張賀卡、或身在一個視每位母親為家中天使的時代，那麼南諾或許可以打從心底感到開心。她可以什麼事都不做，想著自己肚中的小寶貝到底是長到荔枝大小、還是葡萄柚大小，但她沒有，她的身心備受煎熬。畢竟念過研究所的她，是家中最主要的經濟來源。南諾的先生跟她一樣，在華盛頓特區從事政治方面的工作，但此刻他正在改裝家裡，整日不離手的電動工具和刮刀盤據家中每一處角落。他的工作並不賺錢。如果南諾被解雇或無法找到下一份工作，她們將無法繼續支付房貸。

她徹夜難眠。坐在那張來自她德裔祖父母流傳下來的芥末黃馬海毛沙發上，她想起在一場午餐會上，其他法律事務所合夥人對她說的事。如果她想在這個領域生存下去，那麼她最好在四十歲之前都不要生小孩。她試著甩開這些令人不安的念頭，並決定告訴老闆自己懷孕了。然而，在她開口後的一個星期內，老闆完全忽視她，連一句話都不願意跟她說。

儘管她懷孕了，那本就纖細的身體卻沒有增加分量，反而日漸單薄。她很快就意識到，老闆之所以會突如其來對她產生敵意，是因為她近日出現的病態和總是較晚才進辦公室。此外，她也認為老闆覺得懷孕這件事，只會讓南諾變得愈來愈虛弱。她覺得他一開始是因為南諾居然想要小孩這件事而回避她；之後又不斷忽視她，即便不得不說話，也總是疾言厲色。然而，她不敢抱怨或如自己的客戶那樣，對公司提起告訴。因為她知道在紐約，她們這個圈子非常小。她丈夫知道在她進入這間公司的那十個月裡，她每週固定會有一天在辦公室裡工作到深夜，有時甚至連晚餐都沒時間吃。所以他希望她立刻辭職。南諾開始找下一份工作。

當南諾終於提出辭呈時，她沒有告訴雇主自己辭職的原因。然而就結果來看，她是非常幸運的。南諾得已翻越「母性高牆」（maternal wall，用於形容職業母親和企圖就業母親所遇到的各式各樣歧視），且逃脫此種偏見所帶來的長久影響。在她離開那間有著「壞老闆」的公司後，她找到另一份法律工作，待遇甚至更好。這件事徹底改變了她。在接下來的幾年裡，她親身經歷的不公平對待，左右了她對就業歧視訴訟的態度。然而，對於自己的個人遭遇，她選擇吞下去。

職場中的家庭歧視

南諾與那些她試圖為其討回公道的女性們，並不是特例。這些對待孕婦的態度，反映出美國企業與立法者對於「照顧」這件事的在意程度是多麼地低。懷孕歧視案件的數量正在大量攀升，二〇一六年，一份由工作生活法律中心（Center for WorkLife Law）所發表的報告指出，在過去十年間，儘管整體聯邦就業歧視案的數量減少了，所謂的「家庭照顧義務歧視」案（family responsibilities discrimination），卻成長了二六九％。[1]在二〇一一年美國公平就業機會委員會（Equal Employment Opportunity Commission）收到的歧視申訴案中，有一〇％的案件和因為懷孕而未能獲得雇用的女性相關，數量出現驚人成長。

家庭歧視案件的成長，部分反映必須擔負照顧義務的員工（無論是男性或女性）數量正在成長。而女性就業量增加，是企業職員兼任家中孩童照顧者數量成長的部分原因。然而，就業環境的改變不夠。在美國，懷孕和為人父母（如同我們即將在稍後章節中所看到的）就像是一場職業災難。南諾提起自己的客戶——那些在懷孕六個月的時候，連張椅子都沒得坐、不得不持續站在收銀台後的女性們。而那些她作為白領工作者的客戶，更經歷了各式各樣的騷擾：承擔超過一個人所能負擔程度的工作量、接受同事對工作和生活該如何取捨的「友善」建議、或單純地對他們雞蛋裡挑骨頭——衣服是否太緊、是否有產後憂鬱症等。在受訪時，南諾的音量逐漸提高，臉部漲紅。有太多人遇到比她和朋友更慘的遭遇，她說道。為什麼嬰兒的存在會變成一種罪惡？我們怎麼能生活在一個蔑視懷孕的社會裡？當我們拆解層層現象時，你會發現社會對懷孕與孩子的態度是非常奇異且超現實的，且在很大程度上輕視這種自然發展。

這本書描述在經濟上承受著巨大壓力的家庭。然而，如若我們能正確看待照顧這件事，這些家庭在一開始就根本不會陷入困境。在賀卡上和共和黨候選人的口中、在陌生路人說出來的「願上帝保佑你」話語中，孕婦和孩童以一種逆於常態的方式被浪漫化了。但在職場上，這些讚美並沒有獲得任何實質的配套措施。

如同許多職業母親，當我的朋友也開始建立自己的家庭時，對於懷孕和撫育孩子隨之而來的經濟困境，我有了更尖銳的體悟。在我還沒有生孩子時，我記得自己曾和一個剛進行完工作面試的女性友人吃晚餐。她穿了一件灰色、寬鬆的粗針織毛衣，隱藏自己懷孕的身形。「我不打算跟他們說我快要進入第二個孕期，」她指著身上的粗針織毛衣，談論著她去應徵的公司，並在酒吧裡點了一杯蔓越梅汁。她拿到那份工作，並在接受工作時坦承這件事。很快地，她開始察覺到新老闆的不悅。工作時，她那三十六歲的同事表示自己很怕懷孕，因為她不想丟了工作。其他懷孕的朋友們也試著隱瞞這件事。和潛在雇主（如法律事務所或新公司）見面時，她們會用寬鬆的夾克遮蓋自己微微凸起的肚子。

她們的恐懼不難理解。在二〇〇五年至二〇一一年間，與懷孕有關的歧視案，成長了二三％。[2]這些女性覺得自己必須「隱瞞」自己有了我所謂的「隱匿型懷孕」（hidden pregnancies）這件事。（當我在和南諾的談話中提起這件事時，她說：「那些隱藏自己懷孕的婦女是正確的。不然她們怎麼可能和雇主談判？」）

此種負面刻板印象為「照顧者懲罰」（caregiver penalty）的一部分：廣泛用於指稱對於身為照顧者所給予的社會懲罰。如同哲學家瑪莎·納斯鮑姆（Martha Nussbaum）所指出的，美國社會懲罰所有照顧階級（父親、母親、托兒所工作者），認為這些人「有所不足」。此種態度源自於對人類弱點的難以容忍，並因此蔓延到被人性折服的人身上。

身為父母，就會遭遇到非常明確的照顧者懲罰。在職場上，照顧自己的孩子就會受到「家長懲罰」。（美國聯邦與地方政府就像瘋了似的反對育嬰法。）受到家長懲罰的對象，並不僅限於母親，男性也會。想請育嬰假的男性，很可能會遭到雇主斷然拒絕。有一次，南諾嚴肅地提起針對此一現象的調查，就好像這些是程式原始碼般：與女性職員不同，男性職員在有小孩後往往可以獲得加薪，但如果他們提出請育嬰假的要求，就可能必須在工作上付出代價。[3] 如同德勤（Deloitte，四大國際會計事務所之一）針對成人工作者所進行的調查指出，有三分之一的男性受訪者表示自己不會請陪產假或育嬰假，因為這麼做會危及到自己的地位，而他們或許是對的。[4] 多倫多大學（University of Toronto）的副教授珍妮佛．伯達爾（Jennifer Berdahl）發現，那些比一般職場男性承擔更多育兒責任的男性，受到不公平待遇的機率較高。[5]

我們或許可以這麼認為：身為父母所受到的懲罰是不分性別的。

懲罰父母的其他現象，還包含難以取得且代價高昂的兒童照顧服務。美國是一個不太在乎雙薪家庭是否能負擔、是否容易取得兒童看顧資源的國家。對於那些企圖維持或進入中產階級生活的父母來說，這是一個極大的障礙。這樣的懲罰深入那些家長的生活中，讓他們的日子變得更為艱難且昂貴，生活作息更是緊繃到令人發狂。

母親懲罰則顯示了作為雙親之一的女性，必須承擔最多壓迫。如同史丹佛大學（Stanford University）教授雪萊．柯瑞爾（Shelley Correll）指出的，雇主較不願意雇用母親。[6] 此外，母親們也總是被評估較不適合升遷，獲得舉薦而踏上管理職位的機率也更低。另一項研究則指出，獲得工作的母親其年薪低於那些與其資格相同、但沒有孩子的同儕，平均僅有一萬一千美元。[7]對於那些因受就業市場拒絕而感到自卑的母親來說，母親懲罰也是束縛在她們身上的意識型態，讓社會對照顧者的輕視——認為照顧小孩是無能、平庸或甚至根本算不上什麼勞務的偏見，在她們心底扎下了根。

照顧孩子讓女性受到職場騷擾，甚至因為孩子的出生而被迫離開工作崗位。當父母的其中一方必須辭去工作、在家帶孩子時，離開的通常是母親，或者淪落為一個能力不足、經常被套上「失敗者」刻板印象且還需受到騷擾的就業者。對多數老闆而言，員工孩子那小小的手指就像是生產力的小偷。在工作場合裡，一名養育孩子的員工在雇主心裡，或許就是一個穿著休閒褲的沉重負擔。對懷孕的偏見導致了美國雙親（尤其是母親）在經濟上面臨困境，從而受到壓迫。學者吉莉安．托馬斯（Gillian Thomas）發現，即便女性沒有因為懷孕而遭到閒言閒語、或被迫離開工作崗位，其薪水也會受到調降。麻省大學阿默斯特分校（University of Massachusetts Amherst）的社會學教授米雪兒．布德格（Michelle Budig）指出，調降的幅度平均為每個孩子七%。[8]

社會大眾對於產假與育嬰假的嚴厲態度，對新手媽媽的影響尤其顯著，因為她們需要承擔極大的心理與生理壓力，才能重回職場。對許多行業來說，孩子就像是毒藥，證明你沒辦法為工作付出全部或更多心力。然而事情不該如此。

一懷孕就完蛋

二〇一六年，一個寒冷的日子，我和南諾走在她那位於皇后區格倫代爾（Glendale）的家與其從小到大生長的森林小丘（Forest Hills）附近。我們就像是在瀏覽四十年前就豎立在此的上層中產階級生活縮影。那裡有一間沒有招牌的法國麵包店，南諾買了一個蘋果塔。那裡還有一間舊式裁縫店，櫥窗裡放著人形模特兒，身上穿著一件打著蝴蝶結的雙縐襯衫。在充斥著墓園和巨型幹道的格倫代爾，南諾可以用低於紐約高價地區一半的價格，買下一幢房子，市面上也有不少房子的出價甚至更低。在南諾那幢有著都鐸式外觀的迷住家內，她快要滿九歲的女兒奧莉維亞（Olivia）滾著一個大大的紅皮球，做了一個倒立，接著便迫不及待地要讓我看她扮成《冰雪奇緣》（*Frozen*）中艾莎的萬聖節照片。南諾七十五歲的母親英嘉（Inga）曾在非營利組織擔任會計，現在則幫忙照顧奧莉維亞。英嘉向我分享自己因為懷孕而遭到差別待遇的經驗，那是一九七〇年代早期，當時她的一個老闆對著她的先生談論了她的工作情況，而不是懷孕的英嘉。

南諾是德國人和羅馬尼亞人的後代，她的父母在一九六〇年代來到紐約皇后區。在南諾還小的時候，嚴格的父親就要求她不斷練習數學，而她也將同樣強度的毅力灌注到自己的法律工作中。當她向我介紹那隻被她稱呼為「超級甜心」的寵物——淺褐色比特犬時，我並不意外。

接著，南諾向我訴說了那個她埋藏在心底將近十年、因懷孕而遭到歧視所累積的憤怒經驗。受到不公平對待的回憶，在漫長的時間過去後，依舊縈繞在她心裡。現在，南諾擁有自己的法律事務所，負責處理那些在職場上遭到歧視的客戶，而那些客戶多為女性。

她也非常理解作為病童父母——尤其是缺乏金錢者，所必須付出的代價。當她的女兒早產時，南諾和女兒一起住進新生兒加護病房，女兒在那裡接受黃疸症及體重過輕問題的治療。南諾回想起當看到女兒臉上那副小小的太陽眼鏡（確保她的眼睛在照光時受到保護）滑落時的感受。就在那一刻，她突然意識到女兒是如此脆弱，並開始害怕女兒在出生的頭一年裡，會遭遇任何傷害。為了加強自己的母乳品質，南諾每天都逼自己喝下將近四公升的牛奶，希望能對體重過輕且早產的女兒帶來一點點幫助。如果她不能離開工作以滿足女兒的生理需求，該怎麼辦？或者，如果她因為選擇多和自己那身形嬌弱的女兒、而不是客戶相處，並因此受到工作上的懲罰時，又該怎麼辦？

當南諾替其他女性打官司時，她會從雇主的言論中找出最隱晦但常見的侮辱性言語，而那些言語往往也洩露雇主對南諾客戶帶有的性別刻板印象。在這些言論中，有些是以「好心」的暗示呈現，像是暗示員工不應該有小孩，或者產後她應該減肥。站在法庭上的南諾將這些言論轉化為利器，刺穿職場上對生兒育女所抱持的無所不在偏見與不公。

我曾經和這些婦女談過話，像那群正透過美國公民自由聯盟（American Civil Liberties Union）的訴訟案，以爭取在職場上使用擠奶器權利的女機師。[9] 她們的申訴內容指出，「她們受到航空公司的歧視，航空公司也未能給予其他女性空服員在懷孕及哺乳方面的配套方案。」其中一名參與訴訟案的女性機師，是來自邊疆航空（Frontier Airlines）的副機長蘭迪．弗里亞（Randi Freyer），她於二〇一三年九月到邊疆航空任職。半年後，她有了自己的第一個孩子。在孩子出生後，正在執行飛行任務的她被告知，飛行期間不能使用擠奶器。

就在這一刻，母性本能占據了弗里亞的腦袋，她回憶道。

在此之前，餵母乳的機師和空服員都是「自尋出路」，在飛行的過程中想辦法擠奶。

然而，航空公司「說我們不可以在飛機上擠奶，又沒給我們其他選擇」，弗里亞表示。因此，她們只好在飛機上的廁所擠奶。

機師要求公司在飛機上或丹佛、芝加哥、佛羅里達的機場內設立哺乳室，卻未能獲得航空公司正面回應。最後，當弗里亞生了第二個女兒、並且再次遇到航空公司冥頑不靈的拒絕時，她和一群機師代表她自己以及那些和她一樣、被公司告知不可以在工作期間擠奶的員工，提起告訴。

對於公司不能提供她們一個乾淨且有插座的地方來擺放自己的擠奶器，弗里亞感到莫名其妙。她甚至願意認輸、乾脆請假以進行哺乳，卻沒有任何可供她請假的理由事項。由於女性在懷孕三十三週後，就不能搭飛機，因此在兩個女兒出生前，她分別被迫請了八週的無薪假，並導致家裡失去一部分的收入來源。她說自己曾表示只要能拿到薪水，她願意擔任地勤工作，但邊疆航空沒有給她任何選擇。

她住在科羅拉多州位於山區的伊格爾（Eagle）小鎮。巧的是，她和先生都是瘋狂投入工作的機師，只不過先生效力於美國軍隊，而她在民間航空公司任職。

她並不是那種沉溺於時下風氣、堅持母乳一定要餵到孩子三歲的母親。對於自己居然會帶頭反抗，弗里亞本人也有些意外。在工作的時候，她不喜歡出鋒頭。她更情願

「乖乖低著頭，替公司老闆們盡自己之力，做到最好」，她這樣描述自己。和邊疆航空的這一戰非常痛苦，情勢非常緊繃。在邊疆航空擔任她指導者的經理，沒有為她提供任何幫助。弗里亞選擇採取法律途徑來對抗公司的行為，依舊讓她覺得就像是在進行一場「職業自殺」，但她知道自己必須挺身而出。

儘管如此，多數心懷不滿的母親並不會像弗里亞那樣走上法院。相反地，她們選擇使用影響力較小的網路平台如「一懷孕就完蛋」（Pregnant Then Screwed）網站來傾吐心聲。在網站上，許多女性描述自己如何因為懷孕而被解雇或因此在職場上受到打壓。一名擔任木匠學徒的女性表示，她被告知自從她懷孕後，工作表現就受到影響。一名畢業於常春藤名校、從事法律相關行業的女性，儘管曾經受到直屬上司大力讚賞，但在懷孕後，就立刻「失業」了。看上去，女性的生計似乎打從懷孕開始，就受到危害。

如同美國總統川普曾經說的，懷孕「會對公司造成一定程度的不便。無論人們願不願意直言，事實就是：對公司經營者而言，這是非常不方便的。」儘管讓人不舒服，他說的卻是資本主義下最血淋淋的常識：員工怎麼可以因為任何原因——尤其是生育下一代而請假？但按照這個邏輯，那我們這些生育下一代的人該怎麼辦？

你們還想生第二個嗎？

在我懷孕後，我也體驗到了這一切。我閱讀了小說家瑞秋・庫斯克（Rachel Cusk）那本冷眼旁觀她懷孕及早產過程的回憶錄《人生使命》（*A Life's Work*），並在讀到她寫的「在孩子誕生後，父親與母親的生命歷程開始分歧，過去他們的生命曾經處於部分平等的狀態，現在兩者間卻淪為一種猶如封建制度下的關係」後，我闔上書本。[10] 庫斯克說，在自己的孩子出生後，她「無可避免地逐漸陷入在更深的父權主義下」。對於此種陷入，我感同身受，但並不是基於婚姻中的性別差異，而是因於面對「父權體制」及職場的封建本質。

之所以用封建來形容，是因為比起作為一位準媽媽，我更像是一名農奴，一名必須無償地懷著那位如同公主般尊貴的胚胎的奴僕。我曾經拒絕懷孕，就是因為我不想成為所謂的契約勞工。而當時的我甚至還不知道，情況可能更慘。就跟南諾一樣，我也屬於中產階級，在得知懷孕的時候正從事自由業，算是中產階級流眾的一員。那時我三十八歲，和先生住在全球最昂貴的城市紐約（現在依舊如此）。承諾我只會在懷孕的頭三個月感到不適的婦產科醫師和其他母親，臉上帶著冷靜、甚至有些自鳴得意的微笑。然而一直到懷孕五個月的時候，我仍舊非常虛弱，我覺得自己就跟維多利亞時期經常昏倒的女性沒兩樣。我只吃得下芒果奶昔，但這個飲料的成本有點高。我的特殊妊娠併發症叫妊娠劇吐症（hyperemesis），一個以拉丁文來表示對孕期維他命攝取感到反胃的詞彙。我發現自己經常對著街角的金屬垃圾桶大吐特吐。對我來說，懷孕就像是一種讓我渾身病痛的劣藥。朋友給了我檸檬口味的止孕吐棒棒糖和灰色止吐手環，一些看上去滑稽但宣稱可抑制膽汁湧上喉頭的工具。我無法工作，甚至無法好好說話。我以嚴肅的哲學思維，將主流連鎖店「目的地孕婦裝」（Destination Maternity）的名字，套用在自己身上：現在的我很虛弱，但我覺得自己就像是朝著一個既是終點、也是嶄新起點的地方前行。由於我實在太虛弱了，就連過去十五年一直從事的自由撰稿工作都無法負擔。因此，我們只能依靠我先生的工作收入及存款過日。

當我躺在床上閱讀書籍時，我知道我們家會變得愈來愈窮，而我卻只能躲在被子裡，抱著我那巨大、腫脹且爬滿藍色血管的肚子。我變成一個病態的失眠患者，不是閱讀那些關於十九世紀女性苦難的文字，就是觀看深夜的電視購物頻道，刀具和大腿運動器材的廣告就像是我的色情片，並暗示我心底有多麼地無助。

當我們的女兒出生時（她就像個渾身通透的小外星人，生產過程使她的頭型被擠壓成一個猶如龐克髮型般的形狀），我們已經累積了許多預期之外的帳單。儘管我們都有購買自由業者的健康保險，但還是有大量住院費用未能獲得給付。根據一項二〇一三年的研究，生產費用（無論是自然產或剖腹產）與一九九六年相比，成長了三倍：二〇一三年，美國平均剖腹產的費用為一萬六千零三十八美元，自然產費用為一萬兩千五百六十美元。[11] 生孩子可不便宜。

我還記得在女兒出生後，看著存款金額逐漸減少的我，是多麼地緊張，我正在為自己的產假付錢。那時，我就像個吝嗇鬼，開心地接過每一件二手連體衣。我還記得當自己邊餵著母奶、邊看著趴在自己肚子上的嬰兒，同時思考銀行帳戶就要被榨乾時的焦慮。我的奶水一直不足，因此我用擠奶器試圖擠出更多母乳。擠奶器發出來的聲音就像是某種電子音樂或迪斯可、或一首工業搖籃曲，而我總在倉促趕往各種新聞、社論現場的辦公室或地鐵廁所裡，拚命擠奶。我的腦海中總是不斷響起（如果還稱不上被主宰的話）我需要賺錢的聲音。熟人問我，「你們會想生第二個嗎？」我知道我的孩子注定是獨生女。面對根本不夠的產假與育嬰假，許多父母和我們夫妻一樣，選擇只生一個孩子，因為這也是我們在經濟上唯一能負擔得起的程度。我們家絕非特例。在全美的就職人口中，僅有一四%的人享有有薪家庭假（paid family leave）。[12]

這一部分也解釋了，為什麼這麼多的美國媽媽無法承擔在懷孕期間，乾脆辭職幾個月，等到生產完後再重返職場的原因。任人宰割且根本上否定生理本能的市場，很有可能會抹煞我們的存在價值。

育嬰制度

我們需要更周延的制度，才能獲得不一樣的工作環境。在法國、英國、智利、荷蘭和南非的婦女，其在醫院進行自然產所需付出的代價不僅較低，且部分或全部的費用還可以由保險或國家來承擔。二〇一二年，荷蘭的自然產平均花費為兩千六百六十九美元；二〇一五年，南非的自然產平均花費為兩千美元。[13]

談到家庭假，以加拿大的魁北克省為例，由國家負擔的產假與育嬰假保險能給予父母最高達其薪水七五％的補貼，且能給予母親長達連續十五或十八週、父親三至五週的假。[14]在丹麥，母親在孩子出生前，可以獲得四週的有薪「懷孕假」，產後還可以獲得十四週有薪產假。而領養孩子的父母，也可以獲得十四週的家庭假。總體而言，每生一個孩子政府就會給予父母最高達五十二週的有薪假（包括一開始的十四週）。[15]在我生女兒之前，我曾到冰島採訪。在參觀某個觀光景點時，一名女性嚮導帶我們參觀該國最著名的作家赫爾多爾．拉克斯內斯（Halldór Laxness）被精心修復的中世紀房屋。女嚮導快速地向我們介紹自己的生活，她有三個孩子，目前沒有伴侶，不過她們一家過得非常好（我推測，她們現在非常有可能正開心地泡在溫泉裡）。如果她有先生，那麼她的先生或許就能受惠於冰島九〇%的人口都能得到的「爸爸假」。[16] 該國給予父母雙方各三個月的假，以及額外三個月可供父母自由支配的假。

值得一提的是，該國的經濟自十多年前的銀行危機之後，目前狀況還算不錯。確實，即便在這些先進的國家裡，對生育一事毫不重視的市場依舊影響著人民。在瑞典，父親怕影響自己在職場上的地位和競爭力，通常不會把所有的親子假都請完，所以政府使用了獎勵機制，確保父親們能獲得應有的假期。儘管我們或許會嘲笑蜜芮兒．朱里安諾（Mireille Guiliano）那本《法國女人不會胖》（*French Women Don't Get Fat*）所流露出來的歐洲沙文主義，但對於潘蜜拉．杜魯克曼（Pamela Druckerman）於二〇一六年發表在《紐約時報》上那篇關於美國人生活在法國的文章，還是會心生嚮往。「突然間，所有重擔都不再集中在我身上，」杜魯克曼寫道。「我終於理解為什麼歐洲的母親不會為了取得工作與生活間的平衡，陷入在永無止境的恐慌中，也不需要寫一本書關於擔任經理職位的母親們該如何更努力的書。他們的政府主動提供幫助，而且做得非常好。」[17] 統計上，芬蘭的中產階級父母獲得的待遇更好，荷蘭的父母甚至過得更快樂。

在我女兒出生後，我曾幻想自己可以到哥本哈根一類的地方，度過一段很長的有薪假，這樣我就可以坐在漢斯．韋格納（Hans Wegner）的椅子上，一邊照顧我那漂亮的女兒，一邊看丹麥的政治節目《女總理比爾吉特》（*Borgen*）。我的先生會為我端上醃漬魚和黑麥麵包。相反地，對我和多數的美國父母而言，我們就像是被迫從事討厭的工作以支持那個我們沒能抽出時間陪伴、因而關係疏遠的家庭。在美國，僅有一三%任職於私人公司的父母（無論是男性或女性），能從雇主那裡獲得有薪的家庭假，[18] 至於這些假期的長短與品質，則沒有什麼資訊能得知了。談論到假期，表現最傑出的美國公司為科技公司、各大平台（Adobe、Spotify、Etsy）和非營利基金會。我們其他人就只能像是一個被用力榨乾、直到僅剩下果皮的水果。

被育兒開銷壓得喘不過氣和缺乏假期的日子，讓為人父母者感覺自己就像是被徹底擰乾，而這在某種程度上解釋了為什麼閱讀到在法國養育小孩的文章時，對美國職業媽媽來說，就像是在看色情片般。這不僅僅是養育法國寶寶（bébé）的情況，更是德國寶寶（das Baby）和義大利寶寶（il bambino）的情況（在義大利，婦女擁有五個月的產假，而且休產假的期間還可以領八〇％的薪水）。在許多國家，有薪假可以延長到三個月，如果是新手父母還可以更長。對於新手父母，英國提供兩百八十天、可領九〇％薪水的假，加拿大提供一百一十九天假（可領五五％的薪水），而荷蘭則提供一百一十二天可領全薪的假。[19] 任何有孩子的父母都知道，頭三年不僅僅是孩子需求最多、且最需耗時照顧的日子，更是孩子發育的最關鍵期。（這段討論的最佳配樂，莫過於當嬰兒聽到母親可以領到幾乎全薪並待在家裡陪他們時，[20] 從哇哇大哭轉為破涕而笑的笑聲。）

在美國國內，《家庭與醫療假法》（*Family and Medical Leave Act*）給予父母至多十二個星期的無薪假。家庭與醫療假法適用於所有公共機構、小學及中學、還有員工人數超過五十名的公司。然而，未能適用此法案的人數，只會隨著中產階級流眾的增長，不斷上升。畢竟中產階級之中，有愈來愈多的人口為自由業者和約聘人員。因此，當美國中產階級的非官方報紙《紐約時報》指出，我們國家的中產階級——長久以來被全世界視為最富有的人，已經失去此種地位時，並不讓人意外。本書裡的訪談對象，並不是全部都過得很富裕，如同稍早所提到的，我使用美國商務部（U.S. Commerce Department）對中產階級的定義，其中也包括了收入和志向，像是擁有一個家庭、或家中每位成人都能擁有一輛車的想法。

被汙名化的孕婦

懷孕和早產所造成的大量壓力及懷孕女性可能遭遇到的歧視，源自於我們生活中所遇到的男性主宰思維老闆及男性沙文主義者。就如同當代社會的家長總會在許多事情中感受到無形的壓力般，我們可以發現在本質上，對懷孕所抱持的偏見反映了社會對於女性（有時甚至是人類）生理特徵的否定。我們經常無法獲得避孕措施或計畫生育保險，就好像意外懷孕的成因像一樁謎案般。此外，如同本書後面章節所言，生理年齡對於老年人而言，也成為他們在職場上受挫的主因：如果他們無法「克服」生理上的差異，他們就是失敗者，而履歷上所標示的年紀對他們而言，就像是一種出賣。

當然，「我們的生理條件是否會界定我們的人生與職業」，一直是一個非常複雜的問題。在爭取平等的關鍵戰鬥中，女性主義者吶喊：「生理不該左右命運。」但這個口號並不意味著實際的生理差異不存在。但只有當女性在職場上的表現與男性相同、或甚至更好時，才會被視為一個有價值、有生產力的員工。南諾回憶起自己懷孕後期在不同公司工作的情況，回想自己是如何穿著全黑的褲裝、留著幾乎齊頸的短髮和使用髮膠，「打扮得像個男人」，企圖模糊自己的性別。然而，懷孕後的她覺得非常沒有安全感，因此她總是偽裝成趾高氣昂的模樣走在街上，盡可能爭取四周的空間。

對我而言，南諾的大搖大擺和其他女性盡可能隱瞞上司自己懷孕的行為，就像是另一種隱匿型懷孕，就是偉大的社會學家厄文・高夫曼（Erving Goffman）所稱的「掩飾」（covering）。[21] 而這些也是人們如何遮掩並混淆受汙名化身分——即高夫曼口中的「受損身分」（spoiled identities）的最佳實例。無論實境秀怎麼演，或賀卡上的問候有多麼地親切，美國社會下的「孕婦」，就是一個受汙名化（stigmatized）的身分。

此種態度就埋藏在南諾等中產階級女性工作者因為過早懷孕，所遭遇到的懲罰中。延後、規劃、等待是中產階級工作者的口號。當上司也能主宰員工的家庭生活時，生活重心的紊亂是必然的結果。

如果在懷孕的等式中加入體制內的種族歧視與美國種族間不平等的財富分配現況，我們很快就能發現黑人家庭處在一個更為糟糕的情況下。與白人同事相比，黑人女性可依靠的儲蓄更少，因此更無力負擔請產假，或因為懷孕和生產所導致的醫療帳單。

這些是南諾的母親和我的母親所經歷過的戰役。一九六四年美國民權法案（Civil Rights Act）的修正案《禁止歧視懷孕法》（*Pregnancy Discrimination Act*），頒布至今已經將近四十年。該法案宣稱任何基於懷孕或生產所產生的偏見，都屬於違法的性別歧視。一名雇主不得因任何與懷孕相關的情況，拒絕雇用女性。一九七八年，在我六歲那年，國會通過了禁止歧視懷孕法。「禁止歧視懷孕法對雇主政策帶來立即且顯著的改變」，法律學者黛博拉．布雷克（Deborah L. Brake）和喬安娜．葛羅斯曼（Joanna L. Grossman）寫道。[22] 藉由陳述懷孕不該影響一名員工的薪資或升遷結果，《禁止歧視懷孕法》希望能終止所有惡劣的性別歧視。然而，隨著時間的推移以及下級法院的闡釋，禁止歧視懷孕法的效果被弱化了，其對於懷孕歧視的定義也變狹隘了。這份法案的效果之所以難以發揮，是因其對於歧視所給定的定義不夠詳盡。身為一名律師，南諾見過太多「雇主知道如何建立紙本記錄」來面對女性員工的投訴；而她也見過這些雇主是如何利用這些紙本記錄來贏得訴訟案。而這些都屬於法學家瓊．威廉斯（Joan Williams）所謂的「母性高牆」（maternal wall）——根據常用的「玻璃天花板」所創造出來的空間性隱喻，一道囚禁所有女性工作者的高牆。[23] 換句話說，懷孕工作者必須面臨多種歧視，而這些歧視部分源自忽視私人生活的職場環境及雇主，導致職業母親經常被迫切割自我，將生產和早期育兒的艱苦過程與職業生涯徹底區隔。

什麼樣的改變，才能為女性工作者帶來保護？美國性別平等法律中心（Gender Equality Law Center）等團體，提出了一些想法。，他們希望能給予男性、女性及性別中立者具備「薪水透明性」的有薪假法律，同時也鼓勵男性（即便是非「高階」工作者）能請（或向公司申請）產假；該組織同時也表揚了最出色的企業育兒假制度，並指出最差勁的做法。其他非營利組織也紛紛仿效，此外還有代表職場懷孕婦女及新生兒母親的重大訴訟案，正在進行中。

如果企業能提供父母九個月的家庭假，那麼必須承擔懷孕責任的管理階層或老闆將會減少，因為所有公司都是一樣的。如果壓力能平均分散，那麼因請假而產生的成本，就更有可能為大眾所接受。

有些人則認為歧視本身所造成的產量下滑、員工流動率、以及因歧視訴訟案所耗費的時間、精力與金錢，讓美國賠上了數十億美元。那些因榨乾員工生活並將懷孕婦女拒於門外的企業主，也為此惡名付出代價。這些惡名玷汙企業的公共印象，如早期被視為勞工烏托邦的科技業，現在卻成為高級血汗工廠的代名詞。如同擔任美國性別平等法律中心組織律師的蘿倫．貝特斯（Lauren Betters）的看法，他們希望所有公司——尤其是小公司，能明白即便女性休假，也不會因此讓公司陷入經營危機。

是的，與沒有懷孕的女性員工相比，懷孕員工的獲利能力或許會下降。但這也沒關係。我們應該單純地擁抱生命價值應高過於經濟產值的價值觀。那些願意在職場上坦白自身處境的女性，也不該因此受到懲罰。

「我是一名投訴者，而我認為當你受到不當對待時，就應該提出申訴，」南諾對我說。「但婦女也需要為挺身而出付出代價，」她坦承。

二〇一六年十月下旬，南諾讓我參觀了她的家，一個幾乎由她和先生家中傳家寶所點綴的家。倚坐在風格現代的靠枕堆之間，有那麼一瞬間，你幾乎分不清自己身在哪個時代。我們坐在她那下沉式的客廳裡，一邊喝著花草茶，一邊吃著胡蘿蔔薄片沙拉，偶爾看看她祖父的時鐘，以提醒自己時間。她說掛在樓梯周圍牆上的照片，顯示了夫妻雙方家族中職業婦女在美國與德國的故事。「我們並不是生來就很富有，」南諾解釋了她和先生家庭的狀況。「我們或許擁有一份非常體面的工作，但我們也必須持續工作。處境與我們相似的中產階級，根本無力負擔因為懷孕或生產而離開職場幾年的經濟壓力。」

她推遲了懷孕，認為等到自己終於「有小孩時，應該一切都不一樣了，而這自然也包括了擁有足以負擔養育孩子的財力。」說著說著，南諾似乎有些懷念那個對於未來還抱有些許憧憬的自己。

然而，這不僅僅是她自己人生的問題。不幸的意外是她此刻的故事和其他與之相仿的故事，反映的是一個更為巨大的現實。

在未來的十幾年裡，我們在改變對家庭的看法和支持上，還需要繼續努力。對於並不富裕的母親而言，這就是她們眼前的「階級天花板」，一個融混了性別與經濟狀態的毒瘤。

至今，這些限制依舊形塑且扭曲我們許多人的命運。

第2章

高學歷無用？

波林（Brianne Bolin）、或如她要學生這樣稱呼自己的伯芮安教授，就像是隱形人。在我抵達位於芝加哥的哥倫比亞學院（Columbia College）、即她教授寫作課的地方後，我詢問前台的助理該去哪裡找她。「波林？」女助理一臉茫然地反問，並快速瀏覽了一遍教職員名單。「非常抱歉，我找不到這個名字。」上頭沒有波林．伯芮安這個名字，儘管這幾年下來，她每年都在學校開四門課，但她連個聯絡電話也沒有，更別提研究室。

原本想要帶我參觀校園的波林，匆匆趕到大廳。她將滿頭紅髮扎成馬尾，黑框學院風眼鏡左側靠太陽穴的地方，纏了一圈紅色電線絕緣膠帶；幾個月前這副眼鏡摔壞了，但她買不起新眼鏡。波林為了今天的會面，著實細心地打扮了一番：黑色背心（她後來告訴我這件衣服來自舊貨店）、牛仔褲（也是來自舊貨店），和一個解剖學風格的心型黃銅墜飾，用一條細細的黑繩串起，掛在她的脖子上。對波林來說，這是一個難得且夢寐以求的夜晚——她有一個八歲但行動不便的兒子，名叫芬恩（Finn）。芬恩父親的未婚妻答應為她照顧孩子，但此刻的她情緒有些激動，無法好好享受這個難得的夜晚。她剛剛得知那名女子和芬恩的父親即將結婚，因此在婚禮期間他們將無法照顧男孩。又一次地，她只能靠自己。

在她向我展示了電腦實驗室和學生們的抽象攝影及錄像裝置後，我們為了談話而在學生休息室坐下來。那是一個擺放著現代時髦家具且能欣賞格蘭特公園（Grank Park）和密西根湖（Lake Michigan）絕美景致的地方。此刻，比起焦慮，波林更像是憤怒。作為兼任教授，每一堂課她可以賺四千三百五十美元，年收入則低於兩萬四千美元。在我跟她見面的時候，她的銀行帳戶裡只有五十五美元，待支付的信用卡帳單則為三千美元。她以九百七十五美元的代價，在芝加哥郊區一個沿著鐵路、每二十分鐘就會有一輛火車呼嘯而過的地方，租了一間兩房的房子，而她已經欠了一個月的房租。她的書架上放滿了研究所時讀到、至今依舊能琅琅上口的詩集與哲學書籍，還有她搜集的一九六〇年代法國黑膠唱片，而她卻只能依賴食物券來養活自己與兒子。此外，由於她的工作不提供醫療保險，因此她們加入了由各州及聯邦政府針對貧困者所推出的醫療照顧計畫。而伊利諾州給予如芬恩這樣年紀孩子的保險補助，其家庭收入需受限於聯邦貧窮標線的一四二%：在二〇一四年，此金額為兩萬兩千三百三十六美元，在二〇一七年則為兩萬三千零六十美元。[1]這意味著波林的收入不能超過此金額。「事情不該如此的。」主修英文的波林，知道這句話就像是陳腔濫調，但她就是無法不去想這件事。事情不該如此的。

大學時代，波林就讀位在遙遠南邊的東伊利諾大學（Eastern Illinois Univerisyt），成日與書籍相伴，「和朋友住在拖車公園裡，讀著吳爾芙（Virginia Woolf）和莒哈絲（Marguerite Duras）的小說，並為凱魯亞克（Jack Kerouac）及金斯堡（Allen Ginsberg）關於『垮掉的一代』（Beat Generation）的叛逆而癡迷，」她如此回憶。她獲得大學及碩士學位，修讀前衛詩詞。她從未想過自己會成為學術界的明日之星，畢竟東伊利諾大學不是芝加哥大學（University of Chicago），但她確實想過自己可以獲得一份薪水還過得去的穩定工作。「我喜歡美好的事物——我是小小中產階級分子，」她說。「我以為到了三十五歲的時候，我就可以穿著沒有破洞的衣服，銀行裡還有一點積蓄，但現在的我只能在慈善舊衣回收中心 Goodwill 購物。我穿著只要五塊美元的 Banana Republic 西裝夾克，而這些衣服總是很快就壞掉，畢竟之前早就經歷過其他人的磨損。是我的夢想讓我淪落至此。這不是什麼可恥的事情，但我確實無法不去想，我是不是哪裡做錯了。」

如今許多政治辭令談論著該如何拓寬人民觸及大學教育的機會（因為有充份的證據顯示，教育程度能提升經濟收入），但在歷經金融危機的世界裡，良好的教育並不能讓你免於在貧窮線附近徘徊。在接受糧食援助或其他形式的聯邦救援人口中，擁有大學學位的人數自二〇〇七年到二〇一〇年間，成長了三倍；接受援助的博士學位持有者人數則從九千七百七十六人上升到三萬三千六百五十五人。[2]具體而言，二〇一三年領取食物救濟的家庭之中，至少有二八%的家庭其成員中的最高學歷為大學以上。根據肯塔基大學（University of Kentucky）經濟學者的分析，此比例在一九八〇年僅為八%。[3]

這是經濟「壓榨」對父母與其子女造成的影響之一。高等教育貧窮潛伏在那些遭遇懷孕歧視的女性身旁。如果連受過高等教育的美國父母也只能勉強負擔其子女的生活費，那一般的美國父母又該如何？當一名懷孕女性發現自己在就業市場上根本沒有選擇餘地時，她又怎麼敢因為缺乏育嬰假或不良的工作環境，挺身對抗體制？當托兒所的費用超過自己的薪水時，員工又怎麼會以為自己還有餘裕抱怨？畢竟，她知道要想獲得和保有一份工作，是多麼地不容易。舉例來說，根據一項針對五百名兼任教授所做的調查發現，六二%的人因教書所獲得的年收入低於兩萬美元。[4]如果他們膽敢抱怨，下場或許就是失去下一次上課的機會。

上一章所提到的懷孕歧視，不過是職場對於我們身體所採取的一種壓迫形式而已。本章所提到的高學歷貧困者，則是另一種不同、但與之息息相關的基本案例。在今日的美國環境下，一個人很難將其自身享有的文化與社會地位「傳承」給自己的後代。畢竟，當我們的孩子高中畢業時，他們是否有足夠的經濟能力來負擔和其父母相同程度的教育？或甚至是研究所？他們是否能保有和父母一樣的社會信心，亦即對自己工作能力的信念？他們還在乎所謂的「職涯曲線」（career arc）嗎？

高知識分子向下流動

如同波林之於她所任教的學校，高等知識分子貧窮者普遍藏在美國這個國家內。「沒有人知道或在乎那個住在拖車停車場裡的我，擁有博士學位，」住在俄勒岡尤金（Eugene）、撫養一名孩子、曾經在大學裡教語言學，如今卻依靠福利與食物救濟維生的兼任教授佩特拉（Petra），如此說道。明尼蘇達的圖資管理員和網站開發者米雪兒·貝爾蒙特承認，很少朋友知道她的經濟狀況如此窘迫。她說：「每一個美國人都認為自己是暫時經濟拮据的百萬富翁，我也不例外。」

這些教授與其他受過教育與培訓的工作者，面對的是中產階級流眾最典型的困境：債務、工作過量、孤立無援、以自己的貧困為恥。他們甚至沒有什麼休息時間，像是和伴侶喝著愛爾淡啤酒的約會，或和朋友談論自己的困境並交換八卦的聚會。他們幾乎不放假。

在這些人之中，許多人都表示儘管父母的學歷或許不如自己，卻擁有更好的經濟條件。當我在和這些中產階級流眾交談時，總會聽到他們不斷責備或嘲笑自己。追求崇高的職業與想要美好事物的欲望，難道錯了嗎？他們覺得自己錯了。

他們的人生自然也不像那些年紀較長且生活更有保障的同事們，更遑論與自己原本預期的軌道，有多大的差距。

波林透過網路，和一群與自己出身相仿的同伴們保持聯繫。其中一個是她在大學時期認識的朋友，叫賈斯汀．湯瑪士（Justin Thomas），擁有歷史碩士學位，現在於帕克蘭學院（Parkland College）及湖濱學院（Lake Land College）擔任兼任教授。在這些離芝加哥三個小時車程的學校裡，湯瑪士每個學期會開四至六門課，而湖濱學院會付他每門課一千六百七十五美元，帕克蘭學院則為三千一百美元。在每個學期開始後的一個月，他會收到薪資，而在收到薪資之前的四週裡，他的兩個女兒每天晚餐都是起司通心粉和烤馬鈴薯。（由於他沒有取得兩個孩子的全部監護權，因此沒有領取食物券的資格。）「我會對她們說，『對不起，我實在沒辦法幫妳們買其他東西，就連冰淇淋都不行。』」他說，並在繼續開口前，哽住了一會兒：「對我來說，要想幫女兒達成夢想，就必須放棄自己的夢想。」儘管他會在夜裡到父親的工地兼差，但手頭依舊很緊。「我很想讓女兒去上音樂課，她真的很有天分。但現在的我沒有任何資源，能讓她充分發揮自己的天分。」

做你所愛？

然而，受過高等教育卻向下流動的大學教授們，並非偶然的現象。其他受人尊敬的職業，也正在失去昔日的光環。根據全美法律就業協會（National Association for Law Placement）的調查，法律系畢業生的就業率從二〇〇七年的九二％下降到二〇一二年的八四．七％，並來到二〇一六年的八七．五％。而二〇一二年法律學系生的平均負債金額為十四萬美元，與二〇〇四年相比，上升了五九％。[5]（在稍後的章節中，我們將談到為此所苦的人。）在經濟衰退期間失去工作至今依舊沒能重拾工作機會的行業，還包括了建築業、市場調查、資料分析、書籍出版、人力資源和金融——儘管這些工作的就業條件或吸引到的人口，往往是具有碩士學歷者。對我而言，讓此種壓迫更為嚴重的元兇之一，是那句經常浮現在我們耳邊的呼告：「做你所愛」（do what you love）。這句話總是勸誘著中產階級，要他們勇於追求自己的夢想。出於好意的精神導師和企業們，頻繁使用這句格言。我自己也經常聽到這句話。那些總愛勸別人「做你所愛」的人，成功地讓自己看上去令人稱羨，並從底下的員工身上榨出更多勞力。這則忠告的目的原本是想推翻過去總認為工作是一種職責、一種屈從而非激情的想法。工作對於一個人的人格，以及其內心對於重要性、價值觀的形塑，有著愈來愈顯著的影響。然而，有些歷史學家並不認為這是一種常態。反觀上一個世紀，人們之所以工作，往往是出於經濟壓力，而他們心目中的天堂，是一個不用工作、流著奶與蜜的土地。（貴族們自然是希望什麼事都不用做，憑著自己的家產而活。）

讓我們將「做你所愛」這句咒語代入眼前這一切；此刻，我就坐在龐大的共享辦公室 WeWork 桌子前，打著這段文字，而這句咒語醒目地印在這間公司的員工T恤上。我凝視著這句標語，期待那名此刻身穿著這件T恤、正在補充咖啡的年輕女子，能真的在某處實現這場美夢。我腦中想起許多自己認識的年輕與中年父母們，是如何遵循這句格言，卻導致自己不得不吞下那一言難盡的苦果。如果我們所有人都做自己所愛，該如何生存下去？世界上的其他人又會變成什麼樣子？對於許多記者、新創工作者等那些雖不穩定但「具有創意」的產業員工來說，這句格言有時甚至具有某種強制性。這些工作的光環與聲望，就是這些以長工時換取低薪者的收穫。

美國人民徹底浸淫在芝加哥大學教授蘿倫・柏蘭特（Lauren Berlant）筆下的「殘酷樂觀主義」（cruel optimism）氛圍中。根據柏蘭特同名著作，所謂的殘酷樂觀主義存在於「當追求的目標實為阻礙自身健全發展」時。[6] 在「做你所愛」指令中所存在的虛無縹緲理想之下，是對美好生活的嚮往。如同柏蘭特所寫，無論是「向上流動、工作保障、政治與社會平等、愉快且持久的親密關係」，我們的個人安穩及未來已殘破不堪，而我們卻依舊相信自己可以「做你所愛」，即便美國已經沒辦法再幫助我們從生活與工作中「獲得正面回饋」。我們這些「做你所愛」的創意階級者所經歷到的現實，有時更像是柏蘭特所謂的「愚蠢樂觀主義」，即「最令人失望的事」。

如同宮德光（Miya Tokumitsu）在自己那本《做你所愛》（*Do What You Love*）中所寫，「做你所愛」這件事在美國早已名存實亡，只是企業用來加倍剝削員工的銬鐐。[7] 從科技公司到高檔連鎖餐廳、再到如喬氏超市（Trader Joe's）等商店，每間公司都強調自己的員工是——或至少看起來是——快樂的。當然，還有更難察覺的剝削，如那些走進眾所皆知的「做你所愛」虛幻花園小徑的兼任教授、學校老師和記者們。或許有一天，他們能即時發現以追求所愛之名，被迫做著那些根本不能帶給他們任何回報的工作。當我在基於人生的種種壓力下、不得不放棄自己的「創造力」以換取工作機會時，我這才明白：在堅持「做你所愛」的本質之中，隱藏著令人不舒服的階級歧視。假使深信「做你所愛」的信念其實來自一個擁有特權的社會身分、一個風險較低且失敗也不意味著賠上一切或人生終結的環境，那麼對於那些不擁有特權的人而言，為了實踐這句話會讓他們落得何種下場？

在如今這個有時被我視為「中產階級終結」的年代，選擇養育孩子無疑會動搖那本就不穩固的結構：我們就像是在玩生存疊疊樂。

波林等那些工作岌岌可危的人們，本該是社會上的高知識分子。他們本該飲下權力的美酒。如果你覺得自己和工作的關係非常疏離，那麼你或許該問的是：你是誰？

找一份「真正的」工作

在波林非常年輕的時候，她就期望自己能和工作有緊密的連結。她生長在伊利諾州中部一個小鎮上，覺得自己和學校裡的孩子們非常不同。第一點，她是養女，也是家中的獨生女，她通過資優班考試，母親驕傲地稱她擁有「令人畏懼」的智商（儘管在她進入青少年時期後，母親的詞彙變成了『難搞』）。進入高中後，她不太能適應學校，變得非常情緒化，總是穿黑色的衣服，並時常沉浸在閱讀中。

上了大學後，她很快就覺得自己找到了容身之地。「文學賦予生命另一番回響，」她說。接著在她升到大二時，她的男友令人震驚地被室友殺害了。這場悲劇讓她更常將自己埋藏在文學中，尤其是威廉・卡洛斯・威廉斯（William Carlos Williams）和喬治・奧本（George Oppen）的詩集。靈魂是什麼？她想著。男友的靈魂存在於某處嗎？「我以特有的方式，建立起我和這些作家的友情，」她說。「那時的我很孤單——現在也是如此，而書本能讓這個世界更美麗。」

不過並沒有人告訴過學生時期的她，踏入學術圈或許不是最明智的就業選擇。相反地，教授美國浪漫主義、也是她最喜歡的教授麥克・勞登（Michael Loudon），總是鼓勵她到辦公室裡聊天「他對我有信心；他知道我一定會繼續研究當時正在研究的題目，並寫出一篇論文。當然，他沒有想過我會擁有一份了不起的工作，但他認為我可以找到一份體面的工作。這算是某種天賦。」

一九七五年，在勞登念大學的時候，獲得全職終身職（tenure-stream）的教授，占全美教授的四五．一％。然而到了二〇一一年，僅有二四．一％的教授獲得終身職：也就是六名教授之中，僅有一個人能實際拿到終身職。[8] 像波林這樣的兼任教授或兼職教授只是附屬的，意味著他們屬於非終身聘用教師，因此這些受過良好訓練及教育的人，有許多面臨經濟困窘。波林上大學時，這個現象開始發生，但她和父母並沒有察覺到這個趨勢。她的父親沒有上過大學，一輩子替泛世通（Firestone）製造輪胎；她的母親則是家庭主婦，擁有家政學學士學位。「早上九點打卡，晚餐時間回到家，」她如此形容父親。他的工作只是為了謀生，沒有其他意義，而他或許也不明白女兒為什麼要追求做自己所愛之事。

即便如此，當邁入二十歲中期的波林於畢業後，立刻找到一份位於芝加哥韋斯特伍德學院（Westwood College）教寫作的教職時，用存款替她支付大學學費的雙親，對她刮目相看。（一個學期後，她轉到哥倫比亞藝術學院任教。）她希望能教文學，但她說自己也很喜歡基礎寫作，且樂於幫助學生精進寫作能力。此外，芝加哥讓她感到興奮。她從未見過這麼多不同種族、不同國籍的人。她能日日夜夜聽到各式各樣的音樂，並尤其喜愛猶太傳統音樂克萊茲梅爾（klezmer）和巴爾幹的民族音樂。她甚至組了一個兩人樂隊，演奏樂器包括了手風琴、用海上旅行箱做成的低音樂器、一桶鐵鍊和一台打字機。「我在經濟上不算寬裕，但我就跟城市中那些二十六歲的人沒兩樣，和幾個室友合租房子，舉辦那些有現場演奏的派對，享受人生，」她說。「我沒有認真的伴侶，對未來也沒有計畫。我盡情揮霍年輕。」

接著，二十八歲的時候，她懷孕了，對方是一個二十歲、來自她喜歡的樂團的隨性男孩。她知道養育孩子的責任將落在她一個人身上，但她說自己從未想過墮胎。然而，不幸的意外是：兒子芬恩生來就因為腦性麻痺而不良於行。為了全心全意地照顧孩子，她辭掉工作長達數年，並搬回父母家中。她的母親以她為榮，但這次不是因為她是學者，而是因為她一肩擔起照料這個有著藍色大眼、一頭薑黃色頭髮、沒有人幫助便無法吃喝行走、一天之中需要數次將他那孱弱的身體從輪椅上移動到別處的男孩。

二〇〇八年，在芬恩兩歲時，波林回到哥倫比亞藝術學院，並盡可能地多開課。但她的老闆警告她，她或許永遠都拿不到終身職。「學術圈再也不是理想的職業選擇，」波林說道。那些批評她「被擊倒」、指責她因為「未婚生子」而落得這般下場的人們，並沒有給予她任何幫助。這些令人反感的反對者，和波林沒有任何關係，然而這些令人痛苦的言論，無法改變她的人生軌道。她的處境已然定型。她隸屬於一群除了能獲得父母或網路社群些許幫助，社會根本無法給予他們半分援助，而他們對未來早已茫然若失的族群。

對於這種困境的其中一個反應是：「忘了你自己！找一份能繳清帳單的工作！」或如同前人類學教授、如今為顧問公司「教授來了」（The Professor Is In）創辦人的凱倫・卡爾斯基（Karen Kelsky）所言：「找一份『真正的』工作」。（此刻我不得不停下來思考，為什麼對卡爾斯基而言，教授不算一份『真正的』工作。）卡爾斯基的客戶以每小時一百五十美元的價格，雇用她為他們編輯個人檔案或履歷。兩封電子郵件的諮商費為十五美元。一個小時的Skype面試準備討論為兩百五十美元。她表示，這些是她所能給予客戶在重塑自我方面的幫助，以及幫助某些人表達，對於自己的工作正在消失的情況所出現的「憤怒、絕望與失望」。

「為了照顧孩子，擔任兼任教授可能會累積大量債務，」她指出，而這個過程「讓他們必須奔走於五個校園間，摧毀了他們的健康，並陷入惡性工作迴圈。如果你已經盡力嘗試了，那麼是時候該邁出新的一步了。」她幫助那些無法走上終身職這條路、或最終沒能獲得終身職只好從頭開始的研究所畢業者，找出市場可能需要的分析、資料蒐集、寫作、公開演說等技能。如卡爾斯基這樣的顧問與專家存在於學術圈、法律圈等高等行業的事實，反映出該職業領域所面臨的困境。

儘管波林是卡爾斯基部落格的死忠粉絲（不用說，她自然是無法負擔一對一的諮商服務），且卡爾斯基的忠告聽起來非常可靠，但因為照顧兒子和工作已經日漸消瘦的波林，說自己真的無法騰出時間來寄履歷或接受額外的培訓（後者自然不會是免費的）。她也曾想過去商店打工以貼補家用，但照顧芬恩的看護費實在太高了。她說自己幾年前曾經開始接受語言治療師的訓練（芬恩自出生開始後，就需要接受語言治療），但隨著她學得愈深，她也變得愈來愈沮喪。最終她放棄了，光和自己兒子進行練習就夠讓人痛苦了，更遑論和其他有類似處境的孩子交流。二〇一五年，她一直在找校園工會組織者的工作，用實際行動來提升兼任教授的待遇，但這個計畫也沒能成功。

食物券和抗憂鬱藥的支持

波林的困境不僅僅肇因於時間不夠用。如同社會心理學家針對已發現的「決策疲勞」（decision fatigue）所做的研究，作為貧困者需耗費極大的心力。即便金額再低，他們仍舊需要持續針對所有開銷進行衡量，像是應該多買幾塊正在大減價的肥皂（普林斯頓大學的經濟學家曾在貧窮的印度農村進行此一實驗[9]），但如此一來就無法負擔這個星期的藥品或食物了。與波林一起走在那個對她而言只會讓她自慚形穢且超過她消費能力的喬氏超市裡，我見識到了要想讓開銷維持在食物券所補貼的三百四十九美元範圍內，是一件多麼令人筋疲力竭的事（只有在夏季不上課的時候，波林才有資格申請食物券補助。此外，當她的月收入低於兩千美元時，她還可以申請六百美元的社會安全生活補助〔Supplemental Security Income〕）。由於患有乳糖不耐症的芬恩只能喝昂貴的杏仁奶或米漿，因此波林只能買每磅五十九美分的量販雞腿包、一袋四十九美分的紅蘿蔔，以及單位價格最便宜的牛絞肉。「我曾讀過一篇部落格文章，指出人們是如何浪費二十美元在快照服務或高級的起司上，」她說。「我絕對不會那麼做。」

當最基礎的生存都需要耗費如此多的心力時，已經沒有多少餘力可讓他們進行長期規劃或鼓起勇氣——如波林知道自己該做的那樣。「我必須靠抽菸來紓解壓力，」她說，一邊熱切地捲著自己的菸。訪談的那個晚上，我約她在酒吧碰面，而她發現除了香菸外，大量的瑪格麗特也能緩解壓力。她說總是自己吃藥；平時，她會使用鎮定劑Xanax來對抗焦慮。她還會每天服用抗憂鬱藥。如同二〇一五年因為在部落格中赤裸寫下自己的最低工資生活而引起全美轟動的琳達．提拉多（Linda Tirado），在自己那本《當收入只夠填飽肚子》（*Hand to Mouth*）所寫的：「拚命工作卻很窮真是他媽的讓人崩潰。」[10]

過去，教育曾經是進入中產階級生活的管道，如今卻再也無法扮演這樣的功能。學術圈和其他領域的工作要不是陷入危機，就是瀕臨滅絕。波林就跟許多人一樣，緊緊攀附在那已經岌岌可危的階級邊緣。

當波林帶我去逛她在芝加哥最喜歡的區域安德森維爾（Andersonville）時，或許是她被絕望刺痛得最深的時刻。她的教育背景影響了她的品味，她興奮地窺視著櫥窗內擺放的中世紀古董、人造花、手工帽、用歐洲啤酒做成的太妃糖。她告訴我，自己是一個美食主義者，喜歡白醬義大利麵和雞尾酒鮮蝦，還有奧地利蛋糕店那可以外帶的歐培拉蛋糕。但與她自己住的布魯克菲爾德區相比，安德森維爾的咖啡廳和餐廳價格都在兩倍之上，遠超過她的能力範圍（就如同她的房租）。她在一間女性主義書店前停下來，希望自己可以買到一本關於性與女性主義的書，或一系列關於如何在網路時代生活的文章選集。

隔天，我和波林用了一個下午的時間，在芝加哥的林肯公園（Lincoln Park）裡推著芬恩的輪椅四處散步。在遊樂場裡，芬恩身體朝下從溜滑梯上滑下來，臉上還帶著大大的微笑。然而多數時候，他總是因為生理缺陷而挫折地尖叫著，但他不過是想踢踢球或跑來跑去而已。波林的願望並不是太難：做和現在一樣、但雇傭關係更為穩定的工作，並同時獲得三萬五千美元的年收入。「有這樣的收入，照顧芬恩就沒有問題了，」她簡單地表示。如此，她就能替芬恩換一輛更大的三輪車——儘管他連行走都很困難，但他卻非常喜歡騎車。此外，波林也表示她很希望能遇到一位值得用心相待的伴侶，兩個人能一起分享日常生活，像是如何照顧孩子等。但現在，她還沒有遇到適合的感情對象。

隨著黃昏的降臨，她指著一對黑髮、外型亮眼、帶著剛學會走路的兒子坐在長椅上的夫婦。這對夫婦的身旁放著一輛時髦的嬰兒推車。「每當我遇到那些擁有工作、看上去相當完美的夫妻時」她說，「我總是想問他們：你們到底是怎麼辦到的？」

如同我們每個人，波林既是獨一無二的存在，卻也和眾人並無二異。她是美國中產階級內的其中一層——勞心工作者（brain worker）。她也是那些因為母親身分而受到壓迫的兼任教授之一。身為身障兒童的母親，壓力更大。波林也屬於那些深信自己受到剝削的工作者之一（他們想得沒錯），屬於那些投給獨立或離經叛道總統候選人、只因為對現況不滿意的人。二〇一六年美國總統大選期間，她仔細瀏覽了每一位大選候選人，希望找出一位能對身障者，尤其是貧困且行動不便如芬恩這樣的孩子，給予幫助的候選人。但就此點來看，每一位候選人都半斤八兩。

科技領銜的高等教育

處境和波林相似的兼任教授，處於一個特別脆弱的地位。在許多學院和大學裡，兼職工作者必須承擔大量的授課時數，而此一現象也直指美國偉大教育機構下教授職位的諷刺之處：成功的學術生涯往往建立在不教書的基礎上。研究生和兼任教授負擔了大量的授課責任，尤其是基礎課程。而獲得終身職的其中一個好處，就是只需要負擔較少的授課時數。和波林同樣的教授們，他們的工作內容是由供應方來決定。對於社會長期以來堅信「取得一個穩固且表面上看似明智的研究學位，是通往更好生活」的信念，我們必須重新思考。因為這再也不是一條通往成功的道路。

而學術市場上最氾濫的事物莫過於自責，像是因學費欠下的債務，讓他們不斷譴責自己居然想要去那些地方念書、或沒辦法利用自己的高學歷找到高薪的工作。理想上，能讓他們停止責備自己（還有更糟的是責怪受壓迫的少數）自然是最好的，但除此之外，還必須讓他們理解，隱藏在他們命運背後的經濟與社會力量究竟是什麼？換句話說，讓他們知道造成眼前困境的，並不是他們個人的失敗，而是整個體制的失敗。

勞心工作者也會因為另一種發展而受到擠壓：隨著教育優勢轉向科技領域，人文學科也因此凋零。產業與商業迫切需要準備充份的應徵者。而我們所身處的世界，是一個如 Google 等大公司會要求新進員工必須擁有工程學位的世界。就政治情勢而言，每個國家都希望能透過科技領域上的實力，以確保自己的國際競爭優勢。而這樣的社會影響非常殘酷。整個就業部門逐漸萎縮，而那些未接受過新經濟現實訓練的人們，發現自己陷入了困境，一邊努力地想要保有既有的社會地位，同時還要在機率、個人、社會及政治上，和他們怨恨地稱之為「菁英分子」的族群抗衡。川普（Donald Trump）驚人的崛起，或許可以視為中產階級市民與美國統治階級間，所出現的鴻溝。對我們來說，這應該不算什麼新聞，畢竟自雷根時代後就出現了這樣的問題。然而，學院和大學對於此一至少超過一世代的社會變遷，卻接受得異常緩慢。

擁有人文學位曾經是一件非常光榮的事，如今這份光環卻已不在；對現代社會而言，這份學位證書看上去就像是古老的勳章。然而，即便在英文學系衰退後，校園文化卻沒能跟上這樣的改變。在過去十幾年間，教育機構積極地發展科學領域。即便是大學的行政部門，也會因為缺乏資金或註冊人數過低等理由，拒絕給予人文學科經費。大學風氣也大量轉變為以專業為導向，而非教育。

種種改變，讓波林陷入困境。她所身處的環境，是一個不再視享受休閒時光或接受

「高級文化」薰陶訓練等事物為主流的時代。[11]人文科學或許也能蹣跚地擁抱科學。現為肯塔基大學（University of Kentucky）文學學者的麗莎．曾辛（Lisa Zunshine），在耶魯大學（Yale University）時曾經使用 fMRI（功能性磁共振成像）技術，來研究現代主義作家的讀者。[12]她沒有選擇在狹窄的辦公室或圖書館閱覽室進行研究，而是選擇走進實驗室。聰明的波林，確實可以接受如調查大腦這樣的訓練。但在我認識她的時候，她既沒有錢、也沒有時間接受這樣的新訓練。她的困境並不在於她頑固地想要撐下去，而是扎扎實實地受困在現實，並且正逐漸往下陷落。

為了生活放棄詩詞

在我和波林等其他處境相同的兼任教授交談時，對於自己曾經一度差點成為兼任教授母親這樣的事實，感到非常衝擊。一開始，我也依循同樣的途徑成為英文教授，而我也可能就如波林一樣成為永遠的兼任教授，努力拉拔自己的女兒。在我那羞澀的二十三歲時期，我總是扎著一個緊緊的包頭，讀著喬治．奧本（George Oppen）那本於一九六七年出版並造成轟動的《無盡之數》（*Of Being Numerous*）：「為個體的殘骸所癡迷、困惑。」在我閒暇時光、或搭著紐約地鐵Q線前往布萊頓海灘社區大學指導那些沒能通過基本閱讀與寫作測驗的學生時，我總是反覆讀著這本書。在那一段日子裡，我試著教學生詩詞，而一名男學生在我的桌上留下了一張寫著淫穢言語的紙條。有些時候，我是成功的。那時的我是一個狹隘且專注的人，一個希望能透過詩詞展開新「事業」的研究生，空有滿腔不切實際的野心。儘管這聽上去或許有些可笑，但隨著我教課的時間愈長，我覺得自己口語表達的能力進步了，觀察力也更為犀利，即便是面對一個情願玩著教室裡的百葉窗也不願意將注意力放到詩詞上的年輕男子。當跟我同年的人都追著珍珠果醬樂團（Perl Jam）或德瑞醫生（Dr. Dre）時，我卻更熱愛詩詞，我認為詩詞具有療癒的能力。

當我們還年輕時，我們不太可能知道自己是怎麼樣的人。但與現在的我相比，二十三歲的我更了解自己。而現在的我，絕對願意放棄詩詞，即便只是為了交換繼續待在我所擁有的中產階級環境裡。我知道為了生活，我必須放棄這些事物。

對我和美國許多勞心工作者而言，學術職位曾經具有的安穩與尊敬，以及擁有中產階級生活的承諾，幾乎蕩然無存。對於自我意識的認知，變得搖搖欲墜。而不穩固的階級認同，則成為不幸的一大導因。

階級的向上流動向來被視為進步的象徵。過去，人們認為這樣的流動能讓自己脫離貧困的鄉村。他們認為只要接受適當的訓練，自己就能移動到一個嶄新、更為舒適且更具價值的地位。

但對當代的部分人口而言，這份承諾出了錯，並讓他們向下流動。對許多聰明的工作者而言，良好教育換得的只是龐大的學貸債務，而不是美好的未來。

曼哈頓柏魯克分校（Baruch College）的人類學教授卡拉．貝拉米（Carla Bellamy）受訪時，同意這就是當前現況。在我於三年前認識她時，她獲得哥倫比亞大學（Columbia University）的博士學位，每年有七萬四千美元的收入，和先生住在一起。當時的她肚子裡正懷著一個孩子，家裡還有七歲的女兒。她的先生是一名兼職作曲家，還是一個音樂機構的執行長。

在第二個孩子出世後，貝拉米的生活陷入一定程度的困境。她利用有薪育嬰假來照顧兩個孩子。接著，由於兩個孩子的幼稚園與育兒費用，讓家庭債務負擔變得愈來愈沉重。她先生的工作並不算穩定。貝拉米的一隻腳已經踏出了中產階級外。

我努力工作，但沒空休息

處境和貝拉米相似的人們，總會忍不住質疑：「中產階級」這個詞彙對當前社會而言，究竟意味著什麼？她似乎符合所謂的中產階級，透過教育的途徑，踏入一個擁有實踐智慧與管道的階級；她擁有文化資本或所謂的非金錢資本（與金錢或不動產等經濟資本非常不同的事物）。

貝拉米受過教育，說話談吐與穿著打扮，也很像是推動階級流動的人。她是一位獲得終身職的教授；她會練阿斯坦加瑜伽；與身為紐約上州福音教派成員的雙親相比，她接受過更好的教育，且更具備知識。

然而，父母所擁有的經濟條件，遠比現在的貝拉米及其家庭更好。舉例來說，儘管父親是公車司機，他們仍然擁有自己的房子。在紐約過熱的房市氛圍下，貝拉米和她的家庭或許一輩子都買不起一間房。貝拉米開始和其他處境與自己相似的紐約媽媽聊天，談論彼此的困境，但她發現光是討論銀行餘額或每個星期的家庭開銷是「不夠的」。她內心總會有個聲音說著：抱歉提起這件事。有著金髮、甜美外表的她，很可能前一秒才剛去了遊樂園或生日派對，後一秒卻開始懷疑自己。「我到底要多少錢才能支應經濟狀況，」她思忖著。不斷增長的債務又讓她有多麼地不安，她認為如果自己將這些困擾展現出來，會因此失去朋友。因此，她情願咬緊牙關，對於那些猶如電影《樂來樂愛你》（*La La Land*）中紐約上流社會、可以將自己三歲或四歲的孩子送去接受資優測試訓練班的朋友們，閉口不提自己的處境。但這麼做又會讓她無比沮喪。除此之外，更重要的是她和先生又該如何付清六年的學生貸款？

二〇一五年，在全美各領域任職的女性之中，僅有推測的一六%女性能獲得年薪七萬五千美元或以上的收入，[13]因此貝拉米擔任教授所獲得的薪水，已經算是非常優渥。今日，能獲得七萬五千美元及以上收入的黑人女性，比例遠低於白人女性。根據美國經濟政策研究所（Economic Policy Institute）的調查，白人男性每賺得一美元，黑人女性只能拿到六十五美分，比白人女性的八十一美分還低了十六美分。

但貝拉米並不是這麼想的。確實，即便兩人的總收入相加後高達十一萬美元，但連托兒所的費用他們都快要負擔不起。同樣的故事也出現在和我交談過的其他女性教授口中，有些人甚至會在身體無恙的時候請病假，以省下托兒費用。

「我們全部的可支配收入，都用於育兒上，」貝拉米說道。「儘管這件事稱不上悲劇，但真的讓人疲憊無力。我擁有事業，我努力工作，但我卻沒空休息。」

「每六年便可以外出用餐一次」

貝拉米曾經想過在暑假的時候去餐廳打工，但這段時間往往是教授用來寫作或進行研究，幫助自己順利取得終身職的精華時光，所以最後她沒有這樣做。但用整個暑假的時間追求學術成就，也讓她的家庭陷入更大的經濟困境中。（我曾經和一個住在郊區的兼任教授聊過，她表示自己曾經暗地裡在一間義大利家庭餐廳打工，卻因為在工作的時候遇到自己的學生而尷尬不已。這個故事提醒了我：有許多階級焦慮感都是源自於害怕遭遇羞辱的不安。）貝拉米將自己的社交生活和珍．奧斯汀（Jane Austen）的小說做比較。在她認識的女性之中，成功打入或脫離郊區中產階級生活圈者，全都要感謝她們的先生，伴侶愈富裕，她們就過得愈好，也愈不能理解其他人的困境。

與此同時，對於加薪一事她不抱持任何希望，因為雇用她的紐約市立大學（CUNY）基於預算問題，目前薪資為凍漲狀態。「每六年我便可以外出用餐一次！」她諷刺地說。

後來，貝拉米的先生終於獲得一份薪水更高的工作——在教會擔任管風琴演奏家，年薪五萬美元。這讓兩人的家庭總收入提高到十三萬美元左右，這自然是個好消息。另外，由於她最近成為系主任且終於獲得調薪，因此他們的收入又增加到約為十六萬美元。然而，根據紐約市的房屋發展基金組織（Housing Development Fund Corporation）規定，夫妻兩人的收入總額使他們失去購買可負擔住房的資格，剝奪了他們搬家的可能性，這掀起夫妻兩另一波對於金錢的焦慮，每一天，貝拉米都想著這件事。出於競爭心理所導致的焦慮，貝拉米對遊樂區和幼稚園裡遇到的其他中產階級母親們產生深沉的厭惡。「誰在乎我的孩子學到了哪些才藝？」她對我說。

在這些年裡，我親眼看著貝拉米因為這些看似和緩的壓迫而開始熱中政治。現年四十五歲，有一個八歲與四歲大孩子的貝拉米，在二〇一六年美國總統大選期間，成為伯尼．桑德斯（Bernie Sanders）最死忠的支持者，參加了布朗克斯（Bronx）的遊行，為了參加競選活動而七拼八湊地湊出托兒費、為了候選人打電話給銀行、挨家挨戶拉票。「桑德斯說出長久以來我所感受到、而其他候選人不願意坦白面對的事實，」她一邊推著女兒的鞦韆，一邊對我解釋。我們站在哈林區的某個遊樂區內。「我對於不平等所抱持的感受與態度，讓我倍感孤立，並也因此深深為他的政見著迷。」她能否將自己的社會階級傳承下去？在宗教虔誠的環境中長大、且只上過同等虔誠宗教學校的貝拉米，最終躍身擠入常春藤名校。但當她的孩子出落得如同她聰慧且專注的年輕女子時，也能跟她一樣踏上同樣的軌道、獲得良好的教育機會嗎？

在選舉完的一年後，對桑德斯支持度依舊未減的貝拉米，對二〇一六年總統大選結果非常憤怒。現在的她正著手準備自己的新書《黑暗天女，印度教的災厄之神》。對她而言，「災厄」確實是我們這個時代非常應景的研究題目。

兼任教授的非典型工會

對於那些年收入落在三萬六千美元上下、擁有孩子、日子只能勉強餬口、離貧窮線不過一步之遙的高等教育在職貧窮者（working poor）而言，社會上確實有著大大小小的援助方案。有一個被我稱之為「非典型工會」（unusual unions）的援助方案，就是針對那些薪資過低且經常處於絕望邊緣的兼任教師。過去五年裡，非典型工會成員（如兼任教授）的數量顯著增加，儘管整體工會成員的數量出現下降。而這些工會也開始組織這些工作並不穩定的工作者，如兼任數學教授和速食店店員。

今日，美國大專院校內的教師之中，有超過四〇%的教師為兼任。[14] 這些兼任教師的薪水如同波林一樣，是根據開課數量來決定。為了在這令人沮喪的情況下獲得些許保障，近期杜克大學（Duke University）校園內的兼任教職員們，加入了服務業雇員國際工會（Service Employees International Union）的行列。在二〇一三年，塔夫茲大學（Tufts）與其他學校的兼任職員們，決定組織工會。以二〇一〇年的標準而言，每堂課兩千七百美元的待遇（沒有任何其他福利）[15]，並不算太好。這也難怪我所遇到的兼任教授們，處境都跟瑪麗葛蕾絲・甘納爾（Mary-Grace Gainer）差不多，一半的家庭收入都要拿去繳房租，連在晚餐時多負擔一位客人用餐的能力都沒有。（甘納爾的先生為了維持生計，偶爾會去擔任校車司機。）身為在費城生活的家庭，天然氣的開採導致房租上漲，因此在本就吃緊的開銷又更緊繃後，甘納爾一家人決定舉家遷徙到費城的洛克海文（Lock Haven），一個她口中的「鄉下地方」。然而此處的房租雖便宜，每個月卻還是需要兩千美元。此外，在甘納爾需要教課的那幾天，她必須開到六十英里（約九十六公里）外的學校，將所剩不多的現金花在油錢上。她的年收入約為三萬六千美元。某一年，甘納爾為了替五歲的孩子買生日蛋糕，不得不存了好幾個星期的錢。

這也是為什麼服務業雇員國際工會或某些代表兼任教師的工會，希望能將每堂課的薪水調漲到一萬五千美元，並包含福利配套。[16] 非典型工會可能會對當前的大學營運模式造成極大影響，並期待最終能幫助部分勞心工作者脫離抑鬱與貧困。

另一個援助方案，被我稱為「公平勞動標章」（the fair labor seal）。只有正當對待員工的學校，才能獲得這個榮譽標章。而員工工作的公平性與穩定性，會影響大學和學院的排名。這個策略之所以能發揮效果，是因為美國父母在替其孩子挑選學校時，對《美國新聞與世界報導》（*U.S. News & World Report's*）的大學排名非常痴迷。而這些排名基本上綜合了許多因素，如入學者的SAT分數、申請人數對比接受人數等。但如果我們能在大專院校排名中，將兼任教授占比，作為整體教育品質的參考指標，結果會怎麼樣呢？假使兼任教授的薪水和上課時數也被視為排名因素之一呢？假使那些雇用全職或終身職教職員、給予兼任教職員不錯的薪水外加一定程度就業保障的大學，就能獲得（或被剝奪）公平勞動標章，大學排名又會出現怎麼樣的變化呢？

在採用「標章」這個制度後，大學就可以稱自己為「公平勞動」機構，如同某些品牌喜歡稱自己為「公平交易」品牌般。許多大學表示為了在競爭激烈的市場上成功吸引學生和家長的注意，學校往往需要砸大錢，而這個制度或許能給予他們一定的優勢，同時還能讓那些工作不穩定的教職員因為較好的待遇，而產生一定程度的激勵效果。自然地，某些大學的行政部門或許不願意分享這些資訊，這是我們必須克服的難題之一。那麼，是否乾脆讓學校內的兼任教職員自己來評鑑該機構是否有取得公平勞動標章的資格呢？

第三種援助方案的規模較小：如果校友捐贈者組織起來，將他們的捐贈用於提升兼任教師的待遇呢？為了讓校友能做到這點——假使我們讓學校有義務必須遵守這些有條件性的捐款呢？

我個人最喜歡、且或許是最合適的解決方案，則是波林想出來的一個點子。

創辦援助組織

波林的其中一位朋友喬伊・傅雄尼（Joe Fruscione）在喬治城大學（Georgetown University）擔任兼任教授時，他時不時地就要到網拍平台Half.com上變賣自己的電動或家具，以換取現金。波林在哥倫比亞藝術學院任教數年，但她依舊經常需要依賴食物券購買生活用品。傅雄尼和波林的處境絕非特例。有鑒於實際情況如此惡劣，因此傅雄尼、波林，以及使用凱特・史基爾斯（Kat Skills）作為兼任教授化名的凱特・雅各布森（Kat Jacobsen），決定創辦一個非營利組織，致力於幫助受貧困所苦的教授們。為了反映成員的經濟困窘與凝聚眾人的心，他們決定將組織名稱定為PrecariCorps（注：直譯為「流眾團」）。

首先，他們成立了網站，並宣揚該組織的使命：「作為高學歷者的代理人，希望能給予經常在經濟、情緒與心理上飽受壓力的兼任教育者暫時性與歡迎性的援助。」透過這個網站，人人都可以捐款。他們建立了一套申請流程，會根據申請者申請的補助內容如研究素材開銷、基於前述研究所進行的旅行或甚至是醫療帳單等，來評估申請。截至二〇一七年為止，這三人收到超過一百項捐款，以及五十份經費申請書。（他們告訴我，他們是無償經營此一組織。）他們也將目前收到的一萬美元捐款，全數分配給那些生活於經濟危機中的兼任教授們。

在傅雄尼和一名有著不錯收入的女性結婚前，「我的生活中只有慌亂、教書和焦慮，」傅雄尼如此形容那時候的自己。「我屬於中產階級底層，只有微乎其微的存款和IRA（退休帳戶）或退休金。單憑兼任教授的薪水，我根本無法像現在這樣，跟妻子一起申請領養孩子。我連門檻都無法通過。」

由於兼任教授的待遇實在太差了，最後傅雄尼離開學術界，轉往業界發展。現在的他在定義尚不清晰的寫作諮商界，擔任文字編輯者——儘管他擁有博士學位、畢業於知名的喬治華盛頓大學（George Washington University）、且在該校（和喬治城）任教數年。

仍舊拚命著為困境尋找一條生路的波林，則獲得一絲喘息的機會。在我刊登了一篇關於她的經濟困境文章後，她在教職員信箱與家裡的信箱中，收到陌生人寄來的支票與匿名禮品卡，甚至還有一筆五千美元的捐款。還有善心人士捐了一台三輪車給芬恩。波林告訴我，她將部分捐款分給了她在網路上結識的兩名兼任教授朋友，因為他們比她更需要這些錢。

正因為這些善意，讓波林相信自己可以透過 PrecariCorps，進行更正式的活動。她的同事希望能替她支付電費或參加學術研討會、買教科書的費用，而他們也認為其他兼任教授也應該獲得同等的幫助。此外，他們還和傅雄尼討論該如何創辦一些如 PrecariCoops 這樣的團體。而這也是 PrecariCorps 出現的原因：為了引起人們對其職業困境的關注。畢竟，兼任教授正是中產階級受侵蝕現象下的典型代表。現在，比起學生們，教授更有可能是那個需要住在地下室、只能靠湯麵和香菸維生的人。

對 PrecariCorps 而言，他們絕對不缺需要援助的兼任教授（包括那名會在週末去家庭餐廳當服務員的兼任教授）。像是接受醫療補助計畫的中世紀學者般，或那個只能住在車上的「無家可歸教授」瑪麗－費斯．佐拉索里（Mary-Faith Cerasoli）。幾年前，我曾在佐拉索里進行絕食活動以引起大眾對貧困教師的關注後，跟她聯絡。在絕食六天後，她終止了這個活動。PrecariCorps 同時也收到了一份申請，申請者因為大學拖欠應付薪資太久，導致他因銀行帳戶透支累積了許多財務上的懲罰。[17]

PrecariCorps 是一個還不夠完善、剛剛起步的組織，就跟自行組織的慈善團體很像。但該組織也是捍衛兼任教師權益、大規模社會運動的一部分。該運動的發起者為服務業雇員國際工會，捍衛對象也進一步拓展到醫院工作者與警衛，參與活動者不乏規模龐大的非常態性學術勞動力聯盟（Coalition of Contingent Academic Labor）、新教員多數基金會（New Faculty Majority）和兼任者行動（Adjunct Action）團體。二〇一五年二月，在全美兼任教授走出教室日（National Adjunct Walkout Day），美國西岸與東岸皆有上千名兼任教授、一般教職員和學生們走上街頭，要求獲得一個更公平的待遇與更好的工作環境。[18]畢竟兼任教授的工作內容和終身職教授一樣，且多數也擁有一樣的學歷。

每當談論到兼任教師的待遇時，校內的行政部門總是宣稱自己是出於預算考量。他們指出為了避免提高學費，預算短缺的現實讓他們被迫只能開出兼任教授的職位空缺，他們也表示自己只是臣服於美國學費大幅上漲的事實。美國大眾對學費上漲發出嚴重的抗議。

但是，為什麼學費成長如此劇烈？二〇一三年，大量文章與研究指出，大專院校學費的漲幅超越通貨膨脹，並指出公立大學雇用的行政人員數量遠多於教師，除了造成冗贅的官僚體制外，也是種下當前此種惡果的原因。事實上，根據美國教育部（U.S. Department of Education）的數據，在一九九三年至二〇〇九年間，大專院校行政職位的數量成長了六〇％，[19]比終身教職員人數成長十倍。[20]為什麼大學不將高昂的學費用於聘請學生每天都會接觸到的兼任教職員，而是拿去請薪水過高的行政人員呢？

為了糾正這股歪風，並提升非常態聘用教師的待遇，兼任教授權利運動企圖推動各州立法機關，針對州立大學與學院制定強制性合約，必須給予兼任教職員醫療與退休福利。這波權利運動中的參與組織，目前也取得了一些成就，舉例來說，在科羅拉多州，希望能終結「科羅拉多州社區大學雙重教職員待遇體制」的法案，正周旋於該州的立法機關內。該法案原本有望能讓科羅拉多州成為第一個立法禁止此種被稱為「教師兼職化」（Adjunctification）弔詭現象的州，但該法案最終未能通過（二〇一五年）。[21]

PrecariCorps 提供不同的策略。隨著波林、傅雄尼和雅各布森對於募款的想法愈來愈堅定，部分 PrecariCorps 成員會在參加學術研討會的時候，手裡拿著那頂出名的毛帽，向那些擁有終身職薪俸的教職員募款。他們認為，那些足以立足、經濟穩定的「曾經為中產階級」職業從業者，應該擁有稍稍幫助那些陷於貧困之中同事的餘裕。該團體最終的目標，是希望能強迫學校改善惡劣的勞動政策。但與此同時，他們也希望能誘使那些終身職成員們和他們團結一致，期待他們能打開自己那義大利製的高級皮夾，援助那些如蜜蜂般辛勞工作、以確保前者舒適生活的兼任教授們，他們會成功嗎？只有時間才能告訴我們答案，至少時間可以讓他們換取微薄酬勞。

當向上流動已成往事

波林和她的朋友及同事們讓我們看到了，曾經具象徵意義的中產階級，如今正腹背受敵。在不到一個世代的時間裡，改變已經重寫了這個階級的常軌。企業規模有了大幅成長且逐漸全球化；但在這些大公司的眼裡，那些因限制工時的電腦排程系統，而被剝除人性的員工們，已經淪為不需要享有福利的合約勞動者（儘管於法律上企業們並不違法）。在下一章中，我們將看到更多相關案例。這些大公司的態度自然也蔓延到了以獲利為目的的學店中。隨著薪資成長停滯，過去能支撐起一個家庭的收入盛況不在。當前勞動現象激起了一個基於心理層面——甚至是生存層面的疑問，一個關於如今來看幾乎是不可能的「做你所愛」格言的反思。「當破碎的未來成為苟延殘喘生活的支柱時，樂觀主義又會變成何等模樣？」蘿倫・柏蘭特在《殘酷樂觀主義》（*Cruel Optimism*）一書中如此問道。對於那些兼任教授以及你所認識、或即將在本書中認識到的中產階級勞心工作者而言，這個問題非常好：我們是誰？當我們缺乏線性或甚至曲線型的職涯展望時，我們還能期待些什麼？過去，我們或許會對工作場所的安全性感到憂慮，或甚至視其為社會學家韋伯（Max Weber）口中的「疏離化監獄」（alienated prison）。[22] 但反觀現在？本該將滿腔熱情灌注在工作中的我們，卻因為工作的不穩定導致對職業產生無比疏離的感觸。對某些人來說，「做你所愛」的宣告已經淪為毒藥了嗎？如果事實真是如此，這樣的現象難道是可被接受的嗎？

那些向上流動的年輕職業父母已經成為舊時代的象徵，此刻，是一個收入停滯不前的世代。對於中產階級這個最大的勞動人口而言，停滯帶來巨大的損失。

面對就業市場的新型態，許多高學歷者者茫然自失。他們和過去那些只能依賴小扁豆湯而活的研究生或兼任教授不同（或如我二十年前在社區大學教書時，只能喝冰咖啡的日子）。在那個時候，他們還懷抱一絲渺茫的希望，期待終身職工作會突然降臨。然而，就連這渺茫的希望都淪為不切實際的空想時，現實是多麼令人不安。從歷史的角度來看，如果要有中產階級，就要有知識分子。事實上，無論是好或壞，有些時候知識分子也被視為中產階級的「代言人」。

當我再次和波林聯絡時，她已經不在大學教書了。二〇一六年，她開始攻讀新的研究學位。

芬恩現在能走一點點的路，而他踉蹌的步伐為所有人帶來極大的喜悅。波林又開始接受語言治療師的訓練，並將重點放在替代性溝通上。過去因為學習這門職業而感到沮喪的波林，現在對於未來能和許多如芬恩這般無法使用語言的孩子接觸、指導他們如何使用科技來與人交流的工作，充滿期待。波林正在想辦法籌措七萬美元的學費。「我將獲得一個足以在經濟程度上養活我自己和芬恩的學位，一個極具意義且合情合理的選擇。對芬恩來說，要找到合適的治療師真的非常困難，而我可以填補這個空缺。」

約莫在一年後（二〇一七年），波林正式成為語言治療學系的全職學生。現在，她可以領取整年的食物券，並繼續領取芬恩的身障補助金。另外，現在芬恩的父親每個月也會給她兩百三十美元。她在向家人借錢後，付清了信用卡卡債，並延長了她的助學貸款。唯一沒變的，是她的信用卡帳單還是在兩千美元左右。現在已經十一歲的芬恩，就讀一所專為身障兒童設計的學校（由公立學校支付費用），並接受治療（除了語言治療部分）。

近期，波林透過募資平台 GoFundMe 替芬恩募得馬術課的學費。在她擺脫兼任教授這份工作後，她甚至戒掉了吃 Xanax 的習慣。

當她向長期任教的學院遞交辭呈時，除了收到制式化的「聽到你要離開了我們很難過……」回覆後，就什麼都沒有了。

第3章

高工時造就「極限托兒所」

在「迪斯托兒所」（Dee's Tots Child Care）的花園裡，在盛開的向日葵、麥稈和塑膠汽車之間，坐著一個頭髮上串著小彩珠的三歲女孩和一個兩歲、正在手足舞蹈的小男孩。這是戴樂蘿絲．霍根（Deloris Hogan）預計在晚上六點四十五分以前，讓他們回到父母手中的孩子。在她們身旁，還有四個同樣在手足舞蹈的孩子，他們要一直等到深夜才會回家。此外，還有兩個戴樂蘿絲稱之為「過夜寶寶」的孩子。迪斯托兒所的營業時間為二十四小時，每週七天，而這如此罕見的營業時間，也是基於孩子父母親的工作時間非比尋常。

二〇一四年八月的某個下午，孩子在充氣城堡裡跳上跳下，在盛著沙子的桌子旁玩沙，並吃著西瓜當點心。接著，天色漸漸昏暗。晚上八點半，三歲的奈瑪（Naima）換上那件粉紅色的波卡圓點睡衣。伊薇特（Ivette）和總是時時關心她的姊姊黛安娜（Diana），在一個下頭墊著瑜伽墊的薄床墊上躺下。在微弱的燈光下，依稀可以看到牆上貼著的明亮海報、制服、一籃的洋娃娃和嬰兒服，飄揚的彩虹窗簾將房間一分為二。一旁傳來了《阿拉丁》（*Aladdin*）中精靈即興演唱的歌聲。

戴樂蘿絲替兩歲的卡登（Kadan）更換尿布；接著替一歲的諾亞（Noah）洗了澡。看著「極限托兒所」在睡覺時光前的最後一場衝刺，著實讓人筋疲力竭（極限托兒所是我對這些近期大量激增、提供夜間時段、超早時段甚至整夜看護的托兒所總稱）。我害怕即便在戴樂蘿絲這般準備充分、且超高效率的行動下，還是無法趕在就寢時間前，替所有孩子洗完澡，到時我就不得不替她將孩子們趕到浴室，再帶他們回到小床上。要是在戴樂蘿絲將這些孩子趕上床前，這些小傢伙就變成令人崩潰的愛哭鬼，又該怎麼辦？她該如何應付？迪斯托兒所的大房間看上去就像是正在舉辦一場超大型睡衣派對，然而，這只是非常平凡的一天。

迪斯托兒所不過是全美境內其中一間二十四小時制托兒所。光是在紐約新羅謝爾（New Rochelle）同一個街區上，還有另一間同樣提供過夜服務的托兒所「小寶貝」（Little Blessings）。在我拜訪這裡的整個星期期間，小寶貝和迪斯托兒所被布置成猶如卡通大會的現場，用巨大的卡通人物朵拉、蜘蛛人和五彩斑斕的燈光，企圖贏取孩子的芳心。相較之下，有些二十四小時制托兒所則會以父母認同作為行銷重點，取一些充滿雄心壯志的名字，像是俄亥俄州哥倫布市的「成功兒童二十四小時培育中心」（Success Kidz 24 Hour Enrichment Center），以及賭城的「完美兒童發展中心」（Tip Top Child Development Center）或「五星級托兒所」（Five Star Sitters）。

不正常工時的代價

這類行業的蓬勃發展，反映美國職場生活的劇變。在我們之中，有許多人的工作天數不斷增加，工時更是難以預測。這點尤其反映了廿一世紀二十四小時制商業環境的實況，無論是數位經濟或自由工作（freelance）、零工（gig）經濟、以及無法跟上經濟成長腳步的薪資停滯，在在顯示即便在低通膨的時代，美國人民的薪水依舊未能趕上支出。二十四小時制托兒所的崛起，也反映出美國工會的無能，以及企業極端的工作排程已經打破一般大眾慣來遵循的工作天數與時數。使用「無能」兩字，絕非誇大其詞。在一九六〇年代，有三〇％的美國人加入工會；反觀現在，在所有就業人口中，僅有一一％的人加入工會，私人公司更只有七％的員工為工會成員。[1]在美國選民眼中，工會已經失去討價還價的能力。

根據二〇〇四年的統計，有近四〇％的美國民眾有過異常的工作體驗——如果所謂的正常是每天工作八小時的話（連此標準放在現在來看，也有如神話）。[2]美國婦女法律中心（National Women's Law Center）也指出，有九％的日托中心現在也提供夜間或週末照顧的服務，此數量已經多到足以濃縮成一篇趨勢專題報導。此外，在必須照顧年齡為六歲以下兒童的婦女中，有逾六成（六四．二％）的人需要工作，而在照顧低齡兒童的職業媽媽中，有近兩成的婦女只能找到時薪十．五美元的低薪工作。要想負擔托兒所的費用，她們就必須賺得更多。

當前多數美國成人的每週工時為四十七小時。[3]那些生活在貧窮線之下的人們，對於這種不合理的工時，往往更沒有權力說不。有些雇主為了減少員工「無所事事」的時間以精簡開銷，甚至屏棄人工管理的辦法，使用數據與演算法來決定工作時程。因此這些人就算想說不，也沒有人類對象可申訴。這些軟體根本不在乎工作排程是否會結束在深夜，是否會徹底撕裂員工的家庭生活，像是讓他們無法趕回家哄孩子上床睡覺，或因為要上超早的班而沒能替孩子準備早餐等。

極限托兒所的存在，點出了這個國家的工作時間是多麼地奸詐又荒謬。我們現在居然需要二十四小時的托兒所。是的，極限托兒所反映出那些要求我們應該要投注在工作上的時間量，正在壓迫我們。

可獲得高薪但必須工作到晚上的工作，或許能讓這些父母請得起一、兩位保姆，或雙親中的其中一人可以待在家照顧孩子。但對於那些需要依賴迪斯托兒所的家長而言，他們負擔不了這樣的奢侈。舉例來說，必須獨立撫養伊薇特和黛安娜的單親媽媽瑪麗蘇（Marisol），早上八點到下午兩點的時候，必須在超市工作，緊接著下午六點到十點的時段，要去家飾建材量販店家得寶（Home Depot）上班，每週必須工作六天。在這兩個上班時段裡，兩個女兒會待在迪斯托兒所，而下午兩點半到五點半的休息時刻，她會去陪她們。「第一份工作每週只要工作二十九個小時，因此我又找了第二份工作，畢竟我無法負擔托兒所的費用。為了生存，我需要賺更多錢，」這名帶著眼鏡、將頭髮整齊扎起的年輕媽媽這麼說道。她在四歲那年，從墨西哥來到美國。瑪麗蘇這兩份工作的每週工時都是二十九個小時。這是相當普遍的現象。如果員工的工時超過三十個小時，依法雇主需要提供醫療保險。（二〇一三年至二〇一五年間每週工時低於三十小時的兼差工作數量上升、工時超過三十小時的工作數量卻下降的情況[4]，並不令人意外。）

「隨著即將面臨繳車貸的壓力，我申請了家得寶的工作，」瑪麗蘇說。作為一名單親母親，她需要更周全的盤算。「對於我的行程，迪斯托兒所很能理解，也願意配合我。」

瑪麗蘇錯過許多與孩子成長的時刻，當她決定為她們多兼一份差的時候，這就是她不得不面對的悲傷事實。某個下午，我看著她帶著一盤以巧克力糖霜妝點的杯子蛋糕走進迪斯托兒所，讓伊薇特和她的托兒所朋友一起慶祝四歲生日。「我必須叫醒她們。小的還很好叫醒，大的就……」瑪麗蘇的聲音黯淡下去。戴樂蘿絲和一起經營這間托兒所的丈夫派崔克．霍根（Patrick Hogan），幫每個孩子取了個暱稱——巧達湯、K.K.、小點心、果凍。多數孩子和派崔克與戴樂蘿絲（孩子們稱她為努努）相處的時間，遠超過和父母相處的時間。

迪斯托兒所中，多數兒童來自於非裔美國家庭，這在統計數據上相當合理：數十年來，非裔美國人婦女需要工作的比例一直高於其他裔的女性。對於這些家庭來說，托兒所是不可或缺的存在。

有色人種的「極限」

霍根夫婦在一九八五年的時候創辦了這間托兒所，好讓他們可以一邊賺錢一邊照顧自己的孩子。現在，五十七歲的戴樂蘿絲和六十二歲的派崔克，必須二十四小時工作。那些給予工時不正常父母方便的托兒所，勢必會讓自己的工時偏離常軌。夫婦兩人總是在凌晨一、兩點的時候就寢。但如果過夜的孩子中途醒來，戴樂蘿絲就必須起身照料他們。處理好這些小情況後，戴樂蘿絲會繼續睡，而派崔克必須在早晨五點四十五分起床，他會替所有過夜的孩子準備早餐，並打掃環境，迎接六點鐘送孩子來托兒所的家長們。（凌晨三點至六點期間，不會有父母來迪斯接送孩子。）

戴樂蘿絲和派崔克於一九七四年相識，地點是他們如今居住小鎮另一端的公共住宅區。兒時的派崔克由母親照顧；而他擔任職業拳擊手和炸物廚師的父親，無法經常陪伴他。戴樂蘿絲則在密西西比的鄉村由雙親陪伴她長大，他們的工作是在舊時的農場裡採摘棉花與菸草。戴樂蘿絲和派崔克相知相伴四十年。他們以自己的四個孩子為傲，其中幾個已經從研究所畢業，現在也開始追尋自己的事業。他們也以迪斯托兒所為傲。派崔克總是穿著五彩繽紛的醫院工作服——紅色、藍色、紫色、黃色，作為自己的制服。「這對宣傳來說，效果挺好的，」他說。（他有時候會因此被誤認為醫生，而這點令他有點開心。）

霍根夫婦都是非裔美國人，某種程度上也反映了托兒服務的勞動人口不成比例地多為有色人種構成。但在另一方面，派崔克又是一個異常的存在：根據二〇一五年的統計，從事照顧兒童的人口之中，九五．六％為女性。

有時候，派崔克會為這份工作感到自豪，並在替孩子們送上餐點時，假裝自己是服務生、孩子們是顧客，對著孩子開玩笑地說：「六塊錢，謝謝」。從某個角度來看，他說的倒也沒錯。我曾問他，這瘋狂的作息時間是否讓他感到疲憊。

「你問我想不想休息？當然，」他說。「但誰不是呢？」

霍根夫婦會在六個月之前準備好行事曆，告訴家長哪些日子迪斯會休息。每年，他們會暫停營業時五個小時，以進行各州政府規定的工作培訓。此外，他們還會在兩人結婚年紀念日那天放假一天，但感恩節就不一定了。

「商店和護理師在感恩節的時候不會放假，」戴樂蘿絲說。儘管如此，她願意為照顧孩子付出所有心力（她甚至教我怎麼樣讓自己的女兒戒掉奶瓶），有時依舊不夠。其中一個孩子的母親被要求在凌晨三點半的時候去上班，因此這名母親詢問他們是否能在這個時段內，將孩子送過來，答案是不行。

霍根夫婦明白他們與孩子雙親間的互補關係，而孩子的幸福以及他們自身的經濟穩定性，也必須仰賴他們所能提供的二十四小時照顧服務。對於此種極限托兒所的需求，只會隨著照顧行業的需求愈來愈高，同等增加。舉例來說，根據美國勞工統計局（U.S. Bureau of Labor Statistics）的就業預測，由於大量老化的人口，因此在二〇二四年之前，有註冊的看護職業數量將會成長一六%。[5]（由於此種情況將壓迫到社會大眾，因此自然不是好事。在本書的稍後，我們將讀到更多關於醫護人員所遇到的困境。）

醫院與其他企業集團如塔吉特（Target）百貨逼迫領著低薪的員工們，在不正常的工作時段工作，甚至對於員工的需求視若無睹，而消費者有時也扮演了推波助瀾的角色。我們認為自己應該要能在任何時候購物、用餐，即便是在凌晨，我們也希望能隨心所欲。極限托兒所的數量之所以增加，部分原因在於我們的體制無法確保每個家庭的需求能被滿足，包括那些在奇怪時段工作的家長們。畢竟我們是一個二十四小時工作的社會。

大托兒時代來臨

對於那些不需要二十四小時托兒所的人來說，這些極限托兒所的存在非常令人詫異。當我在女兒那間會在傍晚五點四十五分休息的托兒所內，向其他家長聊起極限托兒所的情況時，某些父母明顯感到吃驚。這些父母多數都替自己的孩子報名了全日制的時髦托兒所，或雇用保姆。他們也經常需要工作到深夜，閃閃發亮的電腦螢幕讓昏暗的家裡，看上去就像是水族館。但部分父母卻覺得任孩子在托兒所過夜，是一件非常不可思議的事。有些人甚至訝異地發現原來存在著這種地方。

當然存在。在這千禧時代下，雇主與員工的關係經歷了一番陰鬱的革命，而革命結果就是員工權益出現極大的損害。對於「讓員工擁有可忍受生活」的義務，雇主往往不願意接受或輕易忽視。曾經在社會學家與歷史學家口中大為流行的「生活水準」（standard of living）一詞，愈來愈少被使用到。（或許認為相較之下較高水準的生活應包括些許娛樂與慰藉的概念，已經消退了。）

並不是說夜班或二十四小時制工作是這十幾年間才出現的，至少醫生、護理師、夜班警衛，和服務生，都可以證明這一點。稍有能力者，可以雇用互惠生（au pairs，以照顧孩子的服務換取住宿和些許零用金的職業）或家庭保姆，幫忙照料孩子，有些人甚至一開始就有托兒仲介或助理可以幫他們尋找最適人選。「如果能有助理幫我們處理孩子的事務，日子就輕鬆多了，」紐澤西布里奇沃特一間托兒仲介在自己的官方網站上，如此宣傳，兒童照顧仲介是一個「客製化且獨一無二的仲介服務公司，為忙碌的家庭打造平衡的工作生活」[6]。更富裕者，甚至可以使用位於加州、有兒統版 Uber 之稱的 Zūm 公司所提供的客製化兒童接送照顧服務；如同價格較高昂的 Lyft 共享汽車服務，Zūm 可以接送年紀介於五歲至十八歲的孩子，往返於學校、社團練習、音樂課。如有需要，也可以選擇額外收費的接送前、後托兒服務。但對於在商店裡或連鎖餐廳上大夜班的工作者來說，他們根本無法負擔這樣的服務。確實，如同知名小說家瑞秋・庫斯克（Rachel Cusk）在自傳中對於有錢人如何安排日間托兒的描述：「我發現，那些為了緩解父母作息的高效率保姆，是只專屬於富人的產物。至於其他形式的托兒服務，則是秉持著公共電話亭的原則來經營。」[7]

不規律且永無止境的工作文化，影響了我們許多人，無論是筋疲力竭的中產階級家長，或那些領著最低薪資、從早到晚必須在各個家庭或托兒所內照顧孩子的職業保姆。這些家長與照顧者的共生關係，就如同俄羅斯套娃般層層嵌合，而雙方都希望能達成一個全新卻又令人頭疼的目標：即時（just-in-time）排班。即時排班制幾乎不顧員工的需求，僅根據公司的利益設下了奇怪、且不穩定的工作時段，像是不給予充分的事前通知就急召員工來值班，而這在工作過度的文化下，已經成為一種新常態。除了必須在沒有收到預先通知的情況下進辦公室外，員工也被要求接受與典型朝九晚五不同的上班時段。事實上，根據美國經濟政策研究所的調查，有一七％的美國就業人口工作排班是難以預測的。[8]部分公司如快時尚品牌 J.Crew、Urban Outfitters 和 Gap，在面對媒體與抗議者的強烈抨擊下，最終捨棄了即時排班制。儘管一項規定雇主必須確保員工工時穩定的聯邦法案在二〇一七年年初未能通過後，又再次捲土重來、並希望能獲得美國十個州的通過，[9]但現階段排班不穩定的工作依舊非常氾濫。

如同勞動專家、紐約市立大學歷史系教授喬書亞．費里曼（Joshua Freeman）對我說的，「現在僅有非常少數的美國人，能擁有一份每週工作四十小時、一週工作五天的正常工作。」二〇一四年的蓋洛普（Gallup）民調也得到令人不安的相似結果：儘管「全職」工作的定義依舊是每週工作四十小時，但在每十名美國人之中，僅需工作這麼「低」時數的人，不到四人。事實上，僅有四二％的人每週工時為四十小時，另外約有五〇％的人，工時超過四十小時，平均工時則為四十七個小時；而在全職工作者中，僅有八％的人表示自己的實際工時少於四十小時。（其中有一八％的人每週工作六十小時或甚至更多！[10]）

現在，部分企業甚至希望員工的工作班表，能根據依照最佳效率所調整出來的全天候生產進度表做規劃，並適應地球另一端商業夥伴的時區（該如何用印度話來說「工作過量」？），或因應即時供需波動與客戶數量。公司希望員工能做到隨傳隨到，完全不理會這對員工的家庭生活可能會造成何種影響。擔任這些工作的家長們，往往無法陪伴孩子做他們的科展，或指導孩子寫數學作業。永無止境的班表，受即時排班制影響的家庭，永遠沒有充分的相處時光。另一個美國家庭之所以如此習慣於這樣作息的原因，則是因為我們的領導人儘管口口聲聲說，自己是如何珍惜作為父母與照顧孩子的時光，卻沒有幫助這些家庭，反而想方設法地阻撓人民的抗爭。

驚人的托兒費用

儘管霍根夫婦全天候上班，卻只能獲得微薄的收入，而那些針對家長義務所施行的懲罰，也只是懲罰那些資源有限的父母，當他們因為兼差許多份工作，而奔波在路途間猶如搭上瘋狂旋轉木馬時，這些法令沒能給予他們任何幫助。照顧者和父母的痛苦，就像是層層相疊的俄羅斯套娃般。

極限托兒所和那瘋狂、嚴苛的工作需求，也讓家長們想為自己的孩子找到可靠的托兒、托嬰服務，變得難上加難。[11]在過去三年，我曾訪談超過百位家長，而多數人都認為自己應該能負擔得起托兒所或自己帶孩子的成本。難道他們還不能主宰自己的生活嗎？儘管如此，他們依舊時常覺得自己能力不足，而這樣的挫敗感，往往就來自於照顧孩子和育兒開銷。

最令人震驚的，莫過於托兒費用。倘若中產階級父母真的淪為瀕臨絕種的族群，且在各方面因為嚴苛的工作家庭政策所累，那麼罪魁禍首或許就是托兒費用。美國的聯邦育兒支出占GNP的比例，在富裕國家中敬陪末座。[12]麻省大學阿姆赫斯特校區（University of Massachusetts Amherst）的社會學教授喬雅・米瑟拉（Joya Misra），分析了上千名來自各階級的父母。其中一個針對中產階級學術圈父母的研究，更是蒐集了上百份問卷及焦點小組訪談，以及十七份一對一訪談。米瑟拉說，許多問卷參與者表示自己被托兒費用嚇到。在雙薪家庭中，該筆開銷可能會占據其中一份收入的三〇%左右。在美國三十三個州與華盛頓特區中，將一名嬰兒交給市區托兒所照顧的費用，比公立大學一年的學費還貴（更別提保姆了）。[13]我也聽說，紐約中產階級者的每個孩子托兒費用，經常加一加就高達兩萬五至三萬美元。對紐約的低收入戶來說，托兒費用遠超過食物與住房項目，成為最大的開銷。

或許有些父母對於自己該如何負擔托兒費用的事情感到絕望，因而在募資網站上出現了這樣的內容：「全職教授單親媽媽，在正職工作與各種開銷中，陷入困境……因為一連串意料之外的緊急開銷，現在的我無法即時籌措出必要的錢。」這名標示著「兩千五百美元目標金額」的母親，最後募得了兩千兩百八十六美元，而她也放上一張可愛的男嬰照片。照片中十三個月大的賽巴斯宣（Sebastian），掛著臨時托兒所的小圍裙。我忍不住想這是多麼可怕的情況，賽巴斯宣的母親居然被迫上募資網站以籌措最基本的開銷費用。

除了負擔托兒費用的壓力外，工作者和家庭更會因為極端的作息而蒙受極大壓力。舉例來說，一名和我交談過的母親表示，由於她必須在早上七點半抵達聖荷西的麥當勞開始工作。因此當整個城市才剛剛甦醒的時候，她已經將家中最小的孩子送到托兒所。七點四十五分時，她已經在煎著蛋堡裡的蛋或清理桌子。當超過八小時的工作終於結束時，已經是下午四點，她連一口氣都不能喘，必須立刻趕到托兒所和學校，分別接走四歲與十二歲的孩子。

如果這名母親沒能即時接走四歲的兒子，托兒所可以依每分鐘一美元的價格，收取額外費用。（她說托兒所最近已經鄭重警告她，如果她再遲到，他們就會真的收取這筆費用。）但如果她不能即時接走待在學校圖書館裡等著她的兒子，兒子的家庭作業就會寫不完。當他在等媽媽來接他時，圖書館裡沒有人可以督促他做功課，而沒完成的作業就會壓縮到較晚的用餐時光或應該上床睡覺的時間。身為單親母親，她常常無法準時接到孩子，因為她的上司總會在她下班後，要求她做一些額外的工作，導致她無法準時下班。而這些變動造成了她的壓力，她每週的工時約為三十五個小時，但薪水仍舊無法負擔所有開銷，而和孩子關係疏遠的父親，並沒有伸出援手。她們一家人住在一個車庫裡，而此處對於正在成長的孩子們來說，實在過於狹小。現年十五歲的大兒子，希望能擁有自己的房間，好擺脫弟弟們。而她沒能準時接到二兒子的情況也出現了負面影響，導致兒子的成績開始下滑。

她的兒子為了完成一個關於太陽系的報告，需要使用到一些材料，像是用來代表各星球的保麗龍球與上色的顏料。但她的老闆再次更換了她的班表，讓她的下班時間再次被延誤。由於不穩定的工作時段和無法負擔安親班的費用，她經常無法協助孩子完成他們的家庭作業。而未能按時完成作業也導致兒子的成績漸漸下滑。

另一個因缺乏國家對育兒方面的補助、並成為二十四小時制首當其衝的受害者，則是兒童照顧者。我們持續忽視這些工作者的需求，而部分問題在於我們文化對「托兒」這個概念的排斥。由於美國並沒有公立、國家體制的托兒所，因此人民普遍認為托兒所就應該由私人企業經營。（就此角度來看，托兒所跟醫療體制非常像，由於社會對於將其制度化抱持抗拒心理，從而導致私有制的失敗。）如自紐約大學（New York University）社會學家凱斯林．格森（Kathleen Gerson）所言：「為什麼我們會有如此奇怪的信念，認為照顧應該是一種基於個人、而不是隸屬在社會之下的行為？」

照顧兒童基於愛，怎可以談錢？

回到一九八〇年代，當托兒所爆出令人震驚的邪惡犯罪，並成為眾人打擊魔鬼的標的時，托兒遭到汙名化，並成為守舊分子抨擊婦女就業的一個藉口。如同理查．貝克（Richard Beck）在《相信我們的孩子：一九八〇年代的道德恐慌》（*We Believe the Children: A Moral Panic in the 1980s*）中所爭論的，在那十年間所爆發的托兒所性騷擾案件判決中，隱藏著保守民眾對於女性主義的害怕，以及社會對婦女走出家庭（及伴隨而來的托兒需求）、日常犯罪的恐懼。因傳統家庭瓦解而感到驚慌失措的大眾，將托兒所視為替罪羔羊。

但如同許多人所指出的，照顧兒童這門行業所導致的心理疾病，是當前較為務實的批判走向。以托兒所經營者或照顧者如霍根夫婦為研究對象的學者亞莉・霍希爾德（Arlie Hochschild），則擔心那些領著低薪卻必須出賣部分親密互動、製造歡笑並提供無微不至關懷者，可能會面臨的潛在傷害。在她出版的《外包自我》（*The Outsourced Self*）中，展示了這段歷史，過去曾經屬於個人生活的兒童撫育及呵護責任，如今都已外包出去了。

但還有一個更普遍的理由，可以解釋為什麼看護與育兒工作會受到歧視。著名經濟學家傑瑞米・里夫金（Jeremy Rifkin）精闢指出，我們對於照顧此一行業的歧視，源自於「超資本主義」（hypercapitalism）的概念，即瘋狂且不受約束的自由市場意識。看著里夫金描述我們是如何透過交易市場，替人類互動尋找替代方案時，擔憂與千頭萬緒浮現在我腦中。「但當多數關係都轉變成商業關係時……那些非商業本質的關係中，還剩下些什麼？」里夫金問道。[14] 在交易型的美式生活下，人類關係淪為「由合約與金融工具所約束」的情感，而所謂的「基於愛慕之情、愛與奉獻的」相互（reciprocal）關係，早已蕩然無存。這些都是被稱為「情感商品化」現象的一部分；當我們出賣自己最親密的關係時，可能會造成情感（與財務）上的損害。一方面，我們將愛與金錢混為一談；另一方面，或許會出現薪資嚴重過低的下場，像是那些以照顧他人維生、並因此出現有時被人稱之為「感情徵狀的囚犯」（Prisoner of love phenomenon）的保姆、護理師、托兒所職員們。

「感情囚犯」（prisoner of love）理論宣稱，雇主之所以能給予照顧提供者如此低薪的其中一個原因，在於雇主知道他們可以玩弄照顧者的關懷本能。市場經濟的觸手不斷擴大，並深入我們生活的每個角落，但兒童與年長者的看護工作卻只受到愈來愈強的打壓。除去托兒所具有的交易本質，該行業之所以備受歧視的其中一個原因，在於顯而易見的性別觀點，認為照顧是一種較輕鬆且沒有價值的「女性工作」，過去都是由那些待在家裡的傳統母親「無償」提供。

就我來看，從宗教到美國人對於何謂成功的定義裡，埋下照顧工作之所以備受歧視的原因。輕視的歷史起源於照顧工作在長久以來，一直和慈善行為或孝道相關。照顧工作者不是無償提供服務，就是民眾捐獻的對象。給予固定薪水的做法與過去長久以來視照顧為自我犧牲的高尚精神，有所違背。

至於護理工作的低廉，則反映出美國人內心的假設，也就是當一個人付出心力照顧、關愛他人時，代表此人不是基於利益考量，自然更與務實、價值或能力無緣。這是護理工作者薪水如此低的其中一個原因；事實上，他們被迫為世人強加在他們身上的崇高精神或理想主義付出代價。就某些角度來看，照顧著國家最珍貴人口的他們，獲得的下場就是低薪和不受尊重。

但是，如果我們能將照顧與金錢連結在一起呢？此種「愛與金錢」的架構指出，市場作用不一定無法和真誠關懷相容。普林斯頓大學的社會學教授薇薇安娜．札拉澤（Viviana Zelizer）認為，我們首先必須理解，當親密關係與市場重疊時，不必然會出現玷汙。她表示，在理想情況下，我們能融混「親密關係與經濟活動……從而建立並協調出『緊密連結的生活』。」[15] 一方面，因為孩子而尋求托兒幫助的家長們，往往會認為自己在養育方面不及格，並擔心在受到財務或金錢方面的影響下，給予孩子的愛可能會因此受到汙染或不足。但另一方面，他們也可能對於此種雇傭式工作產生情感上的防備心態，認為該過程不要牽涉到任何情感，或許才是最好的。但如果我們能將這兩方面結合呢？如果真的能做到此點，美國人或許願意給予照顧者更好的薪水。

我和女兒的親身體驗，決定了我對這種愛與金錢被切割體制的想法。與許多家長一樣，在我找到一個值得信任的照顧者之前，我無法回到職場。我瀏覽保姆網站，並像是使用交友軟體般，分別和網站中的女性見面。某一次在我點開網站後，看到一名年輕女性的檔案，她並沒有對著鏡頭露出燦爛的笑容，看上去反而像是在思考些什麼般，有著齊劉海的鮑伯頭，襯著她素顏的面龐。她的名字叫希妮（Sydney），而她很快地就讓我的女兒隨著我那螢幕破裂的 iPhone 所播出來的低音質一九六〇年代音樂，在自己的嬰兒床上興奮起舞。我用金錢換取自由，但我同時也為遠離女兒付出情感上的代價，過去，我們兩個就像是一個有血有肉的白皙生物，而在與她分離之後，我突然間不知道缺乏實質另一半的自己，究竟算是什麼。

在那一年裡，我的女兒深深愛上希妮、復古獨立搖滾樂和永無止境的傻氣躲貓貓遊戲。在這極為罕見的親密關係與經濟關係結合下，我可以安心工作，知道女兒將獲得我所沒辦法給予的精力充沛且無拘無束的關愛呵護。我可以在非營利性質的共享辦公室裡，進行自由編輯的工作，同時還擠著母奶。能做到這一點給予我極大的解放（儘管也有些許的疏離）。在希妮獲得教師資格並停止保姆這份工作後，我們決定將女兒送到一個有著藥局外觀、教室裡掛滿孩子畫作的托兒所。就跟所有父母一樣，我們必須非常努力才能支付這間小小托兒所的費用。

我們的小困境其實早有歷史可供佐證。今日中產階級與勞工階級家庭所面臨的育兒困境，過去早就存在。第一次發生在一九七一年，也是我出生前一年。第二次同樣發生在一九七〇年代，當時工時開始扭曲，並超越傳統的朝九晚五、一週工作五日，「索求無度的職場」開始將自己的期望強加在員工身上。那些捍衛兒童與婦女權利的運動者，並非沒有嘗試改變這樣的工作環境。事實上，當美國國會於一九七一年通過了屬於《經濟機會修正案》（*Economic Opportunity Amendments*）一部分的《全面性兒童發展法案》（*Comprehensive Child Development Act*）時，抗議者也確實贏得了極具意義的一場勝利。該法案處理了因愈來愈多婦女走入職場，而逐漸升高的托兒需求。此外，更承諾會提高托兒所（從幼年早期到青春早期）的教育品質，並給予職業母親、甚至是中產階級家庭育兒補貼。但尼克森總統（Richard Nixon）於同年間駁回該法案，實踐平等家庭的夢想被一個更為冷酷的現實所取代。在一九七〇年，美國眾議院為了幫助所有美國貧困者，投票支持尼克森「家庭援助計畫」（Family Assistance Plan）中的保障最低收入措施，因為早從一九七〇年代開始，工廠作業就已經出現電腦化，人們也只好努力解決工作逐漸消失的問題。

找不到托兒所，怎麼辦？

在我待在迪斯托兒所長達數小時、差不多來到深夜逼近隔日凌晨時，我開始為這扭曲的托兒狀況，尋找解決方案。

最明顯的辦法，就是透過補助的方式使托兒服務變得可負擔，然而，政治人物對於此方案的抗拒態度向來異常強硬。推廣補助方案的前景令人無力。另一個幾乎沒用實際效用的辦法，則是共和黨稅改計畫中較常見的減稅和貼現措施。對於作息混亂的勞工階級而言，這微乎其微的減免，很難真的幫助他們得到如托兒所這類實質的服務。假設一個家庭每年花兩萬美元、或三〇%的收入在托兒費用上（我提出的是一個極為普遍的情況），租稅減免能如何幫助到這個家庭？對比較窮困的人來說，這類制度更是毫無意義。其中一個政策宣稱能給予低收入家庭每年一千兩百美元的托兒費補助，但對多數家庭來說，這個金額根本幫不上什麼忙。

政府對於育兒補助的不重視，體現了美國對於看護工作的不重視，而此一狀況讓照顧工作者與必須依賴照顧工作者賤價出賣自身勞動力的中產階級工作族群，負擔更沉。

世界上其他國家的國民們，都能享有自己國家內可得的托兒服務，也往往視其為全體國民的利益。在法國，政府成立了價格合理的托兒服務，並給予雇用居家互惠生或保姆的家庭稅務減免的資格，還有普及的幼稚園（從三歲開始）。我的某些朋友離開居住的城市，搬到法國，就是為了使用這些政策與托兒所。有些人則因為更容易取得、且品質更好的托兒所，搬去德國。近期，德國也通過了一項法案，確保德國境內每一個年齡超過十二個月的孩子，都能獲得托兒所名額，期望這個政策能扭轉德國為歐洲出生率最低國家之一的情況。

至於芬蘭，每一個年齡低於七歲的孩子，都有上幼稚園的權利。[16] 在加拿大，魁北克省則針對四歲以下的孩子，提供了普及且由政府補助的托兒所，其每日費用為七．三美元至二十美元不等。[17] 在我花了一個晚上和兩名在蒙特婁做研究的學者們交談後，才知道他們的城市提供了何等平價的托兒服務，並理解為什麼這兩名還未就業、年紀才二十幾歲的夫婦，可以撫育兩個孩子。

先不管那些顯然可以解決美國托兒問題的方法，並將以稅率為基準的政策拋到一旁，或許我們可以執行一些真正可行、更容易做到的選擇。畢竟對多數家長來說，光是找到一個還有名額的托兒所，就已經非常困難了。何不建立一個全國性的立案托兒所清單，列出每家托兒所的費用與名額？在美國境內的某些地方，現在也開始出現了這樣的註冊服務。舉例來說，加州舊金山灣區的 NurtureList 網站，能讓父母免費瀏覽指定區域內，所有還有名額的托兒所。NurtureList 還提供設備方面的描述，與極其詳盡的中心介紹。除了根據地域位置提供營業的托兒所資訊，該網站還會列出新學校與特殊教學宗旨，像是讓孩子們大量親近自然的幼稚園等。

剛和先生、幼子搬到舊金山的柔伊．漢森（Zoe Hanson），也是 NurtureList 的使用者；他們以每個月三千美元這難以置信的高價，租下一間「單薄的房子」。她沒有工作，也不知道當她需要去找工作時，該如何處置孩子。她們居住的新環境看上去就像是「有六千個孩子的托兒需求，卻只有三千個托兒所名額，」她如此描述。漢森的困擾非常典型，就像是全美家長的噩夢。二〇一四年，科羅拉多州立案托兒所可以容納的學童數量，僅為該州幼童人數的四分之一。[18] 在明尼蘇達州，提供居家幼童照顧服務者的數量在二〇一一年至二〇一六年間，下滑了一七％，導致市場出現嚴重短缺。[19]

托兒所危機將導致社會結構性的問題，已經明顯到不需要我們點出來。政府的不聞不問，讓托兒費用變得愈來愈高。我們缺乏的，不過就是充足且可負擔的托兒設施罷了。

「找不到托兒所，我連工作都無法做，」在漢森開始使用 NurtureList 時，她這麼對我說。她的需求，就是一間距離不要太遠、每月收費能在兩千美元以下的托兒所。與本書中受訪的其他家長所遇到的問題相比，她的困境不過就是為孩子找到托兒所，然而這個問題卻依舊難如登天。但 NurtureList 的資料庫，為她的困境提供了一線生機。透過該網站找出可行的選擇後，漢森替女兒註冊了一間溫馨的雙語托兒所；很快地，她就在一所設計與建築事務所內，找到一份工作室與行銷策劃的工作。當然，如同本書眾多生活在瞬息萬變不穩定陰影下的中產階級家庭，一年多後，漢森的命運朝著不幸的方向駛去。「我現在沒在工作了，」她說。過去，她擔任全職工作；但當她轉為兼職工作後，可負擔的托兒所費用就掉到一個月一千二百美元。在她於二〇一七年六月生下第二個孩子後，她完全停掉工作：無論那創新的網站可以如何依照她的篩選條件去尋找，托兒所的費用還是太貴了。「除非等到我的女兒去上幼稚園，否則我根本不可能回去工作，我們家負擔不了兩個孩子的托兒費。等到我把加州給的育兒假都請完後，我就會再去找些餐廳服務生的工作。」

解決托兒所有限的另一個大規模方案，就是全國性與普及的幼稚園學前班（pre-K）政策。就地方而言，這項政策正在推行，美國境內的數個城市裡，現在已有公立的學前班。目前，紐約市效果卓越的「全體孩子讀學前班」（Pre-K for All，後以「全體學前班」簡稱之）政策，為承受極大壓力的紐約父母們，提供莫大的幫助。事實上，這或許是紐約市長比爾・白思豪（Bill de Blasio）任內最重大的成就，而該政策的規模也造就了此政策的成功。二〇一四年，免費的學前班名額僅有兩萬個；兩年後，名額成長到七萬個。如同達娜・高德斯坦（Dana Goldstein）在《大西洋雜誌》（*The Atlantic*）上所稱讚的：「在華盛頓陷入僵局時，白思豪在美國最大的城市裡，開創了一項新福利：延長K-12（注：從幼稚園至十二年級）教育體制，額外增加一年免費、且理論上更為嚴謹的公共教育與兒童照顧……該計畫是如此受歡迎，許多郊區的民意代表也申請了州經費，好為選民們提供相同的福利。」[20]

「我們都知道為什麼學前班如此重要。長期來看，學前班對兒童發展有極深遠的影響；短期來看，該制度可分擔家庭支付學前班的經濟壓力，」參與打造此計畫的理查・布瑞（Richard Buery）對我說。「當一個家庭在托兒方面擁有穩定的補助時，事情會有什麼樣的改變？他們的壓力下降了。」

借用布瑞本人的說法，他認為「全體學前班」之所以成功、並成為其他市爭相仿效的其中一個原因，就是其中帶有的「反《夢幻成真》辦法」（注：《夢幻成真》（*Field of Dreams*）是美國一九八九年的電影，經典名句為「如果你蓋好棒球場，就會遇到他」）。他的意思是，與其帶著「建好它，孩童就會來」的態度，該計畫選擇積極地招收學生。

我自己就是因為女兒的關係，接到非常多通語音電話和電子郵件的詢問，此種不遺餘力的宣傳方式，讓人忍不住想起電影《大亨遊戲》（*Glengarry Glen Ross*）中過激的銷售競賽。市長將自己的政治生涯全都賭在了兒童照顧上，而他或布瑞並不打算因為孩子的缺席，就讓這個計畫前功盡棄。「我們克服了語言和文化上的藩籬，」布瑞說道，「因為有些父母並不認為四歲的孩子需要上學。」

我們可以從整個計畫中學到的一件事，就是在廣告之外，還需透過積極的本地推廣，並確保金錢和人力都用於招募那些會使用此計畫的人。紐約市試著不讓全體學前班淪落得如「勞動所得稅抵減制度」（Earned Income Tax Credit）般——一個明明能為低收入戶帶來許多好處，卻因為推廣不力而無未能獲得充分使用的計畫。

當我參觀住家附近的紐約市公立學前班時，我感到極為震驚。由於該校的學生多來自低收入戶，因此也獲得額外的財務補助。在一名如母親般和藹、頭髮灰白的退休老師帶領下，穿著木屐的孩子們乖巧地玩耍著。休息時間結束後，孩子們魚貫走進教室，以令人驚訝的熱情開始學習英文字母。我知道這些孩子的父母有許多住在我家附近的公共住宅裡，因此我想著不知道有多少白天必須辛勤工作的母親們因為這個新計畫，得以卸下心頭些許壓力。

然而，在我寫下此段文字的同時，美國境內僅能找到零星的學前班計畫。海辛格機構（Hechinger Institute）在二〇一六年的報告中，引用了美國國家早期教育研究中心（National Institute for Early Education Research）的數據，指出美國各州使用學前班的狀況非常不一致，在德州，有四八．七％的四歲孩子能上學前班，然而密蘇里的孩子們卻僅有二％能上學前班、奧勒崗則是一〇％。[21]

當然，即便是在紐約市，對年輕父母們來說，學前班計畫並不能和孩子那漫長的人生相提並論，尤其在那些下著雪、又無人能幫忙的日子裡。此外，如果你經歷過，你或許就會理解在孩子滿四歲前，有些日子是真的非常難熬。對於那些必須照顧嬰兒或幼兒、但在缺乏各方面幫助下而無法重返職場的父母親而言，此一現象反應了美國體制因忽視家庭所引發的嚴重挫敗。

合理工時與補助

在我們等著那看似永無降臨之日的必要改革來臨前，美國職業父母那永不停止的時針正滴答滴答地響著。二十四小時制的打卡鐘和飄忽不定的排班，再加上托兒設施的缺乏，讓許多人的日子陷入悲苦之中。某些社運活動者告訴我，比起低薪，不穩定的班表才是更嚴重的問題。然而，有些人還是選擇樂觀以待，勞工專家費里曼相信在爭取家庭假與更高的基本薪資之戰中，更公平的工時也會獲得同樣的成功。工時不穩定的問題，也是「蘋果派」（注：出自於諺語 as American as apple pie，泛指可代表或具象徵性的美國生活、目標或理想。）的其中一個問題：企業如果不能在此議題上站對邊，只會讓他們看上去就像是一個壓榨員工而討人厭的童話人物鬼靈精（儘管他們或許真是如此）。

為了改變那永不休止的班表，一場遍及全美的運動正在成型，希望能打造出更穩定的工作安排制度。目前，在許多成衣廠如 Gap 等施行的全國性實驗計畫中，淘汰了隨傳隨到的班表制，因這個制度顯然不能顧及員工需要固定班表的需求。為了讓美國普遍需要工作的家庭，擁有更穩固的生活，城市與州政府在說服企業放棄「即時」排班制上，還有很長的路要走。廢除這個制度，能幫助那些無法即時下班回家、監督孩子學習、甚至是上床睡覺的父母親們。此外，如果企業和組織能創立一個更合理的工時制（不僅僅是針對麥當勞的員工，還包括那些兼任教授們），這將成為社會發展史上極為關鍵的一頁。

「十年前，我們需要的不過是一個朝九晚五的托兒所，」迪斯托兒所的戴樂蘿絲說道。「但是現在，有些商店開到深夜十二點甚至二十四小時無休，所以我們才會出現。我們必須提供這樣的服務。」

很快地、就算不是戴樂蘿絲她們，提供在凌晨三點半接送孩子的托兒所，或許就會誕生。以迪斯托兒所的卡登（Kaden）為例。獨自撫養卡登的媽媽，在好市多（Costco）上班，下班時間為晚上十點半。兩歲的卡登是一個非常乖巧的孩子，他連在玩假裝煮菜的遊戲前，都會走到玩具廚房的水槽處洗手。非常多個日子裡，卡登的阿姨會將剛從另一個托兒所接來的卡登，送到迪斯托兒所。就連稚嫩的小卡登，也活在永無休止的鐘點制度下。

出現此種永不休止鐘點制的另一個原因，就在於單親家庭數量的增長，二〇一三年，美國有二八%的孩子來自於單親家庭，而這些單親家庭之中，又有七七%為單親媽媽。[22] 即便是擁有家人或朋友作為後盾的單親媽媽，也很有可能因此將彼此的關係推入臨界點。根據學者研究，當單親家長的生活陷入危機時，他們在極大程度上會依賴近親的援手，且他們對對方的依賴，遠勝於對方對自己的依賴。儘管此種依賴確實能締造一定程度的親密感，但過分依賴朋友與家人的情況（一名學者在談到單親家長時告訴我此比例約為三〇%），也可能引發反效果。一個過分依賴其鄰居或姊妹的單親媽媽，無法給予對方同等程度的回報，而失衡的關係可能會使這份感情陷入危機。

如果孩子的家庭具有申請補助的資格，迪斯托兒所的霍根夫婦每個星期就能獲得政府補助的兩百五十美元。很少有父母能全額自費每週的托兒費用，不過根據派崔克的說法，有了這筆補助費，這些父母通常一天的費用僅需再付一塊到五塊美元。然而，和社會福利體制打交道，並不是一件輕鬆的事，因為那是一個夾存在特權階級與生活困乏、深受社會壓力且處境艱難者的文化戰場。

在我某次拜訪迪斯托兒所的時候，托兒所的籬笆上飄揚著巨大的鉛筆與泰迪熊氣球，而孩子們在充氣城堡裡蹦蹦跳跳，讓人感覺就像是踏入嘉年華盛會般。傍晚的時候，兩個孩子幫著戴樂蘿絲灌溉院裡種植的小黃瓜與甜瓜，並隨時留心出來掠奪食物的浣熊。迪斯托兒所的重點，並沒有放在教育上。儘管霍根夫婦在學前教育方面確實會教孩子們一點字母和數字，但孩子們待在托兒所的時間裡，多半用於玩娃娃、變裝、將塑膠球丟過來踢過去、帶動唱或跟著 R&B 熱門歌曲「Cha Cha Slide」跳舞。

這些生活在二十四小時制度下的孩子們看起來都很好（至少現在如此），且異常地獨立自主。某個晚上，瑪莉絲八歲的女兒黛安娜，向我展示如何像廣告中那樣完美地將牙膏擠到牙刷上。黛安娜四歲的妹妹伊薇特則不需要任何人的督促，就會自動自發地刷牙。在這些孩子身上，我確實捕捉到些微的不安與需求，但我很少見到他們流露出悲傷或寂寞。部分孩子也出現如心理學那實用卻弔詭的術語——「親職化」（parentified）情況：在不一定出於自願的情況下被迫長大且照顧自己的孩子，具有超過其年齡的成熟。

稍後，霍根夫婦播放了電影《第十四道門》（*Coraline*），一部黑色奇幻卡通，故事中的孩子其親生媽媽在平行世界裡，被一個眼睛以鈕扣來偽裝的假媽媽替代了。其中一個不過比我女兒大兩歲的女孩，轉頭對我說：「小孩為什麼會以為爸爸媽媽會救他們呢？」她停頓了一下。「他們太笨了。」

第4章

寄生上流的中產階級

表面上看來，尚恩・坦諾（Shaun Tanner）並不是需要存錢的人。

就各方面而言，三十八歲、擁有年薪六位數出頭收入的坦諾，過得相當不錯。他每個月必須繳三千美元的貸款，而此數字僅占他每月收入的一半不到。在二〇一六年的時候，他同時做著三份工作，以支付自己的醫療保險還有家庭開銷：擔任氣象網站Weather Underground的氣象學家、獨立契約人員，還有聖荷西州立大學（San Jose State University）的講師。換言之，他在經濟上並沒有任何困難，在時間上也沒有如經營二十四小時托兒所的霍根夫婦那樣緊迫，更不若迪斯托兒所孩子的家長那般瘋狂。

儘管如此，坦諾覺得很緊張。對他和某些朋友來說，生活在科技業的陰影下，似乎有著不太好的影響，他們的工作並不像那些薪水「出奇荒謬」的科技新貴，而生活的成本更是異化了兩者間的差異。

與同樣從事科技業的鄰居相比，辛勤工作的坦納與對方有著一大截收入差距。從他位於加州灣區阿拉米達（Alameda）的家，到位於聖荷西的工作地點，通勤時間需要兩小時。為了支付三個孩子的課後輔導費（最大的孩子十歲），他也努力鞭策自己。

「人們一聽到我在科技業工作，就認定我是百萬富翁，」坦諾說，然而他不是。「而且在舊金山，這種情況愈來愈嚴重了。我該換工作嗎？我該做什麼？跟我一樣住在灣區的朋友也問：『我賺得有像鄰居一樣多嗎？』」

對於像是坦諾這樣明顯屬於上層中產階級，但為了保有當前社經地位，而不得不忙碌奔波的族群，我認為有深入理解的必要。我之所以這麼認為，是因為在收入極不均衡的美國，他們也是會因個人財務狀況感到自卑的族群。「一週一週過去了，」坦諾描述著自己的生活，但每個星期五發薪前，他依舊覺得手頭很緊，「我一點都不剩。」

人比人氣死人

既得利益者的怨言可能只會引起反彈，他們的問題似乎跟其他人無關，而且心理問題的程度大概比記憶練習、特殊夏令營或自製果醬大不了多少。與多數人所遭遇的困境相比，因為收入差距而感受到壓力的準特權族群，感覺上較不切實際。但就他們的角度而言，這些是最顯著的問題。他們的問題也反映出某些美國城市財富極度不均，以及少數頂層一%與其他人的差異。

如今的上層中產階級生活，建構在薄弱的基礎上。心理學與社會科學研究指出，對一個薪水合理的中產階級者而言，生活在富人之中確實會損害心理健康。二〇一〇年，華威大學（University of Warwick）和卡迪夫大學（Cardiff University）的研究發現，只有當金錢能提升一個人的社會階級時，金錢才能帶來快樂。[1]換句話說，獲得高薪是不夠的：人們希望感受到生活的提升，知道自己確實在進步，並能夠向周遭的人與自己展現出此種進步。社會學家格倫·費爾布（Glenn Firebaugh）和馬修·施羅德（Matthew Schroeder）在名為〈鄰居收入是否影響你的快樂？〉（*Does Your Neighbor's Income Affect Your Happiness?*）的研究中，談到此點。「在收入與幸福方面，」他們寫道，「最重要的在於此人和所屬團體其他人收入的比較。」[2]個人滿足是相對的，視你和你的「真實」同儕比較結果而定。

如同坦諾，過去十八年來在不同科技公司人力資源部門任職的艾米（Amy），也曾和「任何在矽谷或矽谷附近工作的人都應有六位數年薪收入」此一假定，周旋許久。偏偏她的職業並非如此。艾米和丈夫的收入相加後為年薪十五萬美元，儘管她知道這聽上去相當不錯，並承認「與美國許多地方相比，這是一筆很優渥的收入。」但他們超過一半的月收入，都用於貸款上；育兒費用又吃掉了額外的三〇％。此外，艾米負擔不了離公司更近的房子，因此她必須花大量的通勤時間。每一天，「我必須準時在六點的時候，帶著孩子出門，好在七點的時候抵達托兒所，並趕在八點半進辦公室。接著再於五點、六點的時候去接孩子，然後開車回家、洗澡、吃飯、上床睡覺。每天，我能和他們悠閒相處的時光僅有十五分鐘。」如同她所說的：「我賺得錢不夠，沒辦法像同事那樣請打掃或煮飯的人——儘管我的同事們沒有時間自己打掃煮飯，但至少他們有錢。」

現在，學者們開始研究理解一個地區對財富、貧窮與社經地的需求，以及這些又是如何影響如艾米這樣的族群。舉例來說，智庫「資料與社會」（Data & Society）的創辦人達娜・博伊德（danah boyd，她希望自己的名字用小寫來呈現）爭論道，社會地位或許是地域性的。如同博伊德所指出的：「周圍環境塑造了人們對於成功此一概念的理解。」[3]

儘管平均而言，多數美國人的生活品質比中世紀貴族所能夢想得還棒，但當隔壁就住著富豪和他們奢華顯貴的豪宅時，這件事實一點意義都沒有。假使你是一個據全美平均而言屬於上層中產階級、卻住在美國境內超富裕地區（有錢人都很感激不均這個現象）的人，你或許體會不到自己所擁有的優越。在我訪談時，我聽到這些父母所感受到的疏離。這讓我忍不住推測他們之所以感受到迷亂（anomie，社會學用語，指人的社會行為規範由於社會快速且劇烈的變遷，不再具有規範效力。），或許是出於與其他父母間的競爭，而此種孤立感也因社群媒體的使用（如臉書此類具吹噓本質且能窺探他人生活的平台）而加深。

我個人也經歷過此一構築在階級上的家長間疏離感。住在一個富裕的城市裡，你很容易就會覺得自己的生活被有錢人主宰。我使用「主宰」這個殘酷的詞彙，並不是因為我過於情緒化或失禮。這就是當我們身處在那些金錢資本高於自己的人的身旁時，所感受到的情緒。這個詞彙具體表達出身處在家鄉這座城市裡的我，在經過某些區域時，會因為自身有限的收入與財產而萌發的情緒。每當我出門買杯咖啡或散步，卻發現根本沒有公共空間可供我休憩、或所謂的「聚會」總是伴隨著高昂的開銷時，我總忍不住懷疑自己實際上是在支付「租金」，又一次，我掏錢買了第二杯標價過高、而我根本不想喝的香料茶，或為了讓女兒在室內遊樂場再玩一小時而掏出另一大把零錢。

你住不起

這就是身為中產階級的我在物價高昂的大城市中，所經歷的日常剝削。個別來看，這些煩惱都可以忍受。但一旦加總後，就會讓人覺得這座城市似乎在對我們說：你們這種人已經不屬於這裡了。（我和先生曾經討論搬去其他更便宜的城市，如德州的奧斯汀或奧勒岡的波特蘭，希望自己能輕鬆地在這些地方重新開始，買到那些以孔雀羽毛裝飾的復古衣服，並保有至少能負擔得起一杯氮氣冰咖啡的生活品質。但我們最後還是打退堂鼓，留在紐約，因為在這代價高昂的城市裡才有新聞相關工作。）與此同時，我開始發現家裡附近的商店往往開業沒多久就倒閉，因為這些小商店的老闆付不出店租。他們因為自己的店鋪而被擠出市場，而不是競爭者。我居住區域的附近，很快地就變成了一個小小的鬼鎮——在這如今就像是帝國的美國城市裡。事實上，如同舊金山的坦諾，我出生長大的城市和我上過的學校，如今都被超級富豪入侵，而這也是為什麼租金如此高昂的原因。如果中產階級者拒絕接受高層中產階級也在受苦的事實，就像是在否定另一個因不平等而感受到孤立的族群，無論這種程度對其他中產階級者而言，是多麼地輕微。

根據二〇一四年的研究，收入帶給你的生理與心理滿足，會視你的收入與周圍社群收入的比較結果而定。來自斯特靈大學（University of Stirling）的行為科學副教授麥克・戴利（Michael Daly）和其同事，指出他們的發現「解釋了社會地位——而不是物質狀態，或許才能闡述金錢對人類健康的影響。」[4]根據他們的研究，一個人的整體健康（包括肥胖或慢性疾病等）受收入與財富名次的影響，遠高於收入與財富的絕對價值。此外，較高的地位，能帶來實質的健康益處。轉換成社會階級來看，就是在經濟方面做到「寧為雞首不為牛後」。看起來，處在上流社會的底層，會損害一個人的生理健康。

表面上來看，那些位在上流社會底層的人們就經濟方面而言，沒有什麼困擾。但他們卻仍舊煩惱著。甚至連擁有穩定職業且經濟方面無虞的人，也無法放寬心。

此處，我必須再次重申——確實，與我們先前所認識的那些較不寬裕家庭相比，上層中產階級所感受到的心理負擔，遠不能和這些家庭面臨的危機或甚至是焦慮相提並論。然而，對於坦諾或從事人力資源工作的艾米而言，生活在被一％的人所主宰的美國城市裡，其感受到的痛苦是真切的。我也感受到了。我還記得尚未被金錢宰制的紐約，一個處在一九七〇與一九八〇年代零碎片段的城市，一個可以容納非雄心抱負者的地方。回想著紐約還未經歷房地產熱潮的時期，我心底充滿被我自己視為不道德的懷舊情結。那時候，我所認識且熱愛的大人們，住在一大片邋遢而凌亂的小房子裡，如同隱藏在串珠項鍊珠子間的汙垢。現在，住在我家附近的鄰居們都是真正的有錢人，他們用上百萬美元的代價，買下曾被小說家伊迪絲・華頓（Edith Wharton）輕蔑地稱為「覆蓋著冷掉的巧克力醬」[5]、外牆為褐色砂石的房屋。我看著這些房子的主人（更常是他們的保姆）到托兒所或學校，接送他們那穿著白色牛仔褲與潔白無瑕運動鞋的孩子們（就算是玩遊樂設施，他們也經常穿著這樣不合宜的打扮），手上拎著要價四位數、掛飾還會發出各種叮噹聲響的名牌包。他們所表現出的潔淨與對高價消耗品的興趣，往往讓我相當緊張，那純潔無瑕的白，就像是超乎尋常賺錢能力的象徵（且經常與加劇不平等現象的金融活動相關）。在他們那大理石豪宅中所舉辦的奢華兒童慶生會（有時候還會有數名活動策劃在場，外加數間托兒服務），就像是超現實主義者的活動。

過去，那些位於中產階級上層的人們，並不是人人都想仿效社會頂層一％有錢人或名流的生活。此外，他們也更傾向去找一份能讓他們與其他人不同、且具有確定性與穩定性的工作。但現在情況不同了。

無論是讀者或媒體網站下方留言的網友們，大肆撻伐那些抱怨著自己處境的上層中產階級，為他們所擁有的相對舒適與特權責備他們。我也看到了知名記者尼爾・蓋布勒（Neal Gabler）因為二〇一六年一篇刊登在《大西洋》（*Atlantic*）上的文章，而招惹眾怒。在這篇文章裡，蓋布勒分享了自己的財務危機，包括住在紐約度假勝地漢普頓（Hamptons）與一大群富人為鄰的悲慘故事，以及必須將退休金拿出來以支付女兒婚禮費用的事情。[6]作為回應，作家海蓮娜・歐倫（Helaine Olen）如此描述此一「悲傷、心碎而又文鄒鄒男子」的文章：「一名成功、受人敬重的白人男性站出來，將自己的財務困窘攤在大眾眼前，一個試圖維持表象、暗地裡卻已千瘡百孔的故事。他暗示或坦白地說自己就是我們所有人的化身……然而更多時候，這不過是個加以粉飾的特權故事。」[7]

當然，這些評論者（和我）或許會被視為愛抱怨的小小中產階級分子。在城市內眾所週知的「貧窮門戶」進進出出（有收入限制的住宅區和混合收入的住宅區），必須付出一定的心理代價。我必須再次強調，這些代價往往是隱性的，因為這些住在舊金山（兩房公寓的平均月租為四千四百三十美元）等高物價城市中、且在財務上高人一等的族群們，對於他人與自己的狀況，可是再清楚不過。

我從那些住在扭曲且富裕地區旁的上層中產階級者口中所聽到的故事，包括下面這個：在馬里蘭的郊區，一支來自中產階級學校的棒球校隊正在和另一個來自更有錢郊區的校隊比賽。其中一名來自沒那麼有錢校隊球員的母親，正興高采烈地為自己的孩子與其他小孩加油時，卻聽到來自另一隊的家長與年輕孩子們的口號：「低平均收入！低平均收入！」，接著是「你的爸媽餵不飽你嗎？要不要叫兒童保護局的人來？」這就是來自頂層一%族群的笑話——而且是出自非常年輕孩子的口中。

在一份由邁克爾·馬爾莫（Michael Marmot）爵士所進行的知名「白廳調查」（Whitehall Studies）中，自一九六七年起針對英國男性公務人員進行了長期追蹤，並發現收入差異會對心理與生理產生影響，即便是那些只在一人（官員）之下、萬人之上的高層。根據這份調查，高層中的底層人口，其死亡率高於他們的上司，當然，壓力最大的底層員工其死亡率是最高的。但位於最頂層者和位於頂層底端者的差距，令人吃驚。這種差距為整體不平等所造成的後果。根據研究顯示，即便是收入列全美前一〇%者，現在也認為自己被排除在財富與權力之外。[8] 布魯金斯學會（Brookings）也於二〇一四年發表了相似的研究結果，指出在美國三分之一的人口中，那占三分之二的月光族（paycheck-to-paycheck）或許已經算是幸運的一群了。在這份被命名為「貧窮化的富人」（The Wealthy Hand-to-Mouth）研究中，作者們描述了一群擁有令人稱羨的流動性資產（如房子或退休基金）指標，卻認為自己深陷在財務危機中的族群。[9]

而這些上層中產階級家庭也時常經歷了如加州大學柏克萊分校（University of California, Berkeley）以及芝加哥大學學者所稱的「跟風消費」（trickle-down consumption），像是雇用家教好讓自己的孩子能跟富裕家庭的後代競爭。[10] 然而後者的家庭為了維持子女在學業與才藝上的競爭力，往往願意投注更多資源。舉例來說，雇用時薪六十五至一百二十美元、甚至是五百美元的數學家教。

這些都是因為收入差異所導致的心理後果。但此種壓力和惡性比較，並不是只存在那些擁有特權卻神經兮兮的人們腦中。為什麼？因為許多基礎性的中產階級職業，正在悄悄地消失，像是律師。

育兒是件燒錢的事

多年來，我不僅訪談過惶惶不安或失業的律師，也訪談過許多寫程式的工程師、圖書資訊和人力資源工作者。我詢問他們為什麼陷入經濟不穩定的窘境，而他們在回答的時候總是異常熱切，就好像一直期待有人能問他們這個問題般。然而矛盾的是，他們往往希望自己能匿名作答。我猜想談論對於自己走在康莊大道上，卻出了差錯的心情，就像是鬧出職業上的酒後亂性風波般。此外，假設這些受訪者的事業突然好轉，而人們卻在書裡看到他們承認自己過去的失敗時，又該怎麼辦？

舉例來說，我曾和一名在南加州私人律師事務所工作的律師談過話，他專門負責人身傷害案件與民事訴訟。儘管工時超長，這名三十多歲的律師和他的太太卻不得不和父母同住，以省下房租。他擁有移民背景的雙親，非常渴望抱孫子，但他說自己根本養不起孩子。他和太太賺得錢不夠多，而且他念法律學校的學貸還沒有還清。

這類故事很常見。住在維吉尼亞阿靈頓市（Arlington）的會計師安斯莉・斯坦普頓（Ainsley Stapleton）今年四十歲，認為自己是中產階級的她共有三個孩子。在我第一次跟她碰面時，孩子們都在上學前班或托兒所，而她計算了自己的收入，有八七・六％都花在他們身上。

「這讓我有一點點想哭，」在辦公室內和我通電話的斯坦普頓說道。她說，她和在政府部門任職的先生曾經討論過，是否夫妻中的其中一人應該辭職，「但我們都太喜歡工作了。」

一年後，當我又和她聯繫上時，狀況已經有很大的改善。不過某些意料之外、但也是美國國內非常典型的壓力來源依舊存在。隨著兩個孩子都上了公立小學、僅剩一個孩子需要去托兒所，他們的家庭總體開銷顯著下降。（她的第三個孩子將於二〇一七年九月開始上幼稚園。）不過，年紀較大的兩個孩子現在開始會去夏令營，且平日需要上安親班。多數時候，斯坦普頓的工作都是結束在下午三點過後，夏天也需要上班。換句話說，他們必須送孩子去夏令營，另外，如果她想好好地完成工作，還必須幫孩子報名安親班。北維吉尼亞的夏令營可不便宜，她抱怨道。儘管有些夏令營收費較低廉，但估計也要三百五十美元左右；而她送孩子們去的夏令營每週收費為四百二十五至四百五十美元間（每個孩子）。對斯坦普頓來說，這些預期外的開銷也必須加在整個家庭為了孩子的育兒費用上（目前為每年兩萬一千美元）。

諸如此類可能會吞掉家庭大部分收入的開銷，會因地域而出現顯著差異。根據美國經濟政策研究所針對兩大兩小家庭所估算出來的基本預算，以二〇一五年為例，住在華盛頓特區的四口之家，每年預算為十萬六千四百九十三美元；但如果在田納西的莫里斯敦（Morristown），則只要四萬九千一百一十四美元。（美國經濟政策研究所也發現，擁有一個四歲孩子與一個八歲孩子的家庭，其托兒費用在該機構所調查的六百一十八個美國社區中，總金額甚至超過五百個社區的平均租金。[11]）

就表面來看，斯坦普頓認為她的家庭並不會不快樂。儘管必須負擔房貸，她們擁有自己的房子。在天氣好的週末，她們會一起到公園玩。但孩子的生活，與她在費城郊外長大的生活非常不同。在那個時代，她的母親待在家裡陪她，而且她上的是私立學校；

但是斯坦普頓知道，這些額外負擔對她的家庭來說太沉重。度假也是。斯坦普頓說自己是一名「成天忙著幫別人計算數字」的註冊會計師，因此當我得知她對自己家庭開銷的數字並不清楚時，覺得非常奇怪。她向我坦白，她一點都不想算那些數字，因為她知道結果肯定是慘不忍睹。

當我和許多其他起步更艱辛的中產階級交談時，我總是想著造成他們對生活如此失望的原因之中，有多少是因為自己。有些人鬱鬱寡歡。這些原因之中確實有時會參雜著個人因素，但還有很大部分是基於外部因素，如年齡歧視。以在密西西比工作、直言不諱地稱自己生活「並不快樂」的律師安妮（Anne）為例。五十九歲的她，過去二十多年來都在一間專攻稅法的律師事務所工作。當她於二〇一〇年因為出現偏頭痛症狀而請了三個月的醫療假後，她很快地就被雇主「趕了出去」，她說。後來，因為頭痛而臥病在床的期間，她花光了所有積蓄。在她因為健康原因而休養的期間，她還必須替兒子付大學學費。結局是無情的。「這與我預期自己在這個歲數時該有的生活，有著天壤之別，」她對我說。「年薪六位數的薪水和福利就這樣沒了。」而她接著對法律學校及差勁公司的批判，對現在的我來說，是再熟悉不過的內容。另外，還有一位住在曼哈頓的女子，儘管沒錢卻總是打扮得光鮮亮麗，只為了讓自己在同儕眼中看起來就跟他們的地位相襯、且屬於他們的一分子。舉例來說，她會花錢買些昂貴的小奢侈——「在餐廳裡點一杯紅酒而不是喝水就好，更常地使用信用卡來支付像是染髮或挑染等帳單。」她也說：「我認為自己是可憐的中產階級。」

被債務養大的孩子

我們在第一章認識的圖資管理員米雪兒．貝爾蒙特，也曾經為了延後還學貸的壓力，去學校念了一個跟自己職業毫無關係的碩士學位。二〇一四年的時候，她曾用自己的 MasterCard 卡支付那張用來支付 Visa 卡帳單的美國通用信用卡帳單。「我覺得自己好窮，但我們本該屬於中產階級的，」貝爾蒙特說。她試著釐清這些事的原因，以及她為什麼無法在今日的市場上存活下去。她很勉強才能籌出兒子每週兩百四十五美元的托兒費，而那已經是她所能找到的最便宜托兒所。又一次，她就跟所有受到壓榨的家長一樣，拚命責怪自己而不是廣大的社會體制。「如果沒有這些債務，我或許就能成為中產階級的上層？」貝爾蒙特想著。在她十八歲的時候，立刻就辦了信用卡，而自此之後累積了許多她自認為不必要的債務。「真的是太愚蠢了，」她說。

我也曾和一個經營著小生意卻差點破產的母親交談過。她的孩子在私立學校就讀，並領全額獎學金。（她希望能匿名受訪，表面上是為了保護孩子的身分。）她無法替女兒購買其他孩子都有的東西，像是女兒制服中那件昂貴的毛衣。有時候，她會錯過學校舉辦的家長會，因為那些家長會經常在工作日舉行。但即便是晚上的家長會，她也可能因為無法負擔額外的托兒費而只能錯過。

「我告訴女兒，有些人可以擁有很多錢但得不到愛，有些人則可以擁有很多愛卻沒有錢，」她說。「或許這麼做等於在這個話題以另一種形式展開前，強迫使其發生。但在富裕且貧富不均的地區裡，這個話題必須趁早開啟。你必須給予孩子足夠的力量與自信，來經歷這一切。」

這位母親的話聽上去或許有些不堪，但我發現這也是在許多城市撫養孩子必然遇上的課題，畢竟孩子經常會目睹那些張揚的有錢人。就數字上而言，這樣的極端再真實不過。如同柏克萊大學經濟學家伊曼紐爾．賽斯（Emmanuel Saez）那份引人關切的研究報告指出的，在二〇〇九至二〇一五年間所增長的實質所得中，有五二％進入了頂層一％者的口袋。[12] 另外，機會均等計畫則指出，光是將美國國內分布不均的財富其中一小部分重新分配，就能讓許多孩子踏上跟父母一樣成功的道路。[13]

律師也會失業！

我也和佛羅里達州一個為著學生貸款而苦惱的中年職業父母談過話。當初，羅伯特・馬拉（Robert Mara）認為攻讀法律能確保自己取得一個可以站穩上層中產階級的職業。在他於以營利為目的的佛羅里達海岸法學院（Florida Coastal School of Law）畢業十年後，他和太太（念法學院時認識的）共有兩個孩子、一幢需清償房貸的房子。他們兩人共有五個學位，而其中三個為高等學位。在羅伯特進入法學院之前，他曾加入軍隊，退伍後負責管理一間超市。而他現在已經邁入五字頭的妻子，正經營一間位於戴通納海灘（Daytona Beach）的法律事務所。羅伯特曾和妻子一起工作一陣子，但後來開始受不了法律這門行業。他不喜歡匆促的節奏，而且這份工作帶來的收入也不如他想像得充裕。因此，他轉而投入經濟領域，並將經營法律事務所的爛攤子，留給妻子溫蒂・馬拉（Wendy Mara）去處理。然而當時已經四十多歲的他，卻領著新人等級的年薪三萬六千美元。而夫婦兩人的學貸，使他們必須承擔四十萬美元的債務。溫蒂說，一想到他們這輩子根本還不清這筆債，就讓她很想哭。

這些律師所感受到的經濟壓力本該屬於例外，但事實並非如此。這是因為這門過去相當穩固的行業正在向下流動。二〇〇八年經濟衰退後，法律事務所和企業紛紛減少聘雇律師的人數，而學貸也是一個問題。法學院的學費從二〇一〇年平均九萬五千美元，一路上漲到二〇一四年的十一萬兩千美元。來自明尼阿波利斯的律師兼作家麥特·萊特（Matt Leichter）也指出，在美國某些州內，法律界的失業情況尤其嚴重：在阿拉斯加，有五六·七%擁有法律學位者，並不是擔任律師。[14] 與經常以法律為書寫背景的小說家約翰·葛里遜（John Grisham）筆下、南方律師勤勤懇懇工作的神話截然相反，在田納西擁有法律學位的人口之中，僅有五三·六%的人擔任律師；密蘇里為五〇·八%，馬里蘭則為五〇·三%。此外，萊特也計算了在這三州內，都有律師「過剩」的情況（每萬名居民的比例）。萊特經營了一個名字充滿希望的「美國最後的 X 世代」（The Last Gen X American）網站，他認為該網站能讓自己更好地運用時間，而不是整天玩俄羅斯方塊或聽車庫搖滾樂。

這並不符合我或其他人對法律從業者的期待。超過一世紀以來，「律師」這個詞彙一直是「統治階級」的代名詞，更意味著安穩。以暢銷的《超完美嬌妻》（*The Stepford Wives*）為例，家庭主婦瓊安嫁給了「窮極無聊的律師」華特，並住在美國郊區。這就是當時對律師的想像——一個踏上沉悶但安定、可預期且收入可靠道路者，一個《超完美嬌妻》作者艾拉．雷文（Ira Levin）或菲利普．羅斯（Philip Roth）會竭力避免的人生。然而現在，沉悶與可靠的「律師」，似乎是一個舊時代的珍品。

根據《紐約時報》（*New York Times*）的報導，在二〇一四年，僅有六〇%的法律系學生在畢業十個月後，找到全職且具有前途的工作。[15] 數據顯示，法律事務所以及政府雇用的人數正在下滑。成千上萬名法律系應屆畢業生受這波不景氣所苦，而此景與我們在本書中所讀到的許多中產階級職業困境非常相似。而光是去念法律，就能讓律師們債務纏身，受壓迫的美國人往往也是負債者。在過去十年中，學雜費普遍成長了四倍。自一九七八年以來，美國大學學費已經上漲了十倍，全美國的學生與畢業生所欠下的債務總額高達一．三兆美元。[16] 除此之外，負債的不僅僅是學生們，還有他們的家長。

乍看之下，債務成長與機會流失的情況，和就讀大學與研究所（較低程度上）的比例更為普及的兩件事，不太可能同時發生。但對我而言，此種悖論並不是意外。

事實上，這些以營利為取向的「文憑工廠」學店，也讓我想起了社會學家狄迪耶．艾西邦（Didier Eribon）於二〇〇九年發表的回憶錄《重回蘭斯》（*Returning to Reims*），描述身為法國某個省份窮孩子的自己，是如何成長。艾西邦原本不該上大學的，更遑論成為知名學者。作為一名充滿雄心壯志且聰明的青少年，他就跟所有「較不富裕階級」

（借用他自己的形容）的年輕人一樣，不明白教育體制內的「階級本質」[17]。艾西邦寫道，對於這些有志者來說，上大學或研究所很可能是徒勞無功的。他們註冊了學校，確信「自己獲得了過去一直無法接近的機會，然而事實上，當他們獲得這個機會後，卻沒能為人生帶來多大意義，因為整個體制已經演化了，重要且寶貴的位置也已經移轉到他處。」換句話說，美國國內這些空有學歷卻無用武之地的研究所或法律學校畢業生，就跟法國那些必須工作且出身於低層中產階級的學生們一樣，當他們的學歷效益降低、富有的同學們卻能進入那些可以帶來真正差異的學校，絕非一種巧合。含著金湯匙出世的人往往能明白教育也是一種策略，他們絕對不會去念一所聲名狼藉的學校，也不會踏入一個正在沒落的領域。艾西邦精確地指出那真實且使我感到恐懼的現實——過去由男性主宰如今卻多由女性主宰的職業，突然之間失寵了，當某個職業出現女性化，就會失去吸引力。

體制將那些無法獲得特殊社會知識的族群，排除在外，最棒且最理想機構或公司的價值觀，總是變化莫測，因而在某種程度上要求了畢業生們必須透過自己的社會資本，好知道最理想的下一步是什麼？而缺乏這些資訊的人們就輸了。

而羅伯特．馬拉就讀以營利為目標的佛羅里達海岸法學院時，似乎就缺乏了對各種學位及職涯發展的資訊。「市場上沒有足夠的法律工作，而這是非常致命的，」他對我說。「你必須是班上的佼佼者或進入對的法律學校，因為市場上的律師已經太多了。而我念的法律學校就是間學店。」馬拉形容教室擠滿了一大堆美國法學院入學考試（LSAT）的低分學生。而這些踏入自己能力範圍外的人，將會是未來的「過剩律師」。

奇奇．葛羅斯曼（Kiki Grossman）的例子，也證實了這個想法。現年五十歲的她在三十歲初頭時，在會計部門擔任行政工作，直到她報名了佛羅里達海岸法學院。找不到法律相關工作的她，沒車沒房，和先生一起住在自己母親的家裡。由於學貸而負債累累且失業的她，於二〇一四年申請了「債務重整」（Chapter 13）。（二〇一七年，她在瓦倫西亞學院〔Valencia College〕的和平與正義機構〔Peace and Justice Institute〕內找到新工作，擔任法律教育行動計畫〔Leagal Education Action Project〕的協調者。她至今依舊為學貸所苦。）儘管如此，葛羅斯曼並沒有因為自己的不順遂而責怪營利型法律學校。法律工作的「大環境」改變了，她在寫給我的郵件中說道。「我們不能因為時機壞，就責怪學校。」

「我認為該校真正做錯的地方，是在財務諮詢方面，」葛羅斯曼說。她過去並不知道自己可以申請聯邦貸款（包括生活貸款）。「他們將私人貸款推到我眼前，就好像那是唯一的選擇。」

在所有法律學校裡，葛羅斯曼就讀的學校對LSAT的最低標準為一百四十四分，是數一數二的低。儘管學費需要昂貴的四萬六千零六十八美元，卻僅有六一．九%的畢業生能找到律師工作。她推測，許多學生根本過不了這個門檻——如同法律高等教育評論家保羅．坎普斯（Paul Campos）在《大西洋》上、針對佛羅里達海岸學校的評論：「（該校）很容易就讓這些學生陷入比房貸違約者還淒慘的下場。」[18]

我們當然可以說，每一個受挫律師的「法律個案」都只是特例，或甚至是一個將個人失敗歸咎於社會的被害者情節社會結果，「你之所以失敗都是美國的錯！」但當我仔細研究證據時，我發現根據法律新聞網站「法律之上」（Above the Law）編輯喬伊．派崔里斯（Joe Patrice）的說法，現今律師的收入確實很有可能僅為二〇〇八年之前的四分之一。「但即便如此，只要他們沒有因為念法學院而欠下學貸，那麼四分之一的收入還是很不錯的。」派崔里斯沉思道。「雖然，他們的薪資也停滯不前。」

當然，其中一個問題在於法律服務業並沒有工會化。這是一個利己主義高度發達的行業，派崔里斯說。如同許多中產階級與勞工階級職業，一旦缺乏團結就會需要付出代價。此外，法律也因為自動化而面臨威脅，律師助理與法務助理有九四%的機率，會因為未來的自動化而面臨失業。

再也靠不住的「金飯碗」

如同前面章節所提到的那些在學術圈中勉強存活下來的人，律師面臨的困境凸顯了：即便追求某些看似「金飯碗」的職業，依舊有可能讓你陷入職業瓶頸，並淪為那些飽受煎熬、生活不安定的底層中產階級。

我們可以將問題歸咎到這些失業律師身上，但我們也可以視他們為走在那條嶄新並區分著美國統治階級與被統治階級界線的人。享有特權者與沒有特權者的關係「在場域的改變下，重新被製造出來，」艾西邦寫道。這就是當某些職業或學校（如法律）在經歷了所謂的普及後，實際上「不過是置換了」過去區分當權者與較無權力者的方法而已。而不平等以更精確的方式被展示。艾西邦暗示道，此一細微的置換過程正是確保不公平體制能不被驅散的關鍵。

也正是因為這樣的改變，讓追求法律學校「重組並提高透明度」的社運人士如凱爾．麥肯蒂（Kyle McEntee）之所以如此憤怒。現年三十歲出頭、剛從法律學校畢業的麥肯蒂，也是非營利組織「法學院透明度」（Law School Transparency）的共同創辦者。他相信自己為律師的困境，提出了嶄新的反駁。「念法學院是一個非常、非常不幸的決定，」他以這句話開啟了我們的第一次談話。關於工作或日後的薪水，法律學校並不總是會提供詳盡的資訊。根據美國律師協會（American Bar Association）的規定，必須提供一定限度的就業數據，但有些學校提供高於最低限制的資訊（自發性地提供就業與薪資情況），有些則否。除此之外，儘管最便宜的法律學校其每年學費僅微微超過一萬美元，多數學校的學費卻落在四萬美元以上。[19]「法學院透明度」的目標，就是提供充分的資訊好讓人們做出明智的決定，就像是某種程度的消費者保護般。麥肯蒂表示，他希望能讓那些預備就讀法學院的人擁有財務上的心理準備，讓他們明白未來可能需面對的處境。潛在的學生至少能針對自己的學費進行協商；麥肯蒂表示他自己當初就是如此，另外，取得他所謂的「學費折扣」也是可行的方法。「讓法學院在招生或接受學生入學時，給予對方知道自己餘生都可能需要為學貸所苦，就是『法學院透明度』的使命。」

為了提升目標，麥肯蒂協助俄亥俄州立大學（Ohio State University）的法律教授德博拉．梅里特（Deborah Merritte），進行一份研究。研究結果指出，儘管法學院學生的人數中有幾乎一半為女性（準備進入過去曾經被男性主宰的職業領域中），但與男性相比，女性就讀的學校排名往往低於男性，也因此較難獲得穩定、高薪的法律工作。這份研究諷刺地命名為「讓女性進入法律領域的漏水水管」（The Leaky Pipeline for Women Entering the Legal Profession）。[20]

儘管麥肯蒂本人或許可以置身事外，但他希望能用自己的行動，戳破虛假的幻象，他試著改革法學院，甚至是「律師」這個標誌。這種思想上的改變還可以繼續擴大，讓人們對於接受大學教育的好處產生質疑，如同現在有愈來愈多人質疑得到的好處與成本。另一個相關的解決辦法就是將法學院的就讀時間從三年縮短至兩年（歐巴馬總統也曾經提出此一變革），並集中在實務層面上的教學上，如合約內容等。

麥肯蒂對於自己和法學院打交道的經歷，感到憤怒。從法學院畢業後，麥肯蒂無法買房子，而他也認為自己未來不太可能負擔得了結婚或生孩子。事實上，他的學生貸款讓他不得不延後所有決定。「法律學校將我們吃乾抹淨後，就吐到一旁，」在我於幾年後又跟他連絡上時，他這麼對我說。「我們本該是帶領這個國家走向前的領袖，或所謂的成功人士，但相反地，我卻只能吃著泡麵。」（二〇一七年，他仍舊認為自己很難買得起房子，但接著不想針對自己的個人情況發表評論。）法律學校曾經是通往權力的道路。但現在，這個假設只對某些人為真，對其他人而言，如果你讀「錯」了學校、或在錯的州工作和生活，那麼這個等式就不成立。白領女巫用學歷外加幾年的實務工作以召喚成功的魔法配方，已經不再有效。對這條路深信不疑的人，可能只會落得一個痛苦的下場。

另一個可幫助失業且有時還會陷入自我嫌惡情緒中的律師的方法，不意外地，就是自力救濟和個人諮商。舊金山的律師可以透過「拋開法律」（Leave Law Behind）這個名稱非常諷刺的組織，接受心靈輔導。「還有一種更輕鬆、較不痛苦、較沒有壓力且有利可圖的方法可賺到錢」，該網站如此宣稱。四十多歲、曾經擔任律師的凱西．波曼（Casey Berman），是「拋開法律」的創辦人。他認為自己的使命就是「激勵」那些破產、陷入沮喪的前律師們，並讓他們踏上新的道路。

正如我們在本書中所認識的所有被壓榨家庭、以及多數社會族群一樣，最基本的真相就是上層中產階級者，正試著重置自己的社會狀態。在馬克思關於社會階級的理論中，其中一個方向為：在人的一生中，總是單純地試著為自己的後代複製同樣的社會地位，並鞏固自己留下來的階級遺產（class legacy）。然而，社會階級總是如此輕易地陷入危機，尤其是在現在這個時代。

就像記者提姆．諾亞（Tim Noah）所描述的，前一〇%的美國人為「有點有錢」，前一%的人為「有錢」，而前〇．一%的人為「超級有錢」。[21] 而這〇．一%的超級成功人士、社會上的極少數者，讓我們看到了當前社會體制是如何讓中產階級陷於困境、困乏、無能為力的處境（甚至是前一〇%的上層中產階級）。那些和我聊過的「過剩律師」們，不太可能讓自己的後代擁有如自己這般的社會階級。而那些生活在超級富裕城市中的焦慮上層中產階級者，將一邊為超級富裕者的揮霍咋舌，一邊為自己的夢想如購屋等，倍感挫敗。

就如同某些人所爭論的，工作和階級認同感只是一場遊戲。但在這場遊戲中，我們很難或根本不可能贏——至少無法如過去那樣。擔任科技公司氣象學家的尚恩．坦諾不想再玩這場遊戲了。長久以來，他一直希望能逃離這個受壓制且充滿壓力的上層中產階級地位與居住環境。或許成為極簡主義者？搬到森林裡？或如他所說的，「回歸原野」？我也想這樣。我也很懷念那些當紐約、舊金山與洛杉磯較粗野、較波希米亞、較沒有那些前一%人口的時候，也是當這些城市還能提供思想家一個庇護場域的時候。但我怎麼能離開這豐富的城市？畢竟紐約這些城市——儘管諷刺，卻也是如今許多科技、媒體和法律行業的大本營。在非沿岸地區，從事這些傳統職業的機會已經凋零。

因此，還有一小部分的美國人卡在中產階級的位置上，努力為他人、也為自己保留體面。能撐多久，就多久吧。

第5章

漂洋過海當保姆

白蘭卡（Blanca）在金屬風格的候機室裡，等著吉托（Guido）。他什麼時候會到？一個小時過去了。接著又是一個小時。白蘭卡三度走到航班抵達時刻表前，確認每一班航班。她一遍又一遍地檢查訊息。她的兒子到了嗎？她用西班牙文發了一封訊息給陪著吉托從巴拉圭搭飛機、一路飛了十四個小時的好友葛蘿莉亞（Gloria）。得到的回應，只是沉默。

白蘭卡必須等，但她已經習慣了。她和吉托生活在一起的日子，已經是十年前了，現在吉托已經十一歲。在白蘭卡三十出頭的時候，她離開了孩子到美國工作。自此之後，吉托和年邁外婆的生活，就一直依賴著白蘭卡將擔任保姆所掙得的錢寄回巴拉圭。在她離開時，吉托還跟那個她在曼哈頓帶過、有著胖乎乎小短腿的孩子一樣。

「Estoy nerviosa（我很緊張），」白蘭卡說。終於，在她收到一封簡訊後，惶惶不安的心定下來了。飛機降落了。「這表示他們要過海關了。這麼近，居然這麼近。」

在「全球照顧鏈」背後

白蘭卡絕對不是唯一一個為了工作而遠離孩子半個地球的女人。學者們稱此種安排為「全球照顧鏈」（global care chain）。[1]在這條鏈子的一端，是一個在已開發國家工作的女性。這名女性擁有工作，因此無法擔任全職媽媽。為此，她雇用了海外時薪低廉的勞工。而這些移民保姆或外籍勞工只能雇用另一個價格更低的勞工，來照顧家鄉的孩子。當我們沿著這條鏈子從北半球走到南半球時，可以發現女性勞動力的貨幣價值降低了。這條鏈子的作用方式，就是將薪資所得者和受撫育者分開。美國大學針對洛杉磯拉丁裔移民所做的調查發現，約有二四%的女傭和八二%的住家保姆，都和自己的孩子分隔兩地。在目前所讀到的被壓榨家庭故事中，白蘭卡的經歷是一段更容易被忽視的變體。白蘭卡和那些必須將孩子送到極限托兒所、以及在極限托兒所內勞碌過度的工作者不同，她既是被壓榨的家長，也是提供托兒照顧的人。她受到的壓迫是如此強烈，逼得她不得不離開孩子十年，讓孩子在沒有她的陪伴下獨自成長。

現在，白蘭卡必須做出另一個重大決定，她是否該為了和兒子團聚，讓過去一直以中產階級身分在巴拉圭生活的孩子來到美國，淪為美國在職貧窮族群的一員。

這並不總是唯一的選擇，如同哥倫比亞大學（Columbia University）歷史學家、《工作的總是女人》（*Women Have Always Worked*）一書的作者愛麗絲．柯斯勒－哈里斯（Alice Kessler-Harris）所言，在十九世紀末與廿十世紀的某些時間點上，美國確實遍地都是機會。移民是一件非常艱苦的事，但或許也是通往成功的一條道路。然而，柯斯勒－哈里斯認為現在的美國與多數工業化的國家相比，擁有的社會流動力較差。根據研究，美國社會的向上流動力或許就跟英國這一個受社會階級架構箝制而僵化的國家一樣薄弱。當然，這聽上去非常違反直覺。我們長久以來都認為美國是一個充滿社會彈性的國度，尤其是在薪水於一九五〇年代普遍地成長後。然而現在，隨著薪資幾乎停滯，柯斯勒－哈里斯指出那些過去憑一份薪水來養活孩子的工作者如白蘭卡，開始面臨困境，因為成功的中產階級生活必須要有兩份收入來支撐。

在美國的密西西比三角洲區域，缺乏流動力的情況尤其明顯。[2] 如果將世界上所有已開發國家的社會流動統計數據視為一個整體，那麼此處發生的社會移動低於前者。（當然，由於密西西比的黑人數量居美國所有州之冠，因此我們或許可以說缺乏流動性的因素除了經濟方面外，更與種族歧視相關。）在那些可能被歸類為勞工階級或底層中產階級者的孩子中，其向上流動到頂層社會的機率顯著下滑。貧者依舊貧窮，如同政治理論學家麥克．海靈頓（Michael Harrington）所言，他們唯一的錯就是生錯地方，或是生錯了膚色，[3]向上流動較常發生在白人身上。對在美國境內占最大比例的工作者——中產階級來說，過去能在父母輩身上看到的流動性與彈性消失了，而他們自身經歷到的停滯，對美國來說是一個重大的損失。曾經占美國夢很大一部分的流動性，如今卻消失了，這無疑是一種最深的背叛。

在巴拉圭長大的白蘭卡，在首都亞松森擔任護理師，然而美國的階級地位使她心動不已。假使合法移民者如白蘭卡的經歷都已如此困難，那些非法移民者的處境將更難想像。

白蘭卡是一位努力工作、期望能改善自己與兒子生活的女性。作為中產階級的追求者，她一直不得其門而入。白蘭卡的問題就在於缺乏向上流動的管道。除了其他各種條件外，作為中產階級最重要的一點在於取得某些物品與服務的途徑。這和你買的房子或車子無關。這種地位也可以進一步細分，反映在精確的知識與資訊種類上，中產階級知道應該去哪裡購物或定居，知道該把孩子送到哪裡去上學，該去哪裡看醫生、托兒、獲得職業建議、受訓或接受其他幫助。而階級地位更重要的意義，或許是讓你知道一切該從哪裡開始，而這又牽涉到我們所謂的「文化資本」（cultural capital）。

一提起「文化資本」，就讓我想起自己念研究所時最喜歡的理論學家皮耶・布迪厄（Pierre Bourdieu）。布迪厄認為資本此一詞彙超越了經濟層面，進一步包含教育程度、技能與品味。經濟資本是可轉換的，如果你擁有經濟資本，你就可以透過教育獲得文化資本。如果你擁有後者，你也可以透過正確的社會途徑，將其轉換成更多的經濟資本。儘管有些文化資本是顯而易見的，像是你的古董黑膠唱片收藏、放在衣櫃裡的十個路易・威登包（Louis Vuitton）、你的Prius（豐田的油電混合車）等，但文化資本也包含了進階能力，以白蘭卡的例子來解釋，就是她為孩子選擇、並實際送孩子去上「好」學校的能力。與一九一〇或一九五〇年代的人相比，類似白蘭卡這樣處境的人所能獲得的文化資本較少，柯斯勒－哈里斯表示。「如果白蘭卡在一九五〇年代時來到美國，她的兒子較有機會獲得更好的發展，」她解釋道。「當時的人們對公立學校擁有更高的信心，孩子能獲得的流動力也高於他們的移民父母：他或許能透過上大學的方式，反過來幫助母親。」

此外，與一九五〇年代及六〇年代相比，舊金山、紐約等城市及其近郊出現的階級隔離也更為顯著。

白蘭卡的故事反映出進入中產階級所必須經歷的障礙，以及追求躋身中產階級的人，與體制中支援辦法的破裂。她的故事無可避免地展示了階級特權的普遍性。

我們認識那些因為懷孕或早產而受到壓迫的父母們。我們也知道父母的工時是如何擠壓到他們陪伴孩子的時間，以及托兒費用是如何反過來迫使父母親延長工作時間，以負擔這筆開銷。在白蘭卡身上，我們得以理解為什麼經濟與文化無法再次塑造出歷史上的中產階級，即是那些認真工作、移動到世界另一端的中產階級移民者。無論這些父母再怎麼樣努力，成為中產階級的美國夢已一去不返。

在紐約市那存在於中產階級化與奢華氛圍外的陰暗角落裡，就是白蘭卡的藏身之處——一個被玻璃華廈與繽紛商店包圍的地方。當時，她每年只能賺得微薄的三萬美元，其中還必須扣掉自己的醫療保險。她總是將自己擔任保姆所賺得的大多數收入，透過西聯匯款（Western Union）匯回巴拉圭，而這筆錢也包括她於週末時候擔任家庭清潔工的收入（一天一百美元）。

「能夠幫助家人使我開心，」在某個寒冷冬日的晚上，下班後的白蘭卡這樣對我說。「但所有的事情總是圍繞著我的兒子、父親、母親，從來就不是關於我。」當白蘭卡睡在一個僅有兩個小窗的寒冷公寓、處在離赤貧不過差一份工作收入的困境下時，她讓遠在巴拉圭的兒子就讀一個月學費要價兩百美元的私立學校。儘管她是如此渴望飛回家鄉好將吉托擁在懷裡，但她選擇送吉托去上游泳課（這也是特權的一種象徵）。她寄回家的錢，讓她的母親可以帶吉托去聽音樂會或去游泳。

外籍看護的想望

積極的社會運動提升了大眾對於家務勞動的關注，但對於像白蘭卡這些女性的境遇，卻依舊受到忽視，儘管人們抗爭著要得到更好的薪水、儘管她們才是美國經濟增長最快速區塊下的主要參與者。在全美有上百萬名看護工作者，但由於她們多為移民，因此總是安安靜靜地消失在大眾眼前。根據美國勞工統計局（Bureau of Labor Statistics）的數據，二〇一一年全美雇用的兒童照顧工作者為一百二十六萬零六百人。儘管如此，共有八百二十萬名五歲以下的孩童，是跟兒童照顧提供者如朋友、家庭成員或啟蒙方案（Head Start）等相處，而不是和父母。[4]顯然，我們可以推論有大量照顧兒童工作者沒有出現在數據上。而此一快速成長的數據，也將白蘭卡每天都必須面對的困境推到了最前線：如果美國需要的照顧服務提供者愈來愈多，導致愈來愈多的家庭被拆散、愈來愈多的骨肉被迫分離，這些情況會導致什麼樣的後果？

此種家庭分離的處境，跟白蘭卡過去在巴拉圭成長的環境非常不一樣。那時候，所有家人的生活都是緊緊交織在一起。然而，此種緊密的關係也是出自於生活的困苦。白蘭卡在非常貧窮的環境下長大。九歲的時候，她才第一次收到聖誕禮物；而她的娃娃總是自己用玉米外殼做成，因為沒有人買得起娃娃。

晚上，白蘭卡的媽媽在準備食物的時候，會叫她和弟弟先躺到床上，這是一無所有的母親所想出來的辦法。當白蘭卡和弟弟等著那不存在的食物時，總會不小心睡著。八歲時，她開始幫媽媽做所有工作，替其他家庭打掃或煮飯。長大後，她墜入情網，並生下了吉托。當她發現吉托的父親背著她偷吃時，她離開了對方。

作為單親母親，白蘭卡知道自己必須靠著擔任護理師的收入，來撫養年邁的母親和兒子（根據白蘭卡的描述，吉托的父親偶爾才會出現在兒子眼前）。但這是不可能的。白蘭卡說，在公立醫院裡，護理師必須做所有雜事，有時甚至沒有熱水或電燈，而且薪水非常低。幾經掙扎後，白蘭卡成功取得在邁阿密擔任保姆的機會，儘管雇主給了她非常低的薪水，也沒有任何休假。根據美國對家務勞動的說法，她是「住家」（live-in）保姆。「我就像牲畜般努力工作，邁阿密那邊共有三個孩子要顧，還要煮飯、燙衣服、打掃和整理，」白蘭卡說道。接著，她搬到了紐約市，並找到一份每小時十五美元的保姆工作，取得了公民身分，並在週末的時候兼差打掃房子，以賺取額外的收入。

二〇一四年的冬天，我在紐約市認識了許多像白蘭卡這樣的照顧者。有在肯亞長大的愛絲特・席米尤（Esther Simiyu），當天深夜她必須前往曼哈頓的上東區，在嬰兒母親睡覺的時候，徹夜照顧該名嬰兒。二〇一四年的時候，愛絲特的先生和她們十五歲的女兒及十一歲的兒子一起住在肯亞首都內羅比，九年前她第一次離開家人，當時她憑著學生簽證來到美國；頭幾個月她總是在斷斷續續的哭泣中，恍恍惚惚地睡著。擔任嬰兒護理師與睡眠訓練師的薪水（時薪分別為二十美元與二十五美元），讓她能將住在肯亞的孩子們送去上寄宿學校。「現在，我的女兒已經進入青春期了。我們在用Skype通話時、當她說『媽媽我有問題想問妳』的時候，我腦中想的總是緊緊抱著她。但我做不到。」對女兒和母親來說，這種分離很痛苦。「但做這件事是非常重要的，」愛絲特邊拍著桌子邊說。她的薪水能供養家中八名成員，包括她的兩個孩子。她總是寄著金額大大小小的支票回家，有時候甚至是一千美元。她還會在曼哈頓的時代廣場或布朗克斯區的福德漢姆路（Fordham Road）商店，買禮物給家人。儘管她的先生也同時在工作，但就如同描述的一樣，壓力還是落在了她——母親這個角色身上。

對這些新來的照顧者而言，要想將孩子帶來自己工作的城市，就必須面臨嚴峻的經濟考驗。一份於二〇一二年進行的調查指出，在參與調查的家務工作者之中，七〇%的人時薪不到十三美元。[5] 但即便是獲得適當薪水者，托兒必須支出的費用，也讓她們根本不可能將孩子留在身邊。[6]

來自西藏、在曼哈頓擔任保姆的佩瑪（Pema），在二〇一四年四月的時候，將孩子送回西藏，因為她負擔不起紐約的托兒所費用。佩瑪說自己的工作經常需要在早上八點開始，而她替兒子找的托兒所接送時段，也是從早上八點開始。

「時間太難安排了，」佩瑪對我說。她的困境源自於階級特權的另一種半意識型態實況，雇主有權決定他們的家庭生活，而且經常視保姆的孩子為潛在阻礙。沒有孩子的照顧者往往比有孩子的照顧者，更有彈性。因而後者在保姆市場上總是居於劣勢，此景就如同我們在第一章所看到的公司是如何不耐煩地對待懷孕女性。「當你說自己有孩子時，那些可能雇用你的雇主，往往會傾向於雇用那些沒有孩子的保姆，」佩瑪說。[7]

新移民照顧者的難題

白蘭卡曾經在吉托九歲的時候，試圖將他帶來紐約，但吉托是如此厭惡在那裡的生活，因此最終他還是回到家鄉。由於工作需要，白蘭卡經常要東奔西走，而那些時候吉托只能交給白蘭卡的其他朋友照顧。吉托也不喜歡紐約的學校，因為其他孩子總會取笑他。他很想念奶奶；畢竟奶奶才是那個陪伴他長大的人。由於白蘭卡的工時，她無法給予她和兒子都希望的相處時光。在吉托回到巴拉圭後，她們發展出一套頻繁的打電話模式，有時候一天會通上十次電話。

當我於二〇一三年十二月下旬、吉托抵達美國的兩個月前認識白蘭卡時，她正在照顧一個很喜歡說話的十九個月大孩子，而她顯然也很喜歡這個孩子。孩子坐在自己的 UPPAbaby 推車裡，吃著裝在橘色容器裡的金魚（Goldfish）餅乾，玩著冰棒的棍子；時不時地，他會說「好熱」、「水」，然後喝著自己小水壺裡的水。

白蘭卡非常喜歡這個小男孩。她總是為小男孩說的每句話發出驚嘆，並對他唱著《你是我的陽光》（*You Are My Sunshine*），每當有人對小男孩表現出興趣時，她就會驕傲地向人展示他在雪地裡玩耍的照片。

「賺錢很難，而我總是選擇照顧嬰兒，」白蘭卡對我說。「或許是因為我無法貼近兒子，照顧這些孩子是因為我真的很想他。我想念他的童年時光。」

在三十年前，擔任照顧者的人，多為來自加勒比海的婦女；而她們的孩子被稱為「包裹兒童」（barrel children），因為他們會收到跨國母親寄來的巨大箱子，裡面則裝著禮物與衣物。社會學家、出版以照顧者為研究對象的《養育布魯克林》（*Raising Brooklyn*）一書的作者塔馬拉．莫斯．布朗（Tamara Mose Brown）指出，現在多數的照顧者來自拉丁美洲或如菲律賓這些地方。當我在布魯克林一間西藏咖啡廳裡見到布朗時，她向我解釋照顧者有時甚至會將六〇%的薪水，都寄給家人；這些匯款不僅是她們家中重要的經濟支柱來源，更是穩定她們國家經濟的重要根基。「這些錢能讓孩子們接受教育、擁有更好的飲食條件和物質生活，」布朗指出。

如果想要一家團聚，會發生什麼樣的情況？那些希望和自己的孩子、伴侶或父母團圓的人，是每年申請移民與簽證的最大宗。那些獲得美國公民身分者的孩子，可以獲得美國簽證，且不算在簽證配額內。理論上，這些孩子的簽證申請應該是可以快速通過的。但在施行上，大量積壓的申請表造成申請過程異常漫長。在抱持反移民立場的川普政府上台後，這個情況也只是愈來愈嚴重，川普政府甚至因為文件上的疏失，將那些來自海外的被領養者（且認為自己是美國人）驅逐出境；如果川普繼續掌政，這些令人震驚的舉動只會愈來愈常見。此種困境也暴露了全球化主義下的重大矛盾，亦即勞工是透過何種方式和世界聯繫在一起。在川普執政後，某些反移民富人的態度就是希望讓這些移工分擔自己的家務、照顧家中的孩子，但就是不能讓這些勞工的家人到美國生活。

同樣地，這些工作者的孩子也可能因為缺乏政府或家人的支援，而面臨無人照顧的窘境。然而在家鄉，家庭成員往往能擔起政府做不到的事。如同來自肯亞的愛絲特所說：「我來自集體主義的文化背景下；美國人都是個人主義。我會付錢給自己的阿姨，還會替所有家人付上大學的學費。」而這些家庭成員則會反過來，替她照顧好孩子。

出於個人原因，我對白蘭卡和愛絲特的困境感同身受。我是奮鬥民族波蘭與俄羅斯移民的後代，我的祖父母在他們非常年輕的時候，來到語言完全不通的美國。這些被迫與家人分離的移民（有些人甚至還只是青少年）深信：只要辛勤工作，就能提升自己的社會地位，順利成為美國的中產階級分子，而他們的後代自然也能實現自己的願望。然而這樣的雄心壯志已經再難實現了。對我的祖父母來說，當時的情況非常艱難，他們必須克服現在已經不存在、或以不同形式存在的藩籬，像我的祖母雖然可以說非常流利的英語，卻因為自己的波蘭口音而無法找到教師的工作。儘管如此，我的祖父母深信機會就等在他們的眼前。然而，對於今日如白蘭卡這般處境的人來說，他們已經不再如此確信了。是什麼改變了這一切？

白蘭卡和許許多多放下自己的孩子、遠渡重洋到美國照顧中產階級子女（這些孩子的父母有時還會成為她們生活的壓迫源）的女性，讓我們看到了新型態的父母。無論是來自勞工階級或移民，新的成員總是不斷加入美國的中產階級，為其注入活力，至少在過去一百五十年內都是如此。然而，有愈來愈多的指標告訴我們，類似如白蘭卡這樣的「los de abajo」（居劣勢者），已經愈來愈難進入中產階級。如果美國中產階級獲得新血的頻率仍舊很低（如果真的有發生的話），這個階級將很難存活。

在巴拉圭擔任護理師的白蘭卡，擁有碩士學位，但這份學歷在美國無法發揮效果。在社會階級鏈之中存在著許多缺口，白蘭卡扮演了連結的角色，而許多像她一樣的移民者，往往會陷落在這些裂縫中。要想進入美國的中產階級，白蘭卡就必須從事一些如護理師這樣的工作，但缺乏必要訓練以獲得認證的她，沒辦法這麼做。對根本負擔不起訓練費用的她來說，這些是遙不可及的事物，她沒有時間去上學，而她的英文也不夠好。因此，她只能繼續作為貧窮的勞工。

美國夢破碎

白蘭卡的情況凸顯了一九五〇年代移民不會遇到、如今的移民者才會遇到的困境——想要進入任何高等教育機構，都可能會讓你負債累累。相較之下，我的祖父母在廿十世紀抵達美國時，他們可以接受免費或僅收取合理價格的大學教育，像我的祖父就念了紐約市立學院（City College）的夜間部。在那個時候，市立學院被稱為「無產階級者的哈佛」，被（基督教）新教菁英大學拒於門外的猶太裔移民，僅需要付一點點學費，就能在這裡接受教育。

中產階級總能透過這些破碎的連結，獲得維持並繼續開創：許多移民在年紀很小的時候，就孤身一人離開自己的家鄉，遠離挨餓、失業或甚至被騷擾且殺害的父母與手足。而這些移民往往會以美國土地上的新家庭生活，像是照顧家庭成員或鄰近區域的社交生活，作為造成家庭缺憾的彌補。但現在，那些可以幫助如白蘭卡這樣企圖打入中產階級的勞工階級移民者的族群，卻很難進入美國，就算成功來了，也很難留下。

對於新移民到美國的父母親們，移民這件事並不總是意味著向下流動或停滯。我的祖父母在布朗克斯經營一間小鞋店，小時候，我經常坐在鞋店的地板上，玩著鞋油、鞋拔和撐鞋器。青少年時期，我的爺爺奶奶到紐約的下東區，負責在帽子上固定羽毛的工作。在二〇〇〇年代的紐約東村（East Village），最常聽到的背景音樂就是從上千家商店與精品店傳出來的收據打印聲。在我心裡，那些穿梭在廿十世紀早期工作室中的人物，就像是徘徊在社區周遭的幽靈般。我想到母親是如何在百貨公司打工，才攢足了上大學的學費，以及她又是如何堅持我的生命中應該充斥著詩歌朗誦、以及那些被稱為古氏積木（Cuisenaire rods）的五彩繽紛算數棒，而讓我進入了當時最前衛的幼教班。對現在的第一代移民來說，這些變成相當難以企及的目標。

在針對平等與美國家庭是如何受壓迫的問題探討中，移民議題是相當重要的。事實上，移民的處境經常限制了流動性，而非法移民、或甚至是新美國公民的處境，則更加險峻。當然，情況並非總是如此，如同柯斯勒—哈里斯告訴我的：「我也是移民，一九五〇年代的教育普及讓我受惠良多，當然還有當時充分的就業機會。那時候的人們，對公立學校體制抱持著更高的信任與信心。如果你能接受教育，就有向上流動的可能。這是真的。此外，在一九一〇年代，如果你來美國當保姆，接著找到心儀的另一半，你可以和對方一起努力朝社會上層流動；但這樣的機會已經消失了，即便對那些擁有兩份收入、兩名伴侶組成的家庭來說。」

柯斯勒—哈里斯一一列舉為什麼美國夢對許多人來說，已是遙不可及的幻想，又為什麼過去的移民體驗和現在如此不同，以及進入中產階級為什麼不再可能。其中一個因素在於移民的困難。在對移民來說極為可怕的二〇一七年裡，有超過一百萬份以家庭為基礎的移民申請被擱置，[8]有些一擱就是數年。（隨著川普執政的時間愈長，這個數字勢必會繼續擴大。）此外，並不是每一位雇主都明白他們的員工處在多麼困苦的處境下。「我現在的雇主非常親切，她會問，『吉托過得如何、妳這週過得還順利嗎？』」白蘭卡這麼對我說，那時川普還沒開始競選總統。「但是有些人根本不管吉托是死或活。」在川普開始競選後，她的話在我耳邊響起——這個情況成真了。

為了提升雇主對於如白蘭卡這些員工的關注，社會上也出現了新的力量。「手牽手」（Hand in Hand）組織為了改善家務工作者的環境，列出了薪資和休假標準，並鼓勵雇主認識那些進入自己家庭的照顧者生活；舉例來說，由於他們的員工需要寄錢回去給孩子，讓孩子可以生活或買上學用的課本，因此在薪資方面雇主絕對不能拖欠。除了給予雇主的指南外，「手牽手」也鼓勵照顧者在工作的時候，要懂得稍微善待自己，像是在雇主的廚房裡為自己準備午餐等。該組織裡的其中一名社運者蓋爾．基爾斯鮑姆（Gayle Kirshenbaum）告訴我，她一開始也是一名徬徨無助的保姆雇主，「沒有適當的資訊能告訴我，該怎麼樣成為自己理想中的雇主。」她表示，對這些照顧工作者而言，「家也是工作的場域」。

當我於二〇一四年一月再次碰到白蘭卡時，她思考著兒子和她的生活或許將面臨新的改變。無論要付出何種代價，她都希望在三月的時候將吉托帶到美國，因為她的母親已經年邁到無法繼續照顧他了。「他在美國的新生活不會太好過，」白蘭卡說。儘管一家團聚聽上去非常美好，但這其中也伴隨了許多問題。吉托的英語能力有限，而白蘭卡的工作時間讓她無法在晚上七點十五分前回到家。她能縮短工時嗎？畢竟她週末的時候也有兼差當保姆或打掃。如果吉托生病了，怎麼辦？「我必須要能在家陪他。」

二〇一四年二月，白蘭卡又打給我。在限時調降票價期間，她替吉托買了一張單程機票。三天後，他就會在白蘭卡最好朋友葛蘿莉亞的陪伴下，抵達這裡。儘管單身的葛蘿莉亞憑著擔任保姆的收入還能過活，但她還是基於友情，為自己買了張到巴拉圭的來回機票，因為白蘭卡買不起自己的機票，也無法承擔因為長途飛行而不得不請假數日，造成薪水減少。

隨著吉托即將抵達，白蘭卡還有許多事情必須完成。給吉托睡的那間房間很冷、沒有窗戶，地板甚至也還沒鋪好；在我們通話的那天，白蘭卡的朋友正在幫她處理這些問題。為了迎接吉托，她打掃了自己的家，除了掃地，她再用那個她以一跟棍子加上布所組成的拖把拖地。她在自己家裡，做著這麼多年來一直替其他家庭做的工作。她指著那盆站在公寓中唯一兩扇小窗前、枝葉繁茂、裝在一個中國瓷器裡的長春藤植物。「打從我搬進這裡後，這盆盆栽就一直陪著我——它是我最好的朋友」，她笑著說。

接著，還有另一件事情：她已經兩年沒見到吉托了，因此替他挑選日常需要的衣服成為一件困難的事。「他已經比我高了，」白蘭卡說。由於吉托在巴拉圭那邊沒有網路服務，因此他們最近沒有打Skype，這讓白蘭卡有時很難想像吉托現在的模樣。她替他買了印著愛心的內褲、襪子和睡衣，但她不知道他的尺寸，加上「他很陽剛，所以我不太確定他對這些愛心的反應。」有些時候，她會在吉托正在為這趟旅行做準備的時候打給他，用西班牙語談論著他打包的衣物。他告訴白蘭卡自己打包了一些夏天衣物，白蘭卡笑了出來，因為紐約市剛剛又下雪了。

「我對母親感到很抱歉，」白蘭卡說。「我知道讓吉托離開是最好的選擇，但有些時候我總感覺所有事情都有好有壞。我傷了母親。我傷了吉托。現在，我該讓他去上什麼學校？我一點頭緒都沒有。我詢問了附近的學校，但沒有人會說西班牙語。我不知道怎樣做比較安全。他在巴拉圭的生活安全多了。」

在吉托兩歲之後，他和白蘭卡相處的時間從來沒有超過幾個月。白蘭卡遠在離他生長城市數千英里外的地方。她居住城市所擁有的人口，比他住的國家人口還多。「我就是想妳，我想要再見到妳，」吉托透過電話對母親說。

被輕視的照顧工作

在白蘭卡前往機場和兒子團聚的那天，她坐立難安。在開往皇后區的長途車程裡，以及待在候機室的時間裡，白蘭卡告訴我她過去在巴拉圭擔任兒科急診室護理師的日子，以及醫院是如何缺乏基本設備。她告訴我有一次，當所有護理師和醫生都認為一個六歲大的嬰兒已經回天乏術，而她是如何只用了氧氣，就救活那個孩子。我想著她是如何從一份受過專業訓練的工作，轉移到一份不太需要訓練的保姆工作——如學者凱倫．布洛金（Karen Brodkin）和美國家務勞工聯盟（National Domestic Workers Alliance）所指出的，這是許多女性移工經常面臨的軌道轉換。

白蘭卡那些充滿歡笑與悲傷的往日時光，在她反覆檢查吉托是否降落的動作間，時斷時續。

「最近，我不小心丟了鑰匙，忘了臉書密碼，還忘了朋友生日，」她說。「吉托、我媽——沒有人知道我有多麼焦慮。」

從幾分鐘到漫長的數小時。每看到一個人通過海關，白蘭卡就會跳起來。在飛機降落的兩個小時候，她看到葛蘿莉亞和兒子了。她的臉亮了起來。「嘿，吉托！吉托！」她呼喚著。儘管飛機準時降落，但海關留下了這兩人。他們不斷質疑為什麼不會說英文的吉托，居然是美國人。

「¡Mi amorcito lindo（我的小可愛）！」白蘭卡說，親了吉托。她的兒子看上去溫順而又開心。他沒有說很多話。他到了，吉托說，「estar con mi mamá（跟我媽在一起了）。」

白蘭卡從包包裡拿出那件她為吉托買的深藍色夾克。那不是他最喜歡的紅色，而且他其實不怎麼想穿，他說。但外面真的很冷，她告訴他。吉托只帶了一個行李箱，裡面放著兩條牛仔褲和一雙運動鞋。

「穿上夾克，吉托。可憐的孩子，海關對他太壞了，」白蘭卡用西班牙文說著。

「No tengo frío，（我不冷）」吉托回應。此外，這件新外套不太合身。

「真不敢相信他已經長這麼大了！」白蘭卡說。「我必須把外套拿去退。」

她們需要擺脫寒冷的空氣，然而計程車上的溫暖只在她們身上停留了一會兒。她們到了吉托的新家。

團聚後的挑戰

三月的時候，白蘭卡替吉托註冊了幾個街區外的李奧納多達文西中學（Leonardo da Vinci Intermediate School），一所位在皇后區北邊為勞工階級聚集的可樂娜區（Corona）、很新、且有兩千兩百七十名學生的中學。在紐約五大行政區中規模最大的達文西中學，由於校內學生多來自貧困家庭，因而能獲得聯邦政府一級補助。學校老師推著裝滿教科書的小推車，而學生們擠在走廊間，往四面八方擁去。為了配合上層社會的期待，在這間充斥著低收入戶學生的校園裡，座落著一棟棟被命名為普林斯頓、史丹佛、耶魯和哈佛等象徵著昂貴教育、追求卓越先驅者的建築。

白蘭卡和其他出身相仿的人們為吉托就讀的中學街區，重新帶來活力。但租金也開始跟著高漲，這讓許多工作地點在市中心的移民們，不得不搬到遠離市區的外圍。在現在的社會裡，科技公司、銀行和投資公司傾向於座落在集中化的區域，而聖地牙哥加州大學（University of California, San Diego）的歷史學者、以及《買房者的世界》（*A World of Homeowners*）的作者南希．夸克（Nancy Kwak）告訴我，這些產業也往往會將大批富人和公司吸引到城市的核心區域，並因此造成地價上漲。然而，那些在同個產業中工作、但地位較低的工作者如看護或照顧者，儘管也需要住在都市中心，卻往往付不起房租。

社會上對於看護工作的輕視，也是白蘭卡從事家務工作卻僅能賺得微薄薪水的原因之一。吸地、為孩子準備熱水、用眼神給予關愛或警告——這些工作內容的價值經常被人們輕忽，並因此獲得過低的薪水或甚至無酬。數世紀以來，放眼全世界，女性往往需要無償進行家務勞動，女性可以不在乎代價、「本能上」照顧他人的想法，根植在大眾的腦中。如同學者寶拉．英格蘭（Paula England）所寫，人們對於照顧工作的常見觀點，讓「照顧工作只能獲得極差的回報，因為該工作總是與女性——尤其是有色人種女性相關。」如同英格蘭所指出的，「此一貶低性框架凸顯了文化偏見是如何箝制了看護工作的薪資與政府補助。現在依舊有許多母親負責執行那些無償的工作。」[9] 二〇一五年的麥肯錫報告也推測，「今日，由女性擔任的無償工作每年產出價值約為十兆美元，約等同於全球GDP的一三%。」[10]

根據估計，美國父母每年用於做家務和照顧孩子的時間為一千一百八十三個小時，儘管半數的美國女性每日都會做家務，會做家務的男性卻只占二〇%；以每年來看，職業婦女投注在日常繁雜家務的時間上，比她們的男性伴侶多出十天，照顧孩子的時間則為兩倍。[11] 在龐大的單身母親人口中，職業婦女則需獨自打點一切。根據二〇一三年皮尤研究中心的調查指出，每七名美國人之中，就有一名必須同時照顧孩子與年邁的雙親，而根據調查，母親每年用於看護工作的時間，比父親多了十五天（一天意味的可是二十四個小時）。[12]

美國勞工統計局做的「美國人時間利用調查」（American Time Use Survey）則發現，自二〇〇三年以來，女性用於煮飯和照顧家裡的時間數量並沒有什麼改變。二〇一六年，女性每天需要用二・二四個小時，來做這些事。[13]

生產與女性照顧工作的歷史，全都反映在統計數據和安全別針與尿布疹修護霜上。也有人用充滿創意的方式，來展示母親此一角色所遇到的壓迫。美國藝術家米爾・萊德曼・烏克爾斯（Mierle Laderman Ukeles）在一九六九年寫下一份宣誓：「文化賦予撫養工作的惡劣地位＝最低薪資、家庭主婦＝無償／清理你的桌子、洗碗盤、掃地拖地、洗你的衣服、洗你的腳、替嬰兒換尿布、完成報告、改正錯字、修補籬笆、讓顧客開心。」[14]烏克爾斯將那些迫使自己付出勞力並為此筋疲力竭、倍感挫敗的勞務活動，改寫成一首詩與表演藝術。

在一九七〇年代，「家務有償化」（Wages for Housework）運動將烏克爾斯的美學運動，轉變成一場大規模的運動。「家務有償化」組織認為，照顧自己的孩子、打掃自己的房子都應該獲得報酬，並獲得政治正確與情感上的認可。出生於義大利的西爾維亞・費德里奇（Silvia Federici），是這場運動的核心人物之一。溫文儒雅、現年七十三歲、住在紐約市公園坡（Park Slope），她說話的節奏就如同催眠曲般，但她仍舊牽掛著將婦女從沉悶的日常家務中解放出來、以及家務工作者薪水依舊很低的狀況。在我們的對話中，她指出女性要做的無償工作，除了煮飯和打掃外，在社交場合、職場與伴侶關係中，往往需要微笑或盡心盡力地討好他人，而這些負擔導致女性損失部分賺錢能力。她柔聲地說著女性為家庭所付出的家務勞力與情緒勞力，其實也可以被視為家庭暴力的一種。

這聽上去或許有些極端。但那些由女性所執行，而且經常沒能獲得回饋或根本無償的隱性家務、照顧或情緒付出，難道不值得獲得更高程度的回報嗎？我很高興聽到對於臉書營運長雪柔・桑德伯格（Sheryl Sandberg）「挺身而進」（leaning in）此派理論或許多關於女性職場賦權等主流文化意識的反對聲音。「這些想法實在太表淺了，我根本沒有認真地去思考它們過，」費德里奇說著，帶著些許諷刺意味。「『擁有全部』是一個意識形態遭扭曲的概念。女性缺乏的是自主權和屬於自己的金錢。此外，還有工作過度的遭遇。」

公平競爭？

一開始，皇后區的新生活對吉托來說非常辛苦。他很想念九十二歲的外婆。他們每天都會通話，而他手機裡也存了許多外婆的照片。在他最喜歡的一張照片裡，穿著便服的外婆坐著，充滿笑意地望向鏡頭。

有些時候，他會感到絕望，白蘭卡說。在每天放學後，他會一個人走向那棟滿是出租套房的大樓。儘管樓層間傳來移民們煮飯與談天的聲音，但他們家卻只是空蕩蕩。在那裡，他盯著時間分秒消逝，聽著薄薄牆板外所傳來的人聲，等待母親回家。

事情逐漸好轉。白蘭卡替吉托買了一隻純種且昂貴的西施犬。對白蘭卡來說，這隻小狗的費用和考究的外觀，似乎象徵著美國夢的成功。吉托開始交到朋友。他的個子很高，面龐英挺，頭髮濃密而帶著捲度。他的足球踢得很好，這是一個能讓移民學生在校園裡受歡迎的重要技能。有一天，我去學校找吉托，我看著他在朋友們的簇擁下踢球、防守。他穿著斜紋卡其褲、新的紅色 Nike 球鞋、polo 衫，明顯比其他孩子高出許多。負責監督休息時間、留著時下潮男髮型、感覺酷酷的老師尚恩對我說，女孩們最喜歡吉托。尚恩的好友——來自哥倫比亞的迪倫和來自多明尼加的胡安，因為這番關於社交情況的評論，明顯地看了他一眼。

隨著八年級進入尾聲，學生間的閒聊話題開始聚集到高中上。高中生活是怎麼樣的？大家想去哪間學校？在吉托某一門課的課堂上，一名擦著綠松石色指甲油、穿著自己在網路上挑來的精心設計服飾的女孩，靠向正在塗唇彩的朋友。「福里斯特希爾高中（Forest Hills High School）、福勒勛高中（Flushing High School）。」她們小聲地交談著。「這是我母親找到的、這是我親戚說的。」與吉托可能會去的學校相比，這些學校位於更郊區且更熱門。女孩們偶爾會瞄著端正坐在自己桌子前的吉托一眼。

同一天裡，正在上數學課的吉托，認真地做著筆記。時不時地，他會將老師的話翻譯成西班牙文，幫助那些比他更晚來到美國的移民朋友們。散發活力的數學老師莎曼珊．豪爾（Samantha Heuer）站在台前，穿著搶眼的豹紋靴子，留著漸層的髮色，一邊教著線性方程式。豪爾用輕快且有魄力的聲音，解釋已知和未知變數。「在關於男孩胡安的方程式中，」她說著，「Y 變項是未知變數，而 X 是已知變數。」

豪爾讓吉托到台上為全班解一題數學，他不費力氣地解出來。對豪爾來說，吉托簡直是罕見的好學生，他會在下課後去找她，詢問自己該怎麼做，才能提升成績。吉托最出色的就是數學。儘管如此，努力的吉托數學分數卻只是居於中等（多為 B 的下半），此外，剛收到另一門科學考試的成績為五十四分。

吉托的人生本身就很像是線性方程式，如同數學課的解釋，充斥著已知和未知的變數 X 與 Y。出色的已知變數為他那優異的體育天分和來自母親、外婆的愛。壞的已知變數為語言障礙和生活在幾乎貧窮的破碎家庭中。而未知變數，則為運氣。

當那些如白蘭卡與吉托這樣貧窮的勞工階級，試圖在紐約市尋找合適的學校時，他們往往必須和紐約的中產階級競爭。而這種競爭本就不是以公平為出發點。

在這些尋求突破者的面前，存在著大量的挑戰。即便在紐約這個以多元化為傲的都市裡，尋找一間擁有多語溝通的都市學校卻難如登天。作為中產階級的另一個定義，就是能使用流利的英語，以及知道該去哪裡尋求以該語言所提供的服務。美國的社會服務部門並不打算和那些不熟悉美國體制的人們，分享事情運作的流程。因此那些不熟悉教育、醫療保險與育兒政策為何，而且該如何與這些體制打交道的人，很可能因為缺乏中產階級都知道的管道，從而在毫不知情的狀況下失去機會。此情況也逐漸演變成「如果你不知道，我就不告訴你」的大規模遊戲。這也讓我們再一次回到文化資本上，即透過一個人的人脈以獲得了解龐雜社會體制的必備知識。

擁有最多特權的家長們，可以替孩子們雇用家教，或送他們去上昂貴的補習班。其些人則可以雇用那些熟悉教育體制、幫助家長分析所有公立學校優缺點的顧問。我曾經見過一名母親攔住一名校長，並堅稱對方在她所在的學區內排名為倒數第一。當那名母親占用了校長的時間、並忽視後頭排著一大堆等著要和校長談話的家長們時，我腦中突然浮現了一個由哲學思維「權利意志」（will to power）變體而來的名詞：「教育意志」（will to education）。

多數我所認識的家長們（不得不承認，這些人多為上層中產階級），往往會使用大量時間來了解學校政策。從考試成績到出缺勤，他們幾乎一項不漏地檢視所有可能暗示著學校實力的指標。我也曾細細閱讀密密麻麻的文字，只為了挑選出到底哪一間學校最適合我的女兒。我也曾搜索學校與家長網站；而後者往往讓我感到吃驚，像是看到某些家長為其他人逐項列出公立學校的缺失，或者半誇耀地說著自己家的七年級生是如何進行一些「課外活動」，以提升自己在申請紐約市公立學校時的成功率。這些「課外活動」包括了「細胞複製」的科學活動或學習中文。這些活動往往需要大量的社會與體制內知識，當然，還有時間。擁有特權的家長們，自然可以更輕易地摸索出門路，知道自己應該具備哪些知識，又該去哪裡找到答案。他們也更有可能──僅僅基於自己的社會地位，握住那些能讓孩子進入最棒學校的嬌貴繩索。

從教育開始就不平等

我對於中產階級會如何應對白蘭卡所遇到的問題感到非常好奇，因此訪問了紐約市最有名的公立學校顧問喬伊絲．祖弗利塔（Joyce Szuflita）。二〇一五年的某一個夏日，我詢問她：「那些擁有資本的人是如何評估學校的？」

五十六歲的祖弗利塔，是一位令人愉快、有著滿頭灰金色頭髮的女士，帶著一條串著五顏六色彩色珠子的項鍊。作為一名公立學校顧問，她能給予家長安心的資訊和建議，並精確地帶領家長們穿越紐約市那猶如拜占庭般繁複的公立學校體制。有太多諸如此類的問題：該去上學區學校還是去抽學校？要選一般公立學校還是特許學校？哪間學校擁有最多和我們社會地位相近的孩子？哪間學校提供外地孩子住宿？讓孩子脫離候補名單、取得入學資格的最有效方法是什麼？在我的觀察下，那些和她進行一對一或在她經常發表公開演講時找她諮商的家長們，用著如同膜拜邪教首領般的虔誠信念，謹記著她給的答案。在一場地點位於布魯克林的晚餐會面上，一對夫妻提出了他們當前的困境（其中一人在學術界任職，另一人為公共醫療研究員）。他們剛從麻州的劍橋搬到紐約，對於家中那名兩歲的孩子以及肚中尚未出世孩子的教育，感到無比憂心。他們知道要想在紐約市那令人垂涎的優秀小學中取得一席之位，是出了名的困難。祖弗利塔的客戶多數都和這對夫妻一樣，是受過大學教育的專業人士，試圖在對孩子懷抱的憧憬，與如何在全美最昂貴城市中養活一家人的兩難間，取得平衡。一場如我所觀察到的晚餐諮商會（包括了冰咖啡、薯餅和一疊該市行政區的地圖），其費用為四百至五百五美元。（如果預算有限，電話諮商的費用為每十五分鐘五十美元。）

祖弗利塔這類型的顧問如此受歡迎的現象，顯示了學校體制與學生、家長（甚至是擁有特權的家長）間的溝通，是多麼地無效。公立學校顧問這門職業之所以如此忙碌，也證明了此一令人困惑的體制，是如何在種族與階級的分化下，潛藏更多明顯與不明顯的不公平。

「選擇這所學校更保險，」祖福利塔向那兩名進行諮商的家長解釋。她指著那些攤在兩人之間的招生文宣中的一所學校。「因為這所學校的家長為了讓孩子就讀該校，不惜搬家，遷進該校學區，「因此，如果你們選擇這間，就不需要考慮資優班了。」她花了點時間解釋「資優班」制度；換句話說，她認為一間擁有富裕且參與度高家長的學校，教育成效基本上就跟那些擁有資優班的學校差不多。

在洛杉磯、紐約、芝加哥和舊金山等大城市中，如祖弗利塔這樣的公立學校顧問，多半以上層中產階級家長為服務對象。我看得出來祖弗利塔提供給那些家長們的資訊，是多麼地珍貴。

但是，我們是否能用較低的代價，讓經濟不充裕的人也能獲得這些有用的知識、文化資本和幫助呢？如果美國教育部能付出些微心力，讓那些資訊不足（且甚至沒能獲得任何資訊）的勞工與赤貧階級家長們，可以接觸如祖弗利塔這樣的顧問，了解考試日期、申請日期及各公立學校的優缺點，情況又會有怎麼樣的改變？如果經濟較不充裕的家庭也能普遍且充分獲得如祖弗利塔這樣的學校顧問服務，孩子們的申請結果又會有怎麼樣的改變？更重要的——如果我們能擁有一個每間學校表現一致、而不是良莠不齊的教育體制呢？在這樣的情況下，祖弗利塔這般的顧問或許會面臨失業。

在如紐約這樣的城市中，上哪間幼稚園基本上是依照學區來分配，並搭配上自主選擇與抽籤。要想進受歡迎的學校是一件難事，畢竟，班級人數已經爆滿，有些學校開始有候補名單，如資優班和特殊教育班，只接受數量很少的申請者。最後，在「優秀」公立學校與「一般」公立學校間的差異中（前者的家長教師聯合會往往能每年募得一百萬美元的資金），還包括了基本功能的存在與否（如代課教師）。那些過去曾經意味著最基本品質的受歡迎公立學校，如今卻成為擁有附加價值的代表。

公立學校顧問等輩所擁有的資訊，是那些被生活壓得喘不過氣的父母們，根本無心無力去摸索的資訊。一個相對簡單且能創造出較為公平學校體制的修正辦法，就是給予家長理解公立學校體制的幫助——無論是免費或提供高額補助。畢竟許多小學的畢業生根本無法申請到附近的中學。而家長或許會沒有察覺學區的改變，或單純不明白顯著出席率差異的意涵，舉例來說，高缺席率（三〇%及以上），暗示了該校學生的背景較為複雜。

表面上來看，公立學校似乎服膺平等主義，尤其當它們在網站上特別使用了「連結」、「社區」和「選擇」等字眼。然而，在這些充滿民主性的字眼背後，卻存在因金錢而造成的差異。那些增強孩子公共教育的昂貴服務清單，如額外的藝術課、擊劍課、音樂，甚至是數學與測驗輔導課等，也持續成長中，現在甚至包括了顧問與考前準備。此外，還包括一些待在家的父母們所能提供的家庭作業協助。

在紐約市，教育體制所存在的種族與階級隔閡，甚至比城市本身的情況還顯著。根據部分統計數據，紐約擁有全美隔閡問題最嚴重的學校體制。近期，一份由加州大學洛杉磯分校（University of California, Los Angeles）所進行的研究指出，在二〇一〇年紐約市三十二個公立學校校區中的十九個校區，僅有一〇%、或低於一〇%的學生是白人，這也意味著白種人家長選擇脫離此一體制。[15]

某些時候，學校顧問可以藉由提醒父母他們所擁有的特權，來消除這些家長的焦慮。「儘管有兩萬八千名的學生會參加入學考試，但絕大多數學生根本連準備都沒準備過，」祖弗利塔對著一群冒雪前往布魯克林、只為了聽取關於高中入學考試建議的家長們說道。台下的家長們許多人戴著粗針織的毛線帽，和時髦刷色牛仔褲。「他們認為自己很聰明，但他們只走到了一半。他們跟你們那些通過精心準備的孩子不同。」

「我的工作就是幫助中產階級與上層中產階級家庭的小孩進入公立學校，」祖弗利塔在最為「瘋狂」的十月學校申請季時，透過電話對我說。言談間似乎暗示她們這個職業至少能藉由舒緩家長對於入學的焦慮，協助這些家庭留在公立學校體制內，否則或許更多人會選擇脫離此一體制。研究顯示，擁有更多經濟多樣化的公立學校能獲得一些益處，且在一個前五%人口的年收入高達九十萬美元（為底層二〇%的家庭收入八十八倍）的都市裡，讓某些富裕的家庭留在公立學校內，也被視為一種政治行動。[16] 相反、且不令人意外地，那些富裕家庭孩子最終落腳的學校，往往最不具備階級與種族多樣性，而父母捐款也往往是最多的。

對於這樣的問題，祖弗利塔瞭然於心。「我提供服務給那些能雇用我的家庭，」她說。「我也非常清楚那些無法（負擔）雇請我的族群的存在，但我也必須養活自己的家庭。因此，我只能提供服務給跟我處境相似的家庭。」在一談到祖弗利塔就興高采烈的客戶丹妮爾．楊森（Daniel Janzen），也提出了一個非常相似的疑問：「我們確實在尋找較好的學校，但為什麼不能所有學校都是同等優秀或都能成為我們的第一志願？」

祖弗利塔的世界，和白蘭卡截然不同。二〇一五年某個深夜，街頭的燈光非常昏暗；肉眼可視的最亮光源來自於理髮店和麵包店展示著巨大、花俏生日蛋糕的櫥窗。該街區內的建築幾乎都是多單位（multifamily）住宅，有些較新，其他則多建於一九二〇年代。吉托和白蘭卡的家，就位在 NSA 超市和停車場之間。吉托已經準備好列出那些他想申請的高中候選清單。

那一天，到了晚上白蘭卡依舊還沒到家。儘管如此，在她搭火車回家的路上，她會定時打給吉托，告訴吉托自己已經到哪裡了，同時確認他有沒有因為忙著用 WhatsApp 聊天或玩電動，而沒有認真做作業。在白蘭卡回家後，她以誇張滑稽的動作，帶我參觀了那整潔而昏暗的公寓。「歡迎來到我的頂層豪華套房，」她說。

在短短十分鐘內，她已經在廚房那小小的餐桌前坐下，檢查吉托的家庭作業。她瀏覽著數學問題表，確保每一題都有確實寫到（由於她沒有念過太多數學，所以無法確保答案是否正確）。她希望知道他花了多少時間寫功課。白蘭卡煩躁地向我抱怨道吉托總是只花一個小時做功課。她所受的教育是在一個非常不同的國度與時代，因此她不知道除了教導吉托要如她一樣努力工作外，還能告訴他什麼。

近期的研究質疑，是否有實質的證據能證明，在一九七九年後不公平現象的增加，致使階級流動力減少。在此一時期後發生的事件中，包括了頂層一%階級的收入出現顯著的成長：在一九七九至二〇〇七年間，最頂層者的收入與其餘九〇%的人口相比，飆升速度幾乎為後者的十倍。[17] 根據勞倫斯．薩默斯（Larry Summers）在二〇一五年的《金融時報》（*Financial Times*）上那篇被樂觀地命名為〈全世界的中產階級又能迎向曙光〉（*It Can Be Morning Again for the World's Middle Class*）的文章中的數據：如果當前的美國收入就跟一九七九年一樣，那麼根據家庭收入而屬於底層八〇%的家庭，其平均年收入約為一萬一千美元。而一九七九年的頂層一%者收入，則低於七十五萬美元。[18] 換句話說，當前的階級之間的級距變得愈來愈大，導致人們更難向上攀爬。

白蘭卡加熱了雇主讓她帶回家的脆皮美味比薩。她一片片放進烤土司機中（這台烤吐司機取代了能放進整個比薩的大烤箱）。吉托脫下了學校強制規定購買的光鮮亮麗制服，換上一件憤怒鳥的T恤，接著開始瘋狂地傳著訊息。

晚餐後，白蘭卡幾乎虔誠地拿起了那本被她稱之為「聖經」的《紐約市市立高中目錄》。她和吉托快速地瀏覽了一下那本厚重的巨著，接著闔上書本。她們看上去似乎不太能理解內容。在幾週後就要繳交的志願表中，吉托單純地根據自己對商業的興趣，填了幾所看上去最適合自己的學校名稱。在紐約，不同的高中能對應到學生不同領域的興趣，但吉托只能像菜鳥賭客選擇要下注的馬一般，依照學校名稱念起來的感覺去選。他的第一志願為經濟財政高中（High School of Economics and Finance）。根據清單，下一間學校為藝術與商業高中（High School for Arts and Business）。至於拉瓜地亞（LaGuardia）、福勒勛和福里斯特希爾這些高中呢？我詢問他——儘管後來我才知道吉托根本不在這些學校的學區內。我又問了白蘭卡。她告訴我她根本不知道該極力爭取哪間學校。

對於處境和白蘭卡相似的移民來說，她們能透過學校網站理解哪些隱藏與非隱藏訊息？對於無法流暢地閱讀英文的家長如白蘭卡來說，學校缺乏適當的翻譯資料，使她們就像是被拒於門外。此外，和學校人員交談，往往只會讓白蘭卡很不自在。我還記得一年多前，我們一起坐在一間義大利餐廳內，慶祝吉托的抵達。那天晚上，她向我訴說自己對於吉托的教育是多麼地不安。那個時候，吉托的英文只比白蘭卡好一點點。

那缺乏時間彈性的工作，也是白蘭卡經歷的阻礙之一。她無法為了和學校老師、輔導員或人員碰面而請假，沒有時間去參觀學校，更無法為了吉托的入學進行遊說。白蘭卡也不知道其實她有許多教育服務可使用，而這些服務能幫助她解決學校安置或輔導事宜。

二〇一五年三月，我收到來自白蘭卡的最新近況簡訊。她不太開心。很快地，我得知吉托進入了他當初的第一志願經濟財政高中。但白蘭卡根本不知道那所學校位在遠離她們家九英里外的曼哈頓市中心，而白蘭卡在距離該校七英里外、且完全不同行政區的地方工作。儘管吉托可以搭乘大眾運輸工具上學，但通勤時間將近一個小時。她擔心吉托未必準備好進行如此長距離的通勤。對白蘭卡來說，最聰明的選擇或許是拒絕該校，儘管許多參加學校座談會的家長來自比她們更遠的區域。她的音量提高了，而她往往只有在焦慮的時候才會這樣。

我告訴白蘭卡，有一個專門為那些不喜歡自己被安排到的學校、並希望能接受再次分發的學生，所舉辦的活動。他們有考慮參加嗎？

在三月一個天空被雨水刷成鴿子灰的日子裡，吉托、白蘭卡和我在星巴克碰面，準備一起去參加在曼哈頓舉辦的高中第二輪分發活動。「我太笨了，才會讓吉托申請這個學校，」白蘭卡對我說，「笨死了！」我替她買了杯她最喜歡的拿鐵。那天是她四十五歲生日。很快地，我們走在穿越林肯表演藝術中心（Lincoln Center）的路上。吉托從來沒看過如此宏偉的劇院與購物中心。他和白蘭卡偷偷地盯著莊嚴劇院內那盞巨大的水晶吊燈與衣著光鮮亮麗的戲劇愛好者們。

當我們抵達了位在第六十五街與阿姆斯特丹大道的馬丁路德金恩高中（Martin Luther

King Jr. High School）時，我們發現白蘭卡與吉托並不孤單。大量的孩子和家長們在街角邊排起長長的人龍，抱著期待能改變學校分配的心情，排隊等待進場。站在雨中二十分鐘、周圍夾雜西班牙語、俄羅斯語、法語、中文與英語等各種語言，我們三個人終於進去了。彩色的箭頭指引學生走向自己行政區的學校，在翻譯的幫助下，白蘭卡與吉托找到了皇后區的位置。滿滿的學生與家長圍繞在學校代表的桌子周圍。

另一名年輕男子指引我們去另外一樓，讓學校顧問來幫助我們。那名顧問坐在一個飄揚著紅色、橘、紫色汽球且桌上還鋪著相應顏色塑膠桌巾的禮堂內，那顏色讓人想起舞會。有鑒於白蘭卡和吉托有多麼地苦惱，該會場內的慶典氣氛反而讓人更加惶惶不安。其中一名顧問表示自己會說西班牙語，但當因為英文能力而充滿挫折的白蘭卡，開心地說著自己的母語時，那名顧問顯然相當吃力。儘管白蘭卡會說英文，但在細節的表達上有時會遭遇困難。她的臉開始漲紅。她覺得頭暈，白蘭卡說，需要一點水。她擔心吉托的教育會失敗。

最後只能靠運氣？

白蘭卡是否能對學校決定提出異議？顧問告訴我們，她確實可以這麼做，但申請的截止日就快到了。這是白蘭卡第一次聽到這件事的程序。接著，那名顧問告訴我們一間名叫新移民（Newcomers）的高中，專門收皇后區的學生或那些在入學時還沒在美國住滿一年或少於一年的人。吉托可以參加那間學校的足球隊，而且學校還有媒體中心，離她們家很近。「這間或許不錯？」白蘭卡說話的方式，就跟許多參加此次活動的學校一樣，以開放性問句來做評論。

接著，顧問提醒我們新移民高中的代表或許沒有來參加這場活動。「因為那是一所專為新移民量身打造的學校，」他說，「而許多新移民根本不知道這些學校活動。」

我們再次被引導至擠滿了專為皇后區學生與家長服務的樓層。顧問的話是對的，看來新移民高中的代表並不在場，我們發現一間在長島市的學校或許還有位置，但白蘭卡對於該校的品質很擔心。儘管學校代表告訴她可以選擇一天來參觀，但白蘭卡知道自己不可能提早下班。

白蘭卡和吉托的處境其實很常見。在二〇一五年，有三七％的紐約人在海外出生，[19] 許多人只能依賴極低的預算過活。而端視白蘭卡和吉托的生活方式在紐約是多麼地尋常，就能知道對這些新移民來說，這些日子是多麼地不尋常了。「無論就何種角度來看，對一個家庭而言，移民或許是壓力最沉重的一件事，」卡羅拉·蘇亞雷茲－奧羅斯科（Carola Suárez-

Qrozco）和馬塞羅．蘇亞蕾茲－奧羅斯科（Marcelo Suárez-Orozco）在他們的作品《移民之子》（*Children of Immigration*）中寫道。[20]

吉托很喜歡在美國的日子，但白蘭卡還是很擔心。在這裡待上超過十年後，無論她是否負擔得起，對於那些美國上層中產階級生活中的有形奢侈品，白蘭卡已經愈來愈熟悉了（有時甚至參與其中），如好咖啡或可麗餅、全食超市（Whole Foods），和那隻她用一千二百美元買給吉托的純種狗（約為她當時每週薪水的兩倍）。儘管如此，那些無形的中產階級生活（像是進入理想教育軌道的常識），卻依舊非常模糊。

蘇亞雷茲－奧羅斯科認為，讓移民孩子得以進入公立學校的第一步，就是設法讓學校的選擇程序更容易理解。對那些剛抵達美國的移民來說，他們很容易就「以為美國的學校是全世界最棒的，因此往往帶著一定程度的信賴和對『教育權威』這個不切實際的假設而來，」她在我們談話時如此說道。學校需要「創造更透明的教育路徑，」她補充道，「這樣一來你不需要像是西洋棋大師，也能將孩子送進學校。」儘管如此，需要釐清學校選擇申請程序的，不僅僅是移民們。白蘭卡與吉托等學生和家長們，獲得的經歷應該要跟那些擁有特權、自行摸索出公立學校體制的家庭一樣，儘管後者往往知道為了進入較好的學校（如學校頂樓設有綠色耕植區、或學區內只包含了富人區的最佳〔同時也是最有錢〕學校），該如何進行遊說。

與早期來到美國的移民相比，兩者所面臨的教育障礙非常不同，今日的障礙源自於徹底的不平等，而無形的障礙如文化資本等，也經常成為問題。公立學校顧問等職業之所以如此重要，在於他們的服務對那些相較之下擁有更多特權者該如何維持自己在公立學校中的地位，是不可或缺的存在。畢竟公立學校顧問本身也是一種文化資本的展現。

在一九〇〇年代早期，公立學校開始提供女學生也能上的職業訓練，在職業訓練法案於一九一七年通過後，公立學校的祕書訓練課程開始大幅擴張。提供護理師培訓的地方，多為教學或實習醫院；學生們邊學習如何成為護理師，邊在醫院裡工作，有時甚至不需要繳交任何受訓費用。與今日相比，這些學程成為進入中產階級的流動力來源。這是受壓迫故事的另一部分；進入中產階級的門檻純粹是變得太高了。

這也是為什麼如白蘭卡與吉托這樣的族群，往往需要依賴運氣。二〇一五年的某個晚上，白蘭卡透過簡訊告訴我最新發展，吉托進入了位在阿斯托利亞（Astoria）的威廉卡倫布萊恩高中（William Cullen Bryant High School）。這是一間不錯的學校，離她們家也不過三英里遠，有運動校隊，也有進階先修課程（Advanced Placement）。到了二〇一七年，吉托和白蘭卡經歷了許多事。吉托的外婆過世了，開始在下課後到翠貝卡（TriBeCa）的一間餐廳打工。白蘭卡在某個家庭中擔任工時較長的住家保姆，因此獲得較好的收入。她覺得自己慢慢實現了當初來美國時所預期得到的生活，而我完全同意她。所有和我談過話的外籍照顧工作者，在長年與家人分離後，最終還是獲得了快樂的結局，如嬰兒護理師愛絲特，我收到消息，在二〇一七年下半，她終於和家人在美國永遠團員。

相較之下，許多人或許不像白蘭卡、吉托、以及現在擔任嬰兒護理師的愛斯特那樣幸運，必須長久地與孩子分居兩地。但至少現在，他們處於相對快樂的處境。對白蘭卡和吉托來說，她們似乎克服了不定因素。

第6章

零工時代——老師的課後兼任

麥特・貝瑞（Matt Barry）在加州聖荷西（San Jose）郊區的利弗奧克高中（Live Oak High School）教歷史。三十二歲的他，工作進入第九年。每週有五天的時間裡，他會站在三十五名十一年級與十二年級的學生面前，指導他們關於美國史與經濟的進階先修課程，但貝瑞也有個祕密，就和許多美國的學校老師一樣，他為了迎接第一個孩子，他會在課後時段與週末的時候擔任 Uber 的司機，以賺取額外收入。

貝瑞和同樣擔任老師的太太妮可（Nicole），兩人各自的年薪為六萬九千美元。照理來說，這筆收入應該能讓他們安安穩穩地當個中產階級。假如矽谷沒有崛起，那麼他們的薪水或許還算夠用，但科技熱潮帶來的大筆財富導致灣區的房價高漲，讓長久以來處於工人與中產階級的居民們，倍感吃力。在貝瑞家附近的吉爾羅伊（Gilroy），一間一千五百平方英尺（約四十二坪）的「起步房」（starter home，通常是指一個人或一個家庭在財力有限下所買下的第一間房子），要價六十八萬美元。在他教書的地方，起步房的價格甚至飆升至一百五十萬美元，讓那些利弗奧克高中的老師們，根本不用妄想和學生住在同一個區域裡。當貝瑞的孩子出生後（我是於二〇一六年九月和他認識，當時他的妻子懷孕十四週），他們開始每年支付額外的六千美元醫療保險。

教師兼職開 Uber

貝瑞的 Uber 乘客們，總想像老師的薪水應該能輕易地讓他們跟自己住在同一個社區裡，當他載著乘客穿梭於奢華的摩根山丘（Morgan Hill，也是貝瑞念高中的地方）時，乘客往往對於他在白天擔任老師的事情感到吃驚。在開車空檔，他會批改作業。在美國教師之中，他還不算狀況太差的，他和妮可有兩份收入，且住在自己的房子裡。即便如此，他們仍舊處於邊緣。「老師們正在謀殺自己，」他說。「我根本不該在平日晚上的八點，還開著 Uber，心理壓力讓我喘不過氣，我在接送乘客的空檔間批改作業、思考自己除了開車外還能做什麼工作——像是開設課程之類的。」

貝瑞之所以會開Uber，並不是意外。Uber公司在過去兩年內，特地設置了補助優惠，鼓勵老師在夜間擔任司機。每一年、每一地的活動內容都不相同。在二〇一四年，該公司那令人不安的文宣為：「老師——駕駛著我們的未來」。在二〇一五年的芝加哥，則凸顯了季節性元素：「Uber讓老師擁有暑假工作」。為了強推活動，Uber提供兩百五十美元的獎金給每一位在特定日期內註冊成為Uber司機、並完成十趟接送的老師。二〇一六年，奧勒崗的Uber則發行了一款應用程式，能告訴乘客自己的司機是否為老師。[1] 奧勒崗的Uber也吹噓每筆乘車費的三%，會回饋到課堂，而最多老師擔任司機、或載客距離最遠的學校，還能得到五千美元的獎金。Uber大力推動自己的教師司機創新計畫，將其歸類為傳統美式利他主義的一種展現，更是私人企業如何拯救公領域失敗的完美救援行動。該公司還有可以佐證此一特殊機制的教師司機部落格發文。其中一名網路名稱為「琳賽」（Lindsey）的Uber教師（Uber-teacher）熱情洋溢地說：「每一天，老師都被要求以少擊多、以有限的資源迎戰新挑戰。而Uber開啟了一扇通往更多可能的大門，為我們所服務的社區帶來別具意義的影響。」

藏在這美好的框架背後，是一個陰鬱的現實。許多如麥特．貝瑞這樣的父親往往「被迫以少擊多」，不僅僅是因為資源稀少得令人起疑，更因為民眾與代表我們的政治人物不夠珍惜教師的存在價值，因而不願意給他們較好的薪水。

其實自美國這個國家的現代教育體制甫一出現，就藏著這個問題，但近期在許多如矽谷這樣經歷經濟急速成長的區域，這個問題變得格外嚴峻。教師薪水與當地住宅價格間的嚴重落差，變得愈來愈顯著。在這些區域內，富裕的居民們開心地為有泳池與「超奢華地下室」的定製豪宅掏出錢來，卻不願意繳更高的稅好讓老師至少租得起當地的房子。

結果導致如貝瑞這樣的老師們，必須為學生的家庭們提供額外的個人服務（本質上就是如此），以應付生活所需。Uber將此種發展稱為老師們的「機會」——一個讓他們能在「致力於形塑孩子未來」的教學工作外，多賺一點錢的機會。教師兼職Uber司機的例子，本該是「共享經濟」的最佳例子。然而，剝去那層「良善」的外皮後，Uber教師司機活動所共享的，實為一個更加扭曲的矽谷妄想：低稅金、好學校，而老師還能在你和創業家吃完那頓可用公款報銷的大餐後，開車送你回家！

這些企業集團將那些由「獨立」契約者所提供的廉價、短期服務，套上華美的包裝。而這些公司的成功，就奠基在透過平台出賣自己勞力、沒什麼權利說不的勞動者之上。

此外，在矽谷黑暗的狂想中，還藏著關於性別的元素。在我於二〇一六年所訪談到的 Uber 或 Lyft 教師司機中，多數都有小孩，且幾乎所有人都為男性。（當然，過去提供此服務的工作者也確實多為男性。）

這讓我不禁猜想，男性是否真的更願意用閒暇時間開車賺錢，以維持自己的社經地位。畢竟，對於支撐起一個家庭所需耗費的成本，美國社會總是像得了失憶症一般，而男性也免不了受此影響。現在的家長往往必須花更多時間在工作上、找第二份工作、或在奇怪的時段工作——或甚至以上皆要。此外，對於照顧工作的輕視，不僅僅傷害了我們在前面章節中所看到的女性，甚至也影響到男性。

或許，因為外顯性失敗（如失業、失去社經地位等）從而導致人們失去對自我及作為公民認可的情況，男性反應可能比女性來得強烈，如同社會心理學家所定義的「不穩定的男子氣概」（precarious manhood），男子氣概是一個必須刻意經營與維持的事物。[2]研究對象為男性的社會學家麥克．基莫（Michael Kimmel）也曾寫到，男性從小生長在必須達成社會階級特權的期待中，將自己能否養家糊口的能力，內化成一種自我認同，但這麼做也讓「他們期待著一個永遠不會降臨的安穩。這些男性認為只要自己按部就班，他們就會得到和父母輩一樣的成果，一個底層中產階級版的美國夢。」基莫對我說。

「然而他們賭輸了。」[3]

對我來說，無論這些教師司機的性別為何，他們渴望保有中產階級身分（像是住房、收入等）的想法，我非常能理解。畢竟，對某些人來說，失去這些認同就意味著失去對未來的希望與信念。他們受到了阻礙，而此種阻礙不僅僅是關於自身的前途，還包括孩子的。如同芭芭拉．艾倫瑞克（Barbara Ehrenreich）在那本《失敗恐懼》（*Fear of Falling*）中所指出的，中產階級的最大焦慮感，源自於我們不相信自己能為孩子開創出一個和自己一樣的社會地位。相較之下，頂層階級對此問題的答案，就非常簡單：繼承並空降。對底層人民來說，此問題則有著另一個他們不得不如往常般吞下的答案：終其一生，他們都只能依賴極低的資源生活，而他們的孩子也是。

Uber 教師司機父親，不過是我一次又一次見識到的當代焦慮症的普遍症狀之一。如果你不能依照自己成長中的標準來養育下一代，你或許會覺得自己就像是生活在一個支離破碎的天地間。

光鮮亮麗的低薪工作

有鑒於教書所必須具備的資格，以及不得不承擔的重責大任，這份工作的薪水一直被低估了。根據賓州大學（University of Pennsylvania）教育與社會學教授理查．英格索爾（Richard Ingersoll）的看法，其中一個可以解釋教師薪資低廉的原因，是因為在很久以前，教書被認為是女性的工作，因此其掙得的薪水不過扮演了一個家庭中，相較之下較微薄的第二份收入。

當然，現在的老師早已不是由那些希望為家裡掙得額外收入的女性來擔任，但老師微薄的薪水依舊承載了早期的性別歧視。為了彌補收入短缺，長久以來教師們經常在暑假時候兼差其他工作（儘管多數老師已經能賺到十二個月的薪水），最近唯一的不同是絕望出現強弱的差異。在許多地方如奧克拉荷馬州，長期薪資過低的教師們除了兼任第二份工作外，甚至被迫依賴慈善廚房（soup kitchen）或食物券而活。我認識一位住在北達科他州曼丹（Mandan）的小學老師麗貝卡．馬羅尼（Rebecca Maloney），她是一位帶著三個孩子的單親媽媽。為了參加當地大學開設的職涯發展課程，她只能到群眾募資網站GoFundMe上，請求大家捐給她一千塊美元的課程費用。另一位我所訪問的北達科他州老師，則會在最後一堂課的下課鐘響起後，趕去當家庭清潔工，以支付自己的房租。拜該州於二〇〇〇年年初所出現的油價暴漲之賜，生活開銷以難以負擔的速度成長著，然而第一年入行的教師，年薪卻依舊只有三萬到三萬二千美元。與此同時，那些生活在異常昂貴城市如舊金山、芝加哥的老師們，則被迫投入零工經濟，或尋找調酒之類的副業，以存活下去。

二〇一六年，除了貝瑞外，我還和幾位擔任 Uber 司機、正努力累積英里數的學校老師談過話。在加州東聖荷西（East San Jose）詹姆士利克高中（James Lick High School）擔任歷史老師的約翰・丹尼爾斯（John Daniels），會在星期四和星期五的晚間，開著自己那台豐田（Toyota）4Runner，擔任 Uber 司機。在舊金山麥爾肯小學（Malcolm X Academy）擔任一年級導師的安東尼・艾瑞懷恩（Anthony Arinwine），於二〇一五年暑假開始投入零工經濟的行列，他開著那台 Nissan Altima，每週載客二十小時，有時甚至開到深夜。在舊金山的聯合學區（Unified School District）內，每一名教師的平均年薪為六萬五千兩百四十美元，[4]在加州八百二十一個學區之中，此區薪水的排名為第五百二十八名。與此同時，舊金山卻吹噓著自己的房租為全州最高，與加州一房一廳公寓平均月租為一千七百五十元的價位相比，舊金山一房一廳公寓的平均月租金為三千五百美元

（儘管前者事實上也稱不上便宜）。

「我的租金一直在增加，水電費一直漲，」艾瑞懷恩解釋。「與前一年相比，今年薪水剩下來的部分少了許多。」他眼睜睜看著自己那位在東灣的一房一廳公寓租金不斷飆漲，從最初的一千三百美元漲到一千五百美元、直到兩千美元，為了繼續住在原地，他只能開始擔任司機，兼差到深夜。儘管如此，他告訴我，無論他再怎麼樣努力開車，最終他還是不得不放棄那間公寓。現在，他租下好友家裡的一個房間。「我買不起房子。除非我結了婚且兩人都有收入，否則我或許只能搬到其他較不那麼昂貴的州去生活，」今年四十六歲的艾瑞懷恩說道。他的父母分別在軍中擔任行政人員與警察局擔任文職人員，只有短期大學的學歷，但根據他的描述，住在加州橘郡的他們，其經濟餘裕遠比住在灣區的他，來得自在。

對Uber來說，經濟困窘的老師們如艾瑞懷恩，代表兩件事：行銷素材和可獲得的勞動力來源。近幾年，Uber試圖以司機是遇到經濟困難的中產階級者為賣點吸引顧客。在當時的執行長特拉維斯．卡拉尼克（Travis Kalanick）於二〇一〇年入主後，Uber採取了不同的推廣策略，宣稱Uber司機也可以是一份全職工作，而且年薪甚至可以高達十萬美元。然而Uber司機的薪資單證明了這個說法絕非事實，因為他們的收入遠低於此。

身經百戰的司機

現在擔任Uber司機的約翰．庫伯曼（John Koopman），曾經是名記者。作為媒體業的中堅分子，庫伯曼過去二十五年來一直是位記者，最後一份工作則任職於《舊金山紀事報》（*San Francisco Chronicle*），報導伊拉克戰爭。曾經獲得普立茲獎提名的他，也是許多中產階級職業父親的最佳代表，展示了他們如何被捲入零工經濟，又因此感到煩躁、甚至憤怒。在我第一次和他談話時，他固定開車維生，每年能在他的家鄉舊金山，賺得四萬三千美元的收入。（現在，他開車的時間沒那麼固定了。）在他剛開始擔任司機時，他將自己對於失去職業前景與社會地位的憤怒，全部轉移到路況上。接著，他發現了一個或許更令人沮喪的境界：當Uber司機就像是進入禪學中「無」的境界，借用他自己的說法是，一個根植在虛無主義屈從下的新平衡。

「我擁有新聞學碩士學位。我去過巴格達，我採訪過伊拉克戰爭的少校和下士，」這名五十九歲、必須撫養二十一歲兒子的父親說道。「在我被資遣後，我變得什麼都不想管」，他不願意接受心理諮商或尋找其他自助的手段，「反正我不是太頑固就是太笨。我原本在脫衣舞俱樂部裡工作，現在，我擔任Uber司機。人們總問我，『難道你不想重操舊業？』我回答，『不怎麼想。反正誰會在乎？你就不在乎。』沒有人真的在意我是不是一名記者。唯一重要的事，在於我付不付得出帳單。」

一開始，他很擔心還年輕的兒子，而兒子的母親自然會批判他居然從記者變成一名脫衣舞俱樂部的經理。我在紐約一家咖啡廳裡，和庫伯曼碰面，當時搬到德拉瓦的他，開著那台專門用來載客的車子沿著東岸一路往北。在我和他談話時，我想起我們這一代的人，是如何深信自己的人生將會沿著一條向上的拋物線發展。母親是一名護理師、父親是卡車司機的庫伯曼，也是這麼相信的。他是家中第一個就讀研究所的人。但在我們談話的過程中，他提到身為前中產階級的父母是如何因為灣區的物價不斷提高，導致他們就跟庫伯曼一樣，必須開 Uber，或將自己位於灣區的房子放在 Airbnb 上出租，兩人只能擠在一個小房間裡生活。

為了支付帳單，庫伯曼找了些額外且不太有前景的工作，包括將喝醉的脫衣舞俱樂部客人拖下舞台，或抱著一名用藥過度不得不緊急送醫的脫衣舞孃搭救護車。庫伯曼向我強調，現在已經沒有任何學歷，可以保證一個人能永久保有自己的職業認同或甚至是任何一種認同。他同時也帶有一定程度的羞辱感。面對羞恥，我們沒什麼選擇：如同哲學家伊曼紐爾．列維納斯（Emmanuel Levinas）所寫，羞恥被囚禁在我們體內，就哲理上與實際上，困囿於我們的皮囊之中。[5]

零工經濟流氓

「在篩選職業方面，Uber 表現得實在太聰明了，他們宣稱這就像是你的鄰居為了多賺一點外快而已，」史蒂芬・希爾（Steven Hill）這麼說道，他是《原始交易：Uber 經濟和失控的資本主義如何剝削美國工作者》（*Raw Deal: How the "Uber Economy" and Runaway Capitalism Are Screwing American Workers*）的作者。「這些都是 Uber 的公關手法之一，」他對我說，「以及該公司嶄新的敘述角度。」[6]

我在 Uber 發言人麥可・阿莫迪奧（Michael Amodeo）遛狗的時候，和他交談了一陣，希望能進一步了解該公司的中產階級夜間兼差企劃的目的。由於他實在太忙碌，因此他熱情的建議我去閱讀一篇由大衛・普勞夫（David Plouffe）所撰寫、刊登在 Medium 網站上的文章，該文章呼應了希爾對於 Uber 公關策略的見解，但同時具備更多公民意識的色彩。普勞夫曾經擔任歐巴馬的競選總幹事，並擔任 Uber 的資深副總裁直到二〇一五年，而當時也正是該公司決心主打自己是美國被壓榨中產階級救星的時刻。普勞夫在文章中寫道，Uber平台給予「（司機們）別的工作所無法給予他們的加薪。」當然，增加工時可稱不上「加薪」——如同「零工經濟流氓」大師（我擅自結合了gig〔零工〕與gangster〔流氓〕這兩個字，形成Gigster）的經典歐威爾式陳述，普勞夫的修辭令人感到輕率且憤怒。

對於Uber來說，透過招募中產階級對象為司機，可以更輕易地獲得正直可靠的形象，並觸及該公司渴望接觸到的社群。在美國許多城市——尤其是物價特別昂貴的華盛頓特區、紐約、洛杉磯等城市裡，生活成本與薪水之間出現了極大的斷層。後來，Uber的阿莫迪奧也寄了封信給我，回應我對教師司機此一現象的疑問：「就我們所得知的，教師與教育者們視Uber為一種可透過自己的車來獲取額外收入的彈性辦法。」但是，這些教師與護理師等其他中產階級流眾們，正被拉扯著倒向崩潰的邊緣，導致兼任第二份工作的情況愈來愈普遍（如同我在德州所遇到的老師們，他們表示薪水實在太低，所以他們只好兼差送披薩）。

儘管教師在表面上向來屬於中產階級，但他們所擁有的中產階級優勢其實比我們想像得少。（舉例來說，公共電台節目或許會選擇一個雙親皆為老師的家庭，作為健全且平凡的中產階級生活家庭代表。）教師或許付不出來他們的房貸，也無法負擔孩子的托兒費，更無力負擔過去此一階級下所應該具有的代表性事物，如在夏天的時候去度假、家中每名大人擁有一台車、醫療與退休儲蓄、孩子的大學學費或健身房的會員費等。此外，他們也負擔不起專業協助，儘管這些服務或許能讓他們討論那些付不出來的帳單。是的，有些老師偶爾甚至會需要美國補充營養協助計畫（Supplemental Nutrition Assistance Program）或其他聯邦福利的幫助。

發動奪回人性的戰爭

我們該如何幫助那些需要將開 Uber 作為第二份工作的教師父親們？我所想出來的解決方案，不過都是權宜之計。儘管這些方法在短期內或許可以奏效，卻無法在聯邦與州政府層級引發必要的改變。舉例來說，一個慷慨的體制，自然會給予他們的孩子一些補助，但他們需要更詳盡的幫助。

在支付房租或房貸方面，有些中產階級者所遇到的阻礙為可負擔住宅的資格認定，往往是根據特定區域內家庭收入的中位數而定：換句話說，如果一個家庭想要獲得租房補助的資格，其收入必須等於或低於在該區收入中位數的五〇%。（在艾奧瓦市和舊金山，這個數字天壤之別。）

最近幾年，少數的地方政府（多為城市），開始著手解決高居住成本的問題。有些地方設立了住房補助計畫，企圖吸引前面章節所讀到的學校老師們，以及消防員、警察等公務人員。芝加哥就是一個例子，該市施行了一項幫助執法人員購屋的政策。至於洛杉磯、密爾瓦基和北卡羅來納州的赫特福特（Hertford），則特別在學區內投資教職員住房，以幫助老師留在那些光憑薪水根本住不起的區域內。二〇一三年，紐澤西的紐華克市設立了教師村（Teachers Village）：一個由六棟建築構成的區塊，其中包括了只賣給學校教師的住房。

儘管如此，當看似可依賴的安全網似乎仍舊遙不可及時，我們又該怎麼辦？我們可以試著爭取那些被許多知識分子認為，或許可以讓零工經濟公司（如Uber）更加適合教師司機、或甚至是所有人的修正辦法。舉例來說，一個較具烏托邦色彩的方案——被稱之為「平台合作主義」（platform cooperativism）的新數位現象。此一拗口且近期在學術界非常流行的詞彙，描述的是將那些傳統上以營利為目標的線上平台，推向更具合作與民主意義的方向。

儘管當前的規模還很小，但某些具應用程式依賴性的新線上合作社，也開始雇用中產階級工作者，隨著它們的發展，未來可能還會需要更多工作者。舉例來說，Stocksy就是一個成功的線上圖庫，確保攝影師能用作品換得收入；而位在舊金山的Loconomics合作社，則希望能和媒合「自由勞動力」的公司TaskRabbit競爭市場。（當TaskRabbit被IKEA買下時，我忍不住想著該公司的最終目的，會不會是利用焦躁且廉價的人力，去幫助顧客組裝他們那「萬事具備，只欠東風」的瑞典膠合板書桌。）Stocksy和Loconomics讓我們得以想像全新的發展，並著手解決那些當前許多零工經濟工作者所面臨的困境。最理想的狀況，就是具備科技能力的合作社能賦予工作者力量；否則，雇用這些工作者的過程將如同點披薩般，毫無人性。

從Uber的契約工作者到負責審核文件的律師、零售店店員，眼看當前許多人因為工時不穩定、工作不穩定或薪水過低而飽受磨難，逐漸被許多政治人物提起的平台合作主義，也成為剝削時代下的一個可行方向。其中，英國工黨的傑瑞米·柯賓（Jeremy Corbyn）更稱讚該主義為「數位平台的合作共有權」。

「如果我們都在創造價值，」平台合作主義應用程式開發者夕恩·安薩內利（Sean Ansanelli）說著，試圖解釋該主義背後的哲學思維，「那為什麼我們不能共享這些價值所帶來的益處？」

現在也有一些由員工經營、員工擁有的保姆及清潔工合作社，如紐約布魯克林區的「超越照顧兒童合作社」（Beyond Care Childcare Cooperative）。該合作社基本上是由位在家庭生活中心（Center for Family Life）內的非營利組織「合作發展計畫」（Cooperative Development Program）幫助下，由保姆們自行經營。在我撰寫報導的時候，超越照顧兒童合作社的三十八位工作者兼「經營者」，一共擁有三十一名客戶。該合作社的全體成員們一起刊登服務廣告，並一起分擔合作社的費用；作為回報，他們可以擁有屬於自己的仲介，並因此獲得更高的工作保障，享有更高程度的團結。此外，我發現此類團體在本質上，也隸屬於規模更龐大的美國工作者合作社運動。根據民主工作機構（Democracy at Work Institute）的調查，自二〇〇〇年起，由工作者自行經營的新合作社數量，已經超過一百五十個。對那些非工作者經營或主導的零工經濟清潔公司，如Handy（家務工作平台）或Care.com（一個協助數百萬名家長找到合適保姆的線上市場）來說，超越照顧兒童合作社和許多合作社的出現，讓他們必須迎戰社會責任上的挑戰。

新學院（New School）的學者、平台合作專家泰勒博瓦．休耶茲（Trebor Scholz）告訴我，他認為在科技創新下所導致的合作社運動，就像是「對抗自由放任式資本主義哲學家艾茵．蘭德（Ayn Rand）的解毒劑。」在二〇〇八年的經濟衰退後，每三名工作者之中就有一名是自由業，而臨時與約聘員工更成為中產階級的新常態。[7] 平台合作主義擁護者希望他們的運動，能在嚴苛且難以預料的零工勞動市場環境中，注入些許人性。他們期望顧客們（或許就是那些會喝公平咖啡的人）能支持合作社，瓦解那些已經被視為常態的零工經濟。其中一名組織者告訴我，在過去的清潔工應用程式裡，使用者只會看到「一個沒有臉的黃色手套圖案在清掃你的家裡。」而新的應用程式與平台則可以培養顧客除了比較價格和尋找最高評價外，能注意到更多其他細節。然而，他們仍舊無法做到的事，就是提供這些工作者他們迫切需要的福利。

然而，那些正使用著 TaskRabbit 或 Uber 的工作者們，在忙著打零工以賺取收入之餘，卻沒有餘力注意到道德更高尚的平台合作主義。舉例來說，麥特．貝瑞只是想著住在他那一區所需承擔的經濟壓力該如何緩解。就跟所有 Uber 的司機一樣，貝瑞對於自己不得不兼職，無力花心思研究自己該如何當一名更出色、更棒的老師，內心充滿愧疚。當他在教學生關於矽谷經濟狀態的時候，他內心總是想著這些，而他也知道等到這些孩子長大後，多數人或許都住不起這一區。

「我確實以為擔任老師能確保我留在中產階級，並擁有穩固的生活，」安東尼．艾瑞懷恩說。照理來說，年薪七萬美元的教職工作，應該能讓艾瑞懷恩擁有舒適的中產階級生活保護網。「但憑這份薪水我無法養小孩：我買不起一個能養育他們的家，」他憂傷地說著。「我的意思是，我無法給予他們那些得以讓他們快樂成長的環境。」

艾瑞懷恩對我說，「我以為到了自己這個年紀的時候，就不用擔心錢了。我以為在這個年紀的時候，我就差不多可以想著退休了。」

約聘工作者的自由？

在Uber的教師活動中，完全見不到這些絕望。相反地，在Uber的網站上，只有那些想要透過共享方式來賺取額外零花錢的中產階級「Uber教師」。該網站上有一位名叫莫妮克（Monique）的司機，她是來自新紐奧良的老師，擁有十二年的教學經驗，並於「二〇一五年的聖誕假期期間加入Uber，以獲得生活上的幫助」。該公司網站上的另一名司機檔案，則是一位負責特殊教育的教師，由於投注在「行政工作」上的時間往往多過於和孩子們相處的時間，她因此感到非常挫折。此外，她還希望能幫家裡重新裝修門廊。

關於教師司機真實人生的證詞（有時還外加了深具啟發意義的慢動作影片），完美地呼應了Uber所設定的教師特質：人格健全、工作認真的專業人士。此外，這些內容也流露出另一層有用的含義，即 Uber 司機們並不是全職在做共享乘車這份工作，而是將開車視為能幫自己應付額外開銷的第二份兼職。對 Uber 來說，這層意義非常重要，因為該公司一直很努力地宣傳他們旗下的四十萬名司機，都是獨立的約聘者，而不是該公司的員工。作為員工，他們就必須獲得最低薪資、加班費、福利與最基本的員工保障，而這些將對 Uber 的經營模式造成極大的衝擊，甚至使公司損失數十億美元。相反地，作為獨立約聘者，就不能享有任何福利。

在某種程度上，Uber 充斥著許多由於自身的工作價值被低估、為求生存不得不另覓出路的人。共享經濟助長了忽視參與者基本工作權的風氣，或如 Airbnb 那樣，將住宅轉變成不合法的民宿，並在惡性循環下致使租賃市場更難找到合適的房子。

現在，許多司機和重量級的勞工權益提倡者，不認同該公司將旗下司機定位為獨立約聘者的態度，並開始尋求司法途徑來挑戰 Uber 的立場。Uber 已經阻擋了幾乎十幾件起訴他們錯誤分類司機性質的官司，其中也包括了代表加州與麻州司機們的大型集體訴訟案。（Uber 於二〇一六年和加州與麻州的司機和解，承諾以一億美元的代價換取繼續將司機歸類為約聘人員的權利，但同年內，法官駁回了這項和解。[8]）當我詢問 Uber 的發言人阿莫迪奧，Uber 司機究竟是工作者還是約聘人員時，他透過電子郵件給了我一個非常簡短的答案：「透過 Uber 載客的人，都是獨立約聘者。」接著，就像是一個企圖推銷不可靠產品的迷人文案編寫者，他又說道：「他們很重視自己的獨立性——按下按鈕而不需要打卡的自由。」

當前市值為六百九十億的 Uber，是否能順利走下去，還有待檢驗。現階段除了一連串的違法勞動訴訟案外，最清楚的事實莫過於 Uber 旗下的教師司機成員，賦予該公司一個帶著利他主義、正直可靠的珍貴外皮。用滑鼠滾動著 Uber 網站上關於兼職中產階級司機的廣告文案，讓我忍不住想起《一個小小的建議》（*A Modest Proposal*，作者為強納森．斯威夫特〔Jonathan Swift〕，其著名的作品還包括《格列佛遊記》）中那經典的「建議」，讓那些貧苦的愛爾蘭倖存者將孩子賣給富有人家當食物。Uber 的公關人員既不是強納森．斯威夫特（Jonathan Swift），也不是尤維納利斯（Junenal，古羅馬著名詩人，其作品以諷刺羅馬社會的腐敗與人類的愚行為主）。在一個擁有如 Uber 這樣公司存在的象徵世界裡，老師們（以及護理師、消防員等）捨棄了交易模式，而是透過點擊應用程式，來換取「善意」的資本。

許多時候，零工經濟工作者的存在，是非常抽象的，如同 TaskRabbit 上的工作者就跟網站上的卡通兔子標誌一樣；而Uber的司機，不過就是該公司標誌「U」的人形延伸而已。

今日，面對薪資過低且勞動價值被低估的教師，整個社會最大的問題在於真正珍惜這些老師資歷與認真工作者，不是那些長期以來對教師問題視而不見、總是說著場面話的政治人物，而是試著展現正義的公司。「我們應該送給老師一個警告標誌，警告他們必須邊開車邊改考卷，」理查．英格索爾邊說著，邊提高了音量。「去看看那些考試總是很高分的亞洲國家，老師都是大學班上的名列前茅者，而且可以獲得不錯的薪水。我們該如何和其比較？」

從工會勢力式微，到不動產價格飆升、暫時與零工勞動的普遍化，這些隱形問題的根源，是造成如今許多人陷入困境的主因。然而，中產階級流眾卻忍不住責怪自己。是的，我開始將自責、沮喪，以及偶爾還會伴隨而來的侵略性，視為一種經濟不穩定的徵兆。

當我於夏天的尾聲和歷史老師——即將為人父的麥特．貝瑞又聯繫上時，他說自己已經不開車了。「夏天根本賺不到什麼錢，熱潮已經開始消退，」儘管如此，期待第一個孩子出世的他和太太，找到別的方法來賺取外快，他和妮可將房子租給來參加高爾夫球女子公開賽（Women's Open）的桿弟。換句話說，他從賺外快的零工經濟代表 Uber（一個宣稱司機都擁有一份全職工作的公司），轉移到另一個零工經濟代表，在 Airbnb 上將房子分租出去。他們用盡一切努力，想要在矽谷富人的威脅陰影下，繼續存活。

第7章
幻滅人生下半場

秋天，在波士頓的某個課堂上，教室內好幾排的學生們穿著幾乎是自己最高級的套裝。整體看上去，似乎融混了好幾個世代的上班穿著：平底鞋和卡其色長褲、有著刺繡的芥末黃連身洋裝、正式的白襯衫和老花眼鏡。這些學生的年紀既不是十幾歲，也不是二十出頭，他們多介於中年，他們學習的，也不是傳統的課程，而是有一群稱自己為「職業領航員」的女性指導他們該如何進行工作面試。如果面試後他們沒有拿到工作，一名帶著眼鏡、穿著鉛筆窄裙的領航員親切叮囑：「不要責怪自己！」

每一位學生都付了二十塊美元，來學習乍看之下再簡單不過且理所當然的事：在LinkedIn上製作一份個人檔案、熟悉面試技巧，並在那些被命名為「戰勝負面思維」的迷你工作坊中，抵抗自己的憂鬱。在另一個房間裡，一名攝影師正在替所有參與者拍攝專業個人照。一個接著一個，他們用著有些僵硬的姿勢，在亮晃晃的白色反光傘下端坐著。他們是一些中年的中產階級人士，有白人、黃種人和黑人。失業或未能充分就業的情況，讓這些人吃盡苦頭。他們詢問職業領航員，怎麼樣才能獲得、並保有一份工作。他們認為自己或許還有機會重新來過，站在全新的起點上。他們必須擁有另一份職業，否則就會陷入貧困。有些人家中甚至還有孩子，而這也讓他們的情況更為緊迫。

這是「再出發研討會」（RE:Launch）現場，一個位於波士頓的非營利組織「猶太就業服務」（Jewish Vocational Services）所舉辦的活動。

「你們眼前有什麼困境需要克服？」一名職業領航員問道。

「世界已經超越我們了，」五十歲出頭的前航空工程師塔瑪拉・史賓塞（Tamara Spencer）說著。她就跟其他人一樣，穿著適合進行面試的棉夾克。「我對這個時代的工程技術一竅不通。」

「我已經十七年沒工作了，」另一名女性以微弱的聲音說道。她低頭看著自己的手。「我一直在照顧家庭，但我是一位受過訓練的律師。我能預料到雇主會拒絕我。」另一名頭髮灰白、聲音溫柔的幼兒園老師，則坦白自己在一年內接連丟了工作。一名電腦程式設計師則說自己是一個非常負面的人，腦中總有個聲音一直對他說，事情不可能順利的，他說：「我過去以為寫程式是一個很有保障的職業，但我很快就意識到這是一個排斥年長者、迷戀年輕人且需仰賴最新科技知識的領域。」一位前餐廳總經理兼侍酒師，也丟了工作，他坦白自己剛失去了公寓的租賃權，因此現在無家可歸。

職業領航員說，她可以幫助所有人。

「我承諾，我們絕對不會只是要求你們保持樂觀、或笑一笑就好，」她說。

那名餐廳總經理依舊維持著非常細緻的打扮，上身穿著獵裝外套，腳上套著歐洲設計師條紋襪。他讓我想起一部法國電影的主角：在被公司裁員後，主角為了隱瞞家人，每天都假裝繼續從事著銀行業的工作。[1]當餐廳總經理向全班訴說自己的故事時，我一邊想著那部電影，他和其他聚集在此的求職者（中產階級且失業）不一樣，餐廳總經理總是能獲得雇用。接著他會如預期般被解雇，而這段時間通常是工作後的三個月，「等到我完成那間餐廳的酒單後，他們就會停止雇用我，」他說。餐廳老闆的這筆錢花得非常值得，從頭到尾他們都不打算讓他留下來。

其他坐在白色塑膠課桌椅後的人們，聽了他的話後，接連搖頭。這是二〇一六年的九月，距離導致這一切混亂的金融海嘯，已經過去八年。照理來說，最壞的狀況已經過去了，就業率已頗有起色。但儘管工作機會看似充足，來參加這場全日研討會的參與者們，卻一個都沒找到解答。猶太就業服務的辦公室位在波士頓的商業區，由一個錯綜複雜的大樓改建而成：每一天，裡面都擠滿了上百萬名年輕求職者的喧鬧聲，而多數人都在為了改善自己的履歷而努力著。

「擺脫此種消極情緒——你並不像你所想像的那樣差勁，」一名職業領航員說。她試圖讓眾人養成一個固定的作息，她表示，不能從事朝九晚五的工作，有時是會讓人沮喪的。

儘管外頭或許早有不少激勵型的活動，可幫助求職者擺脫內心小小的自責（儘管有時一點都不小），但「再出發研討會」還提供了更新穎的內容。職業領航員小心翼翼地回避了我稱之為「失業恥辱」的事物；取而代之的是，她們強調在求職者找工作的同時，也應該顧及自己。

「沒錯，都是我媽的錯，」一名帶著濃厚波士頓口音的求職者，開玩笑地說著自己的困擾。

教育反而助長貧窮

後來我們發現，學貸和教育費往往是將這些參與者推入經濟困境的主因。對我來說，這個情況並不讓人意外。畢竟，在欠下助學貸款的美國人之中，有超過六〇%的人年齡大於三十歲。[2]儘管某些傲慢的菁英會說，只要千禧世代的孩子早餐不要再吃酪梨吐司，那麼他們就可以買得起房子（一名房地產大亨真的就這麼說了），[3]但根據紐約聯邦儲蓄銀行（Federal Reserve Bank of New York）二〇一七年的研究，此種指責人們在美食上過於揮霍的迷思，根本不是真的。[4]精確地說，公立學校學費與學貸的漲幅，影響美國年輕人成家立業的能力，也是導致住宅自有率下滑的原因之一。

根據二〇一五年的數據，在總額為一．三兆美元的學貸中，有至少十七．五%的負債者年紀超過五十歲。[5]自二〇〇五年開始，中年人口所積欠下的債務金額，出現巨幅成長，成長的部分原因或許是因為有些人為了獲得更高學歷而重回學校，但有更多原因在於大學學貸必須用多久的時間來償還，以及大學和研究所學費的成長。那些和我談論著學生貸款的中年人們，讓我想起了黑色電影的視覺風格，深深困擾他們的學貸，就像在電影中那牆上恣意蔓延來象徵邪惡的黑影，而且是活生生的存在。目睹討債公司如何追著「前」學生跑（像是與我交談過、心中還帶有一份期待的中年護理師與母親），就給了我一種在看鬼片或甚至是驚悚片的感受。部分討債公司甚至威脅那些中年負債者，對他們來說，世界正從四面八方向他們步步逼近，然而眼前的敵人不是人類，是一種抽象的概念，即數十年來所積累而成的生活開銷數字。

當人們試著發展事業第二春時，沒有任何一種冠冕堂皇的說法或神奇面霜，能掩飾年齡對這件事的重大影響。年紀愈大，情況愈糟：聖路易（St. Louis）聯邦儲備銀行針對長期失業所進行的調查結果指出，如果你年過五十五歲且失業，與三十歲時的自己相比，想要找到工作更為困難。此外，美國公平就業機會委員會發現在過去二十年間，出現了更多的年齡歧視訴訟案，與一九九〇年代晚期相比，過去幾年與年齡相關的申訴案，每年至少多出五千件。[6] 根據美國勞工統計局二〇一四年的報告，年紀超過五十五歲者的長期失業率幾乎為年輕人口的兩倍。[7] 年齡歧視顯然存在。如果我們希望能在職場上繼續存活，在某些程度上，我們必須否認自己在生理上所面臨的客觀改變，像是身體的老化或生孩子。

某些時候，「再出發研討會」的參與者，會戴上自己的老花眼鏡並打開電腦，就好像他們是一間自己從未想過會來就讀的學校新生。他們原以為人生在步入這個歲數時，就應該退休了，而不是忙著找下一份工作。或者要不是他們的工作崗位被縮編或被機械化所取代，他們就可以一直留在業界了。

「美國經濟發展的宏圖，就是讓人類的處境愈來愈不穩定，因此他們必須擁有第二份、甚至第三份工作，而這些人也包括了上層中產階級，」麻省大學阿莫斯特分校（University of Massachusetts Amherst）的社會學教授、職業轉型機構（Institute for Career Transitions）共同創辦人歐菲・雪隆（Ofer Sharone）說道。「然而，對年長工作者與失業者來說，就業市場非常嚴苛。」

美國人一直相信從頭來過、再來過、甚至再再來過。但是現在，作為中產階級者，重新來過的代價高到需要我們審慎深思。那些有償提供「幫助」的營利型大學、認證學程和輔導者，紛紛搶搭這波熱潮，凝聚成一股龐大、且經常引發許多問題的現象。我稱此為「第二人生產業」。

職業第二春的寒冬

對於人生下半場的美好幻想，可不是僅僅來自於那些貪婪、且以營利為目的的法律學校。儘管這些學校確實企圖吸引焦慮且有時資格並不符合的中年學生（誘使他們註冊並欠下債務），但此一信念也源自於那些大量販售著快樂的網站、特殊學程、自我啟迪的書籍和某些心靈大師。要求工作者以販售商品的方式兜售自己（哈囉，癡迷於自我推銷的美國人！），也是其中一個原因。

打著「職場叛將」（career renegades）大旗的講師們，對著那些要是生在上個世紀早就在準備退休的人們，宣揚人的潛能。我用好幾個小時的時間，瀏覽這些激勵人心的網站，看他們如何利用各式各樣的老梗，來鼓勵我這個年紀的人勇敢起身，追尋自己喜愛的事物。第二人生訓練（Second Act Coaching）的創辦人安．瑞克伍茲（Ann Rankowitz）承諾，「你的人生下半場或許將是你生命中最自由、最活力四射的時刻。」在更高級的市場裡，有些公司專門以年紀超過五十歲、追求第二人生的專業人士為對象，以每年兩萬至九萬美元的代價，教他們該如何在新的雇主面前展現自己，以及應該「轉行」到哪個職業。那些文章總是慫恿讀者應該在五十歲的時候，按下「重啟」鍵，或在四十歲的時候按下「重開機」鍵。網站向我們保證，「只要學會增加自己價值的必要能力，年紀也可以轉化成一種優勢。」某一名教練提供「工作+生活自信藥劑」，甚至幽默地稱「自信」才是貨真價實的「維他命C」。另一名教練則稱自己為「職業設計師」。還有所謂的虛擬高峰會，像是「大型重塑」（Mega Reinvention）和「突破年齡力峰會」（Age Busters Power Summit）。

當然，這些勸戒人們在上了年紀後，也要包裝、培養人脈並接受再教育（以迎接最美好的第二、第三人生）的資源，並非憑空出現。對於這樣一個總是教導民眾在面對人生困境時（儘管常常是因為體制而造成的），應試著找出個人解決之道的國度內，這些服務還是有其必要性。（在本書的稍後，我們將學到應對這些困境的通用法則。）

職業第二春的崛起，本質上也是基於對人類完美性的深厚信念：我們具備了改造自我認同的能力。此外是後現代社會下，人們對於人生常軌的認知，或許瀰漫在第二人生產業中的改造心態，最差的情況不過就像是經歷一場職業上的整形手術。然而，更換工作或專業可不像注射皮下填充物那樣簡單，尤其在考量到不甚穩定的工作環境，和如今深深威脅著白領階級的機械化趨勢。認為只要我們夠努力地精進自己，遲早就能再次適應經濟體制的想法，這不過是一個或許永遠不會實現的美夢。這個前提本身就有缺陷：我們或許可以接受完美的訓練或展現百分之百的能力，但如果沒有人想要雇用我們，一切仍是枉然。

在廿十世紀中期的時候，人們大部分、甚至是全部的職業生活，都發生在同一間公司內。在我於一九九〇年代進入衰退的就業市場時，終身奉獻給一間公司的做法已經不常見了（那是一個為了讓自己免受日漸凋零的就業市場拒絕，年輕人會刻意以「意興闌珊」的態度維護自尊的年代）。就像是在老員工退休時送給他們的金錶一樣，那個曾經象徵著某種常態的情況，如今卻不再復見，僅淪為一種過時的刻板印象。

人們預期自己會不斷地跳槽，或接受自由從業者的慌亂。我很早就學到這個道理，我甚至記得自己在念研究所的時候，悲傷地追問為什麼我父母所享有的安穩已經遠離了我，為什麼我必須打工替資料庫寫些東西，教授又是如何安撫我。真相就是，零工與自由業經濟已經開始侵吞其他工作，緊接著，愈來愈少機會能讓員工真正「走進」一間公司工作。

而第二人生產業就藏匿在這樣的幻想中。那是一個正向思考的樂園，應允我們在人生下半場迎來第二次機會。而讓此種產業欣欣向榮的隱形推手，就是失去實踐自身命運機會的人們。當美國夢正常運作時，我們或許能創造一個屬於自己的故事。你的第一份工作，能引導你獲得第二份工作（通常在同個領域），假使一切都很順利，那麼一直到你六十五歲退休之前，你都能穩坐這份工作。然而，現在事情已經不是這麼運作了，美國的工作者（包括許多我在本書中提到的人們）的生命軌道，和他們的父母親有了截然不同的架構。

對於美國被壓榨的族群來說，理解這不純粹是他們的問題，是非常關鍵的。他們是在龐大體制性失敗下，被扼殺的一群人。

職業訓練造成的沉沒成本

一般來說，以營利為目的的大學和訓練學程，為了讓獲利最大化，往往會將目標放在年長的失業者身上，也就是那些準備迎向事業第二春、卻不知道該從何下手，只能責怪自己並試著獨自解決問題的人。雪隆表示：「他們誇大了透過這些訓練工作坊、書籍、教練或學校所能收穫到的成果。」他們宣揚努力永遠都不嫌晚，年齡永遠都不嫌老。「這些教練往往會表現出，只要你跟著我的公式……」雪隆說，「只要你能照著工作坊給你的建議，那麼唯一會造成失敗的原因，就只在於你不願意踏出這一步。」

塔瑪拉．史賓塞的第一份工作是在南加州擔任一名工程師。後來，她為了養育現在已經二十歲出頭的兩個女兒，選擇離開職場。等到女兒都上了高中後，她才思考著重回職場。

由於過去她所學到的工程知識早已落伍，因此她無法回到工程這個領域，但找不太到工作的她，只能不情願地成為所謂的圈外人。身材嬌小、言詞犀利而又喜愛吐槽自己的她，拼拼湊湊地規劃出自己的未來軌道。一開始，她成為一名兼職工程師。接著，她擔任網站設計師。私人廚師，看上去是個不錯的點子；她認為這或許是一個較容易切入的領域。因此，她報名了學費四萬美元的烹飪學校。她說自己報名的烹飪學校銀頂（Sliver Top）「並沒有強迫我（註冊），」她說，「但這畢竟是一間營利型學校。這就像是走進二手車市場，銷售員開始你圍攻你，給你一些美好的承諾。」

很快地，史賓塞就跟許多人一樣，最後還是沒能當上廚師或找到任何工作，卻因為念書而背負債務。由於烹飪這門職業只能算是她的第三、第四職業，而不是她當初主修的領域；史賓塞缺乏在高級餐廳工作的經驗，而這點偏偏是許多客戶或餐廳要求員工必須具備的經歷，因此她怎麼樣都爭取不到自己想要的工作。

雪上加霜的是史賓塞的背部出了問題，需要開刀；最終，她的生理問題也導致她根本無法在餐廳裡工作。「都是我的錯，居然會認為去上這所學校是個好點子。試著將這個想法塞到我腦中的烹飪學校，也脫不了關係。為了重新投資自己，我已經試了無數次，老實說，一點用都沒有。」

在她邊做著自己最拿手的巧克力油醋蛋糕時，她邊告訴了我這個故事。「對於自己讓家庭承受這筆債務壓力的事，我感到非常內疚，」她說。「必須和大學畢業生競爭的情況，也使我的心理受到極大的影響。當我看著這負面螺旋效應、看著自己必須完成、但偏偏力不從心的事情時，設法讓自己不陷入沮喪是一件極為困難的事。」

儘管她的父母只是老師，但他們的處境遠比她安穩；她的父親會在週末的時候擔任樂隊指揮，還會在暑假的時候當理髮師。她們擁有舒適的上層中產階級生活，還會全家一起去度假。她父母的薪水只有四分之一會用於住房和其他開銷，而且他們還不需要負擔有線電視帳單。

當然，史賓塞的父母也擁有典型的長期職業生涯，不需要開創第二人生的他們，自然不會成為第二人生產業的獵物。該產業內的營利型職業學校和商業學校，往往還可以獲得政府的補助金。儘管職業訓練學校經常因為使用過於激進的招生手法，而被控訴剝削退伍軍人和非典型學生（通常為年齡較大者），然而他們就跟傳統的非營利學校一樣，必須依靠聯邦政府給予的學生助學金來經營。

和我交談的中年有色人種求職者們，也表示種族（和種族歧視）是讓他們無法獲得社會所承諾的第二人生的一大因素。前報社記者柯特妮·艾德哈特（Courtenay Edelhart）

告訴我，身為黑人的她在報社裁員的威脅下辭職，並申請了上百份公關工作，卻連一份都沒有被錄取。她認為自己已經五十歲的事實，確實是一個阻力，而種族或許也是，她說：「一個胖胖的中年黑人？沒有人會想雇用妳，」而她的話不全然錯。一份由西北大學（Northwestern University）、哈佛大學和挪威社會研究所（Institute for Social Research）在二〇一七年所進行的研究指出，同一份職位、同樣資歷的申請者，白人獲得再次面試的機率比非裔美國人高了三六%。

整體來看，自一九九〇年後，招聘歧視的狀況並沒有減少。

當求職需求被利用

沒能獲得自己想要的工作，也可能會陸續引發一連串新效應。以艾德哈特為例，她在二〇一五年的時候決定重回學校，到非營利型的峽谷學院（College of the Canyons）攻讀律師助理的專業，同時修讀副學士學位。在我們最後一次聯繫時，她就剩一門課要修（並打算接著找一份在法律事務所擔任律師助理的工作）。在念書的期間，只要遇到任何危及情況如車子電池壞了、輪胎漏氣、替房子除蟲等，她就會以信用卡支付，因此她的卡債愈積愈多。

艾德哈特非常渴望帶孩子們去度假，因為她們一次都沒去過。儘管她那十五歲的女兒擁有異於常人的體育天分，無論是田徑、足球還是籃球，都表現得非常出色，艾德哈特卻無法帶她去參加比賽或付錢請教練，就算是五百美元的足球俱樂部註冊費，她也拿不出來。最後，她的女兒之所以可以繼續踢球，是因為對方免除了她的註冊費（不過她的強項其實是田徑）。現在，她的女兒已經高中二年級了，艾德哈特試著在她剛入學的第一年時就讓她加入校隊（這也是各大學開始觀察新人的時候），希望女兒能憑著優秀的體育成績取得獎學金。

「讓她停滯不前的，不是她的天分，」艾德哈特陷入那股我經常看到的自責情緒中，「罪魁禍首是我。」

這讓我一度想要放棄記者的身分，與她爭論並表達自己強烈的不同意。不是的，我很想這麼說，這不僅僅是你的問題。這是新聞行業的沒落以及中年轉行經常遇到的失敗。

第二人生產業所瞄準的目標客群，不僅僅是那些淪陷在絕望之中、懷抱著難以實現美夢或過份天真的人，他們更經常利用年紀較大求職者所感受到的絕望、或企圖實踐人生夢想的憧憬，將其轉化為攫取利益的對象。那些以營利為目的的大學（像是現在已經關閉的私立ITT技術學院，該校分校近一百四十間，遍及美國三十多州），有時會對其學生許下根本不可能實現的教育和職業美夢。從ITT技術學院畢業、和四個孩子住在芝加哥西北邊的麥諾．羅德里格斯（Mynor Rodriguez）向我訴說，將自己和營利機構交手所引發的那場災難。那確實是一場非常、非常糟的噩夢。在他報名ITT技術學院之前，羅德里格斯是一名最高學歷為高中的平面設計師。在他拜訪了附近那間位於郊區的ITT技術學院校園後，深受「誘惑」的他報名了。招生人員向他保證，在他畢業後，他們會協助他找到一份工作，這也確立了他的決心；最後，他取得了資訊安全系統的學士學位，但求學過程也讓他負債累累。他說和自己同班的同學們，多為三十歲、四十歲出頭。ITT技術學院的代表刻意將年紀較大的學生們，作為自己的招生目標。

八年後，他為了這間正在接受歐巴馬政府調查的學校，欠下五萬九千美元的債務。羅德格里斯欠下的債務金額和他正試圖解決此一問題的情況，並非特例。對有色中產階級貸款者來說，償還助學貸款是一件異常艱難的事。根據美國進步中心（Center for American Progress）和華盛頓平等成長中心（Washington Center for Equitable Growth）研究，在非裔或拉丁裔美國人居多的社區裡，學生貸款違約的情況最多。進一步研究數據後你會發現，那些最無力償還學生貸款的有色人種，並非低收入戶，他們就跟羅德格里斯一樣，為中產階級。部分原因在於這些之所以欠下巨額學貸的有色人種學生，都跟羅德格里斯一樣，碰上了以營利為目的的學校。畢業於營利學校的學生，付清學貸的機率往往較低。

「川普大學」的受害者

這種因為就讀營利型學校，而不得不終身背負債務的情況，就是在差勁的第二人生學店ＩＴＴ技術學院所會遇到的事。該校無預警於二〇一六年九月六日關閉，拋下四萬名的在校生與上萬名思考著自己的學歷究竟能換得多少價值的畢業生。[8]

羅德格里斯也因為ＩＴＴ技術學院，遇上另一個問題。在他畢業後，申請了系統管理和電腦網路方面的工作，其中也包括了他的夢想工作——在芝加哥警局內上班。但芝加哥警局並不承認ＩＴＴ技術學院的學歷，因此他因為資格不符而被刷掉。

「我做這一切都是為了家庭，我想多賺一點錢，並讓孩子知道無論你多老，都有學習的權利，」他說。然而，事實證明情況不如他的想像。現在，羅德格里斯靠著科技方面的工作，每年能賺得五萬美元的收入，僅比他在上ＩＴＴ技術學院前多了五千美元而已

（未將通膨納入計算），然而現在的他卻需要與債務周旋。「我仍舊未能實現美國夢，」他說。

二〇一六年當選的美國總統川普，在此種營利計畫中，令人驚訝地扮演了極重要的角色。以川普大學（Trump University）為例，許多中年美國人以三萬五千美元的代價，報名了這間在現實世界中並不具備等同於大學文憑資格的「學校」，而這個情況最終也導致大量官司的爆發。或許在一開始，該機構的名字就解釋了一切，這個名字源自於一個在各種年紀下勇於嘗試新事物，然後發現失敗後就把一切甩鍋的男人，他令人震驚地成為美國總統，並從此握有免死金牌財務保護網。對於該校誘騙學生相信川普大學是一所真正的大學、並誆騙他們可以近距離接觸川普本人的索賠案，最終以兩千五百萬美元達成和解。[9]川普大學的結局讓我們（再一次）清楚目睹，這些機構多麼腐敗，而此種腐敗又是如何存在於社會高層。二度教育神話最糟糕的地方，或許不在於其存在的誤導性，而是「真心相信這個神話」可能導致的災難性後果。而這個產業也恰恰成為整個體制是如何與不穩定中產階級為敵的例子。畢竟就連美國總統都在這詐欺體系內，扮演極關鍵的角色。

然而，想占那些便宜的，不只只是營利大學。同樣參與這個計畫的人，還有來自德州聖安東尼奧的阿曼多．蒙特隆戈（Armando Montelongo），他是一個策劃了詐欺性質房地產「翻身」（flipping）研討會的房地產仲介。[10] 二〇一六年，一百六十四名曾經參與過該研討會的中年「前學生們」，共同對這位擔任過電視節目主持人的名人，提起告訴，指控他榨乾他們的積蓄，甚至導致其中一人自殺。

但造成問題的，並不只是那些顯而易見的江湖術士。有些專家確實得到法律認可，但他們仍舊幫不上忙。

合法的輔導員如「職業轉換」專家馬克．米勒（Marc Miller），他向我解釋了他們是如何幫助人們開創第二人生。他的客戶往往都是五十多歲的人，而且剛被公司解聘。在我第一次和他透過電話交談時，米勒告訴我評估狀況的收費為一千五百美元，至於包裝失業情況或粉飾來自前雇主的不愉快指控，收費將會落在三千至五千美元。（後來他告訴我這些只是「粗略估計」的數字。）

米勒所提供的第二人生服務，和那些營利學校、研究所、線上ＭＢＡ學程所提供的職業魔法並不一樣。米勒告訴自己的客戶，去修一個碩士學位只是浪費時間。對於那些去念研究所的學生，他認為「他們所做之事，不過是欠下更多的學貸而已！」相較之下，米勒更信賴專業證照。

第一步，他會讓客戶進行類似於伯樂門（Birkman）行為評量的人格特質測試，也就是一份關於職業與社會的問券。接著他會決定客戶是否需要「品牌包裝或再包裝」。然後他會開始替客戶撰寫「品牌故事」，「畢竟最不會寫『品牌故事』的人，往往就是自己，」他如此對我解釋。

他認為自己的個性，是使他具備這個技能的原因。他發覺自己是一個「懂得經營人際關係的人」，往往比其他人「更懂得如何維護關係」。

他也提供自己的經歷，作為這番說詞的佐證。六十一歲的他，住在繳清貸款的公寓裡，擁有剛好突破七位數的收入，並期望在不久的將來，能將現在正在經營第二人生培訓生意賣掉，換取一筆不錯的收入。早些年從事過科技業的他也說到，這已經是他的第五份工作。

不怪你，要怪誰？

第二人生產業企圖刻畫的大餅，源自於美國社會歷史下最深層的脈絡。

十九世紀晚期，人們對於「失敗」的態度出現了改變。失敗「不再是一個轟然巨響，而是一種當代、持續作響的嗡鳴聲。其意味著生命的碎裂，但不必然意味粉碎，」歷史學家史考特・桑迪基（Scott Sandage）在自己那本《失敗萬歲》（*Born Losers*）中，如此描述。[11]

數十年後，美國人對於自己可以從失敗中東山再起的信念，出現驚人地演化與成長。如同費茲傑羅（F. Scott Fitzgerald）對此種煉金術的描述：「我曾經以為美國人的生命中不再有所謂的第二人生，但在紐約的熱潮中，自有第二人生的空間。」[12]（這段話經常被錯誤地引用為：「美國人的生命中不存在第二人生。」）就跟當時最時髦的現代主義者一樣（以及深受大蕭條思維的影響），費茲傑羅篤信第二人生的存在與象徵性力量。在那些由失敗而引發瘋狂自我改造探討、階級流動的小說中，充滿了這種注定走向滅亡的再塑：包括了費茲傑羅的《大亨小傳》（*Great Gatsby*）、索爾・貝婁（Saul Bellow）的《阿奇正傳》（*Augie March*）（「我是個出生在芝加哥的美國人——芝加哥，那景色黯淡的城市，待人處事完全採取放任自由，也將用自己的方式寫下一切：敢批評，敢承認。有時候出於無意，有時候出於有意。」[13]）、西奧多・德萊賽（Theodore Dreiser）的《嘉莉姊妹》（*Sister Carrie*）和《金融家》（*The Financier*）（「真正的男人——金融家——永遠不會淪為工具，反之他會利用、創造，然後領導一切。」[14]）這些上個世紀的小說往往包含了巨大的轉折，講述沒沒無聞的人是如何搖身一變，成為一個截然不同的「大人物」，儘管有些是悲劇型的大人物。

到了一九五〇年代，文學以「動彈不得」的意境來定義失敗。人們因為自己的出身、收入、工作而動彈不得，許多作品的主角根本無力振作。舉例來說，在亞瑟・米勒（Arthur Miller）那本《推銷員之死》（*Death of a Salesman*）中的主角威利・羅曼（Willy Lomans），他所體現的就是美國全體人民的失敗。[15]

一九六〇年代，自我救贖的邪教組織或運動（後者的例子有「人類潛能運動」〔Human Potential Movement〕），進一步譴責了美國抱持著如羅曼這般自我投射的人。人類潛能運動深信，人類的潛能之所以經常無法被激發，是因為我們不去培養並努力啟動自己的創造力。借用芭芭拉・艾倫瑞克和德爾德利・英格力斯（Deirdre English）的說法，人類潛能運動這種「毫不保留的利己主義」展現了市場是如何滲透進我們最私人的關係中：即和自己的關係。[16]

隨著六十歲的人漸漸邁向七十大關，對於內在潛能的信仰變得愈來愈像是一種集體意志。現在，我們可以在那些曾經也是過來人（失敗者）所出的「教你如何開創成功事業」等自我成長書籍，找到這種信念，模擬書架上放了各式各樣類似如《人生不必走直線》（*Life Reimagined: Discovering Your New Life Possibilities*）、《真實機運：即刻改變人生道路》（*The Real Brass Ring: Change Your Life Coutse Now*）和《無限潛能：為下半生進行大腦改造、釋放天賦、再塑事業》（*Boundless Potential: Transform Your Brain, Unleash Your Talents, Reinvent Your Work in Midlife and Beyond*）。藉由閱讀那些懂得自力救濟作者的文字，心灰意冷的中年讀者獲得心靈救贖，並找出「不費吹灰之力就能再創人生巔峰的特定步驟與公式。」舉例來說，《真正機運》作者黛安・比斯考夫・詹姆士（Dianne Bischoff James）在三十八歲的時候，在超自然力量的鼓勵下，興奮地展開了自己的第二人生。詹姆斯親筆寫下那股超自然力量的聲音：「黛安，妳是一個非常有天分的作家、治療師、老師和表演者。令人難過的是，妳的生命正朝著錯誤的方向前進。妳的機運就要來了，妳必須在其消失前緊緊把握。」（或許最能振奮人心的職業第二春例子，莫過於川普當選總統一事，一個為了擁有權力與財富不得不委屈自己與周圍所有人的角色。）

　　而這也是第二人生產業活靈活現地想要傳達的警訊：「立刻起而行！時間正在流逝！」在這之中也帶有某種羞恥的能量：「如果你不行動，那麼你唯一能責怪的對象就是自己。」警告和鞭撻帶我們走向了那美好的境地：「如果你確實起而行，請想想那嶄新的世界、豐富的人生。」

「我發現，許多為中年求職者提供服務的顧問，都是以指導如何推銷自己為主，」猶太就業服務的職業諮商師艾米．馬蘇爾（Amy Mazur）說道。滿頭白髮的馬蘇爾住在波士頓郊區，她那布滿皺紋的笑容、舒適的裝扮、民族風的項鍊，讓我想起之前認識的幾位美國東北部治療師。

馬蘇爾表示，就此一目的，求職者需要的不僅僅是能協調人生的幫助，還包括可以給予他們訓練、或進行諮商的服務。她認為不懂得自我包裝並不是這些求職者的最大問題，問題的核心在於自我存在的價值與政治層面，而且建構在孤獨、年齡或偏見的基礎上。在舉辦工作坊的時候，她會勸導求職者和她與在場的其他人，分享自己的情緒（包括悲傷）。

再創中年第二人生的過程中，往往牽涉到非常多情緒問題，而這些情緒往往出於自責。多數和我交談的第二人生追求者，都會責怪自己，而不是責怪造成這一切苦難的元兇，像是讓他們欠下龐大債務的營利型學校、將他們一腳踢開的前雇主、社會對母親及年長者的歧視。這種自責的心態，也能在 Uber 的教師司機身上看到。他們將所有導致困境的責任，攬到自己身上。他們認為自己必須開創出另一條道路。而這些司機並不期待工會、教會等組織，會如過去時代那樣，對他們伸出援手。來自哥倫比亞法學院（Columbia Law School）的勞工專家馬克・貝瑞伯格（Mark Barenberg）寫道，這是因為美國正經歷了自一九二〇年代以來，工會最式微的時刻（一九二〇年代到一九三〇年代，是一個產業工會主義尚未崛起的時代）。他認為此種衰退或危機，是管理者對於勞工集體組織起來的一種報復，也是政治右傾的現象。放鬆管制和全球化，自然也是幫兇之一。[17]在我自己的領域，我見到出版業如「Gothamist」和「DNAinfo」在員工試圖組建工會後，突然於二〇一七年關閉。（我所屬的組織現在也為了這些失業的記者們，撥出一筆特殊款項。）

當我和被壓榨的父母們談話時，我見到這些事情帶來的真實影響。我見到放鬆管制對於勞工如教授、護理師、零售業店員（其工時愈來愈不規律）等權益方面的影響，以及造成愈來愈多的短期約聘人員，還有許多家庭必須依賴那營業時間愈來愈複雜、照顧時數愈來愈長的托兒所，當然還有因為缺乏工會保護，導致中年人較難保有工作而致使自身職涯規劃遭到破壞等案例。

如同那些試著隱瞞或裝作不礙事的懷孕工作者，追求第二人生的求職者也必須刻意忽視自己的生理改變。

面對債務，請勇敢

其中一個用來破除第二人生迷思的重要方法，就是遏止政府給予營利型學校的補助，如ITT技術學院或與柯林斯（Corinthian）等學校。和公立大學、社區大學相比，這些學校的文憑對學生取得就業機會的幫助不僅效果很差，收費卻往往更高。

我們也可以採取另一種方法，社運團體「全體債務」（Debt Collective）策劃了一場他們稱之為「滾動禧年」（Rolling Jubilee）的活動，透過多方募集所籌措到的資金，從代理收款的機構手中，以一%的價格買下超過一萬兩千名學生所背負的學貸（總額為一千七百萬美元）。舉例來說，貝拉．高德曼（Belle Goldman）回到自己為於洛杉磯的小公寓中，一邊摸著貓，一邊拆開一個白色的信封，她告訴我，根據過往的經驗，她以為自己又會在信封內看到最不想看到的事，像是某些詐騙郵件，或是又一張未付清的帳單。然而，相反地，這次她看到了一張紙，上面寫著她因為上珠穆朗瑪峰學院（Everest College）而欠下的一千五百美元債務，已經結清了。「這聽上去簡直美好得不像是真的，」高德曼說。

這對她來說，更像是某種龐氏騙局，但無論是因為學貸而產生的恐懼，或少數如高德曼所獲得的幫助，都確實存在著。

對於那些因為營利型學院與大學而欠下巨額學貸的學生們，「全體債務」想出了另一個解決方案。在該團體的主持下，曾經是學生的人們，一起參與了二〇一五年的債務遊行活動，拒絕清償因為就讀營利型機構柯林斯旗下相關企業而欠下的債務。二〇一五年，消費者金融保護局（Consumer Financial Protection Bureau）打贏了那場對上柯林斯的五億美元官司，而此一判決無疑支持了這些參與示威遊行學生對柯林斯的看法。[18]二〇一六年，「全體債務」組織了一場類似的遊行，只不過抗議對象變成了ＩＴＴ技術學院。至二〇一八年年初，該行動已經為受騙的學生們贏得數百萬美元的救濟金。而我的母校布朗大學（Brown University）提出了另一項創新的點子：為學生募集足夠的資金讓他們打從一開始就不需要依賴學貸。

遏止或減少政府給予不道德營利型學校的補助，是我們能對第二人生產業做出來的第一個修正。另一個方法，則是鼓勵人們對於那些要價不菲的證書與諮商，保持適當的質疑態度。但最終的修正，則需仰賴中年失業者在心理與本質上，做出調整。在我所訪談的對象之中，有些人覺得自己就像是被社會遺棄，有些人甚至覺得自己淪為被歧視的對象。我們必須將就業計畫的重心，放在如何提高求職者對自己的評價上。[19]

此外，我們也可以仔細觀察那些成功的人們，找出到底該怎麼樣去做，才是正確的線索。作為一名圖資管理員卻總是擺脫不了貧窮苦苦相逼的米雪兒．貝爾蒙特（稍早章節的主角之一），覺得經濟拮据的情況稍稍有了改善。在她個人問題中占據最核心位置、也最讓人感到無助的，依舊是她因為念研究所而欠下的債務，而這也是我認識的許多中產階級家長，所遭遇到的困難。在二〇一七年，貝爾蒙特依舊背負著兩萬美元的信用卡債務，以及十七萬五千美元的學生貸款。她選擇改變自己的生活方式，而這些改變確實有助於改善困境。她們全家搬到一個房租更便宜的地方。「或許等到差不多五年後，我的信用評級就會上升，我們就能買些東西了，」她計畫著。（在我們於二〇一七年最後一次聯絡時，她比預期還快地達成了這個目標，且準備買下一間房子。）此外，她替兒子找到的托兒中心，則是另一件意料之外的驚喜，她說這間托兒所的收費是如此「美好地」便宜，且「擁有超棒的品質」。

貝爾蒙特之所以能扭轉劣勢，最主要的原因在於她試著培養自己的情緒適應力。根據美國心理學會（American Psychological Association）的建議，在面對與金錢相關的困境時，培養一個人的「恆毅力」（grit）是很必要的。對我來說，認為那些遇到經濟困境的人一定是缺乏適應力的想法，當然是錯的。或者以為他們不過是需要更大膽、具備更多「自力救濟」能力，而不是一份更好的工作、充分且負擔得起托兒所的觀點，也不盡然正確。

就貝爾蒙特的情況來看，她也是將自己的心力，放在較實際的事物如可達成的目標上，另外就是美國心理學會所建議的「小成就」，像是將時間花在改善履歷而不是想著不愉快的事。此外，她也做出了「關鍵性舉動」（這也是美國心理學會的另一項建議），而不是逃避問題（引用該機構的說法）。在這些微小但具決定性的行動中，包括了她所說的——「幹勁十足」地找一份年薪至少能拿到十萬美元的全職零工。只要能有這樣的工作，再加上先生那五萬五千美元的收入，她們家就能坐穩中產階級的地位。她當前的收入為三萬七千美元，但在她又開始找工作後，她發現自己的能力應該可以獲得更高的薪水。

「不再因為自己出現沮喪焦慮的情緒、或陷入債務的惡性循環而感到羞恥，終於讓我卸下肩膀上沉重的負擔，」她說。「有些時候，我還是需要跟家裡借錢以購買生活用品，但我總能在一個月之內還清這些錢。」

貝爾蒙特的故事，或許是罕見擁有成功第二人生的例子。她察覺到眼前的困境並不是自己或伴侶的錯。而這對夫婦現在在經濟上的重擔減輕不少。

對我而言，她那未曾預料到的好結局，就像是現實生活中所上演的好萊塢式扭轉人生——儘管相當罕見且規模很小。事情會惡化，但也可能好轉。扭轉確實會發生，只不過不同於悲劇或凱旋般浮誇，往往是以更溫和的方式降臨。

心理建設

在波士頓的「再出發研討會」上，整場會議的主軸就是試著讓所有失業的男人與女人們，接受自身的挫敗，並試著團結起來。有些人已經失去了明確、有意義或甚至能獲得合理收入的工作，而充裕的中產階級生活，顯然更是他們目前難以觸及的目標。但「職業領航員」沒有試著教導他們該如何自我包裝，或如足球隊教練在希望球員振作起來時，所故意採取的威嚇手段。

跟著領航員討論「最痛苦的面試問題」後，這些「未來」求職者得以坦然面對自己的處境。「我在面試中最怕遇到的問題就是：『為什麼在你的職業生涯上出現這麼大的空白？』」一名無業的求職者說道。一名高大健壯、滿臉鬍子的男子，舉起了自己的手。「如果他們問我，『你為什麼失業』時，該怎麼辦？我應該要表明自己有殘疾的情況嗎？

我應該告訴對方自己患有憂鬱症嗎？」

領航員建議他除了提到自己長久以來為重度憂鬱症所擾的情況外，可以多強調自己的其他「特質」。他說，他發明了一款新的程式語言。他應該用這點來取代前者嗎？

「我在尋找的，是你的職業本我，而每個人都有職業本我，」領航員樂觀地說。

領航員帶領眾人實際走一遍面試的技巧。一名來自香港、曾經在金融界工作、家中育有一名年幼稚子的女性，詢問領航員該如何表現自己。

「不要被面試中出現的沉默嚇退，」其中一名領航員說。「在你走進去後，用九十秒至兩分鐘的時間來介紹自己，不要超過這個時間。」

「承認自己確實不知道該公司的工作文化。」

「在年紀上我可以說謊嗎？」一名女性笑著說。

「這點不能隱瞞！」一名穿著印有大朵粉色玫瑰花圖案長袖連身裙的女性領航員回答。接著，三名領航員一起解釋了隱瞞自己的年紀有多高的機率會被抓到。生活在監視無所不在、癡迷於電子檔案的社會下，我們每個人的資料都電子化了。或許求職者應該做的事，是轉移對方的焦點，舉例來說，在LinkedIn個人描述中用「旅行家」、「專家」的詞彙，來代替那些更常見的描述如「接受度高」或「牙醫學」等。

在再出發研討會的其中一堂課開始時，一名失業的男子描述自己是如何將自己在工作上面遭遇的挫敗發洩在男友身上，另一名參與者則說自己因此暴飲暴食。儘管如此，在活動進入尾聲時，大家都說自己感覺好多了。就連那位淪落至無家可歸的前餐廳總經理也低聲說道：「這些討論讓我有了信心。」

「現在，唯一能讓我沮喪的事情，就是沒被雇用了，」他補充了一句，帶著自嘲的幽默。房間裡其他年紀相仿的求職者都笑了，儘管現實無情，但在他們那苦澀的笑聲中帶著溫暖。

第8章
壓榨下的居住權利

一個陽光充沛的秋日午後，在紐約杜且斯縣（Dutchess County）一個波希米亞風格的小鎮上，兩個分別為四歲和五歲的孩子，正在客廳裡玩耍。女孩們剛吃完那份作為午餐的義大利冷麵、起司棒和自家做的心型水果冰棒。現在，兩個人正在輪流玩瑜伽吊床——利用衣物從天花板上垂掛下來的閃亮新玩意兒。無可避免地，兩人開始爭吵。

「明明就輪到我，她卻不讓我玩，」一名女孩大叫。

「妳可以從吊床上下來嗎？」另一名女孩的媽媽瑪麗（Mary）溫柔地對著女兒低聲說道。

「不要，不要，不要！」瑪麗的女兒諾娜（Nona）憤怒地回應她。

「她說她不喜歡我！」阿斯卓婭（Astra）抗議道。（為了保護當事人隱私，名字都是化名。）

最後，第一個女孩的母親珍妮佛（Jennifer）開始倒數，並要求女兒不要這麼激動。接著，她要諾娜從吊床上下來。洋洋得意的阿斯卓婭，終於爬上了吊床，興奮地來回盪著，另一名女孩開始哭。

媽媽們分別試著和自己的女兒好好談談。「妳為什麼哭呢？」留著深棕色鮑伯頭、帶著專業瑜伽老師特有的平靜氣質的瑪麗，這樣問女孩。媽媽們接著建議女孩們不妨一起到外頭去玩蹦床，作為和好的第一步。女孩們答應一起分享，如同過去她們總是一起分享所有事物般。

與陌生人共享生活

這兩名媽媽為共親職（coparenting）。該詞彙是用於形容那些住在一起、共同撫養孩子，但彼此間並沒有任何愛戀或生理關係的家長。（該詞彙也能用於形容較傳統的情況，像離婚或分居的家長雙方，以分割時間的方式共同養育孩子。）採取如珍妮佛和瑪麗般共親職的父母們，其部分考量往往是基於節省房租或房貸，以及托兒所的高額收費。對某些人來說，此一概念在個人空間、傳統角色分工上所必須面臨的種種挑戰，可能會讓他們感到焦躁。但對另一些人而言，共親職簡直就像是完美幻想——擁有一個不是建構於血緣或愛戀義務關係、而是經由自己篩選的合作對象所共同組成的大家庭。

瑪麗與女兒、三十六歲的珍妮佛、珍妮佛丈夫以及他們的女兒，住在一起。在我第一次認識她們時，這兩個家庭也只不過相識兩個多月，但雙方毅然決然地接受共親職模式。三位家長之間，不存在任何愛戀的元素；相反地，他們的關係融合了理想主義和實用主義。儘管此種共親職的安排，聽上去似乎帶著過去的公社之感，但比起過去公社所具備的嬉皮意識，此種做法更多是基於經濟安穩性。在過去五年間，珍妮佛和瑪麗所居住的小鎮房價，出現驚人漲幅。有時會兼職圖像設計師的珍妮佛，和先生以二十七萬美元的價格，買下現在這間面積為一千平方英尺（約二十八坪）的家。根據珍妮佛的說法，這個價格差不多是她們兩人所能負擔的極限，因此兩人溝通後，決定把地下室租出去以減緩經濟壓力。這對夫妻對於共親職的概念也很認同，珍妮佛表示部分原因或許在於她自己小時候的經驗。她的父母親由於每週工時長達六十個小時，因此他們常常將珍妮佛放在保姆家，而她不太想這樣對女兒。「我現在已經習慣跟別的家庭生活在一起……我就是沒辦法想像不這麼做，」她說。「我喜歡住在一起時的那種透明感。你無處可藏，大家都知道你在做什麼。」

而她們和瑪麗共親職的河邊小鎮之家，是珍妮佛和先生第三次進行共親職。之前，她們住在附近另一棟更像是公社的大樓裡，住在一起的還有另外三個家庭（都有小孩），以及少數幾位單身或有伴侶的成年人。當人際關係的互動開始趨於複雜化時，這對夫妻買下了屬於自己的家。之後的一段時間裡，她們和最好的朋友及對方的女兒同住，而朋友最後為了工作搬到了波士頓。因此，珍妮佛和先生在分類廣告網站克雷格列表（Craigslist）上，刊登廣告，尋找願意和她們一起共親職的對象。

這是一幢帶有兩房地下室的公寓，而她們打算以一千二百美元的價格將地下室租出去（並表示如果遇到「對的人」，可以再優惠一點）。在這個鎮上，面積與其相當的公寓，月租金約為一千三百美元到三千美元。「有些精力充沛型的人我可以接受，有些我無法，」珍妮佛表示，並解釋在遇到瑪麗之前，她已經面試非常多人。「我喜歡個性內斂、纖細且溝通良好的人，那種懂得尊重自己與他人界線的人。我們希望能和擁有一個或多個與我們孩子年紀相仿的父母，進行積極的共親職安排。」最終，她們同意將瑪麗的月租降到一千美元（包含電費）。此外，為了家務分工與育兒責任，兩個家庭還會一起分擔食物、帳單和車子。儘管雙方的情況在一開始並不是對等的（有鑒於屋主和房客的關係），但在生活安排與義務共享上，雙方盡量做到公平對等。

瑪麗告訴我，她接受共親職的原因，主要是出於經濟因素而不是個人理想，這樣的生活能省下不少開銷。在她懷孕五個月的時候，她離開了孩子的父親（根據她的說法，對方是一個性格衝動的人）。在孩子出世後，她和嬰兒就睡在母親客廳的沙發床上。瑪麗在一家特殊食品店裡面擔任店員，而她自己的三餐都需要依賴食物券。

四年後，瑪麗和女兒過著截然不同的生活。她們住的公寓裡有著瑜伽中心般的松木簡潔風格、乾淨的木頭地板、一把懸掛在古董樂器旁邊牆壁上的吉他、一個由她女兒所做出來的漂亮抽象雕塑。透過窗戶向外望，可以看到楓葉和鄰居家的蘋果樹。瑪麗現在在一間時髦的 spa 店上班；她讚揚因為共親職，讓她和女兒有生以來，第一次擁有了自己的生活空間（而且在她可負擔範圍內）。

共親職讓移民安居

自從我認識瑪麗和她的女兒、以及她們那特殊的安排後，我不斷遇到更多接受共親職安排的父母，有些模式與她們相似，有些規模甚至更為龐大。二〇一七年下半，在波士頓及郊區，距離瑪麗與其共居家庭兩百多英里外的地方，我認識了另外兩個同樣接受此一特殊模式的家庭。其中一個家庭是自然而然地進入這個模式。曾經在公立與私立學校擔任老師、現在擔任教育顧問的蘇非亞・伯耶（Sophia Boyer），是此模式的最佳解釋者。現已四十歲出頭的蘇非亞，在過去五年內曾經擁有一個共親職的家，家中的成員會互相照顧彼此的孩子。她和八個左右的人、三個家庭，住在一起，而她必須養育現年（在我寫作此刻）十三歲的雙胞胎。由於每個家長的工作行程都不一樣，如果某個人必須一大早去工作，其他人就會代替他，送孩子去看醫生或牙醫。這些父母都是第一代或第二代移民，蘇非亞自己也是來自海地。其他家長則來自瓜地馬拉和塞內加爾。

這間座落在麻州布羅克頓（Brockton）的大家庭，整個面積約莫三千八百平方英尺（約一百零七坪），外觀漆著黃色的油漆，而屋內寬敞到足以「讓人迷路」，蘇非亞說道。屋內的三層樓是「姻親」房。屋裡的居住者鮮少需要擔心無法替自己的孩子煮飯。儘管他們沒有非常正式的安排，大家卻總會一起吃飯和活動。首先，她們會一起購物然後一起煮大鍋飯，從好市多買來的義大利麵、飯、肉、季節性蔬菜、海地食物、瓜地馬拉食物。食材的內容必須健康，且價格合理，而該週工作最不忙的人，會成為三餐的主要負責人。在開飯之前，孩子們會一起玩。接著，他們就像是親兄弟姊妹般，一起用餐。

整體而言，這些家庭的生活開銷費用，遠比這些家庭獨自負擔房租／貸款、育兒費用、甚至是食物等，來得划算。蘇非亞說，這就像是「上層中產階級所擁有的資源與幫助的替代版」，而這正是這些家庭所欠缺的。

蘇非亞覺得自己的成長背景（曾經在海地住過一段時間），讓她自然而然地接受共親職的模式，並認為這也是她和其他來自移民家庭的父母們之所以能共享同樣「育兒哲學」的原因。這套（擁有共親職外觀的）「哲學」，其實非常傳統。「孩子們做孩子們的事，大人做大人的事，」蘇非亞說。「這是第一代的態度。」

此外，作為美國中產階級父母所需承擔的經濟壓力，讓蘇非亞與其他父母們有了這麼做的念頭。對她們來說，波士頓和其鄰近地區的房價已經高昂到她們根本無力負擔，儘管她們之中所有人都擁有學士甚至是碩士的學位、且從事專業工作。「就數字來看，我們確實是中產階級，但我們沒有親人能為我們分擔壓力，因為我們親人來到美國的時間根本不夠長到足以累積什麼財富——在我們這個大家庭裡，沒有人能給我們兩萬五千美元，」蘇非亞說道。

而這也確實是我無數次採訪到中產階級有色人種家長時，經常聽到的被壓榨故事（無論這些家長是否為移民）。他們的原生家庭並不像多數白人中產階級家庭那樣，擁有足夠的存款。這些家庭擁有自己房產的比例較低，部分原因在於他們往往沒有長輩留下來的財富。而那些擁有自己房產的家庭，他們所擁有的房子往往位於黑人區，因而房子的增值速度並不如白人區那樣顯著。（曾有研究指出黑人區房價成長遲緩的原因，在於白人買家傾向於拒絕黑人區，導致住房需求下降。）在這些現象的背後，是根植於歷史中的種族歧視。

蘇非亞表示，那個時候她每年賺到的薪水約莫為四萬八千美元，有時甚至更少。某些時候，她任職的私立學校所給的薪水，跟該校的學費一樣。而家中其他分別擔任社會工作者、會計師、研究生的父母們，其收入則約莫介於四萬五千美元至五萬美元之間，另有一人的收入為三萬美元。蘇菲亞說，她們的想法比較近似於「買房，但不炒房」。她和當時的先生以「極低、幾乎免費」的價格，將房子租給其他共親職的父母。

由於手頭拮据，因此她們會共享孩子們的舊衣服。舉例來說，所有衣服會以尺寸大小、性別來整理，這樣其他家庭就不用花錢買新衣服。蘇非亞認為這樣的安排簡直完美，且令人驚奇地從未引起任何糾紛。

然而，蘇非亞和先生最終離婚了，他們賣掉房子，與其他共親職家長分道揚鑣。

蘇非亞的熟人，則擁有另一套相似的替代版生存策略。舉例來說，蜜亞．強森

（Mea Johnson）就住在波士頓另一戶共親職家庭中。我在波士頓牙買加平原（Jamaica Plain）的教會活動上，認識了蜜亞和蘇非亞。

蜜亞稱自己是土生土長的阿帕契人，而她希望自己的兒子能在有色人種家庭所組成的公社中成長。因此，她帶著兒子搬到了採取共親職模式的印地安黑人客棧（Black Indian Inn），一個真真實實的黑人之家，一住就是五年。現在，蜜亞住在瑪格麗特莫斯利公社（Margaret Moseley Cooperative）。據她的說法，那是一個「主要由有色人種構成」的社區：十三名大人，以及六個孩子，另還有四名白人。蜜亞認為，這個做法主要是想避免共親職家庭「再現既有的體制」，並藉由共享房子所有權的做法，彌補數世代以來被剝奪在美國這片土地上擁有財產先人的遺憾（更別提歷史上他們祖先手中的財產是如何被竊取的）。作為一名單親媽媽和公社組織者，沒有繼承到任何家產的蜜亞，要想在今日的美國社會上獲得些許經濟保障或甚至是安居之所，簡直是不可能的事。對她而言，共親職是少數幾個對她來說相對實際的選擇。

家庭的新定義

儘管如此，所謂的共親職或其他具開創性的實驗，就像是在用一顆顆渺小的鵝卵石，企圖擊退因缺乏政府補助的托兒或住房壓力，所幻化而成的巨獸。這些方法確實能顯著減少作為父母所面對的經濟壓力。一旦缺乏這些方法，如瑪麗這樣的家庭只能陷於困苦之中，因此類似如共親職此類量身定制的模式，正漸漸流行起來。

「許多家庭正在突破傳統家庭的藩籬。而這些情況變得愈來愈普及，」研究方向以美國家庭及新經濟為主的紐約大學社會學教授凱薩琳・格爾森（Kathleen Gerson）說道。她也指出，在那些弱勢家庭中，為了照顧孩子，經常會叫家族中的阿姨、祖母等其他成員來家中長住。

此種共親職解決方案之所以未能大肆普及的其中一個阻力，就是美國人錯誤地「癡迷於核心家庭模式。所謂的家庭，並不只是包含因為法律或血緣關係所形成的團體，也包括那些聚在一起以共享關懷、經濟資源的人們。」因此，長久以來共親職成為「生活有困難者」所習慣採用的策略，格爾森向我解釋。如同托兒所或大學或研究所教育，某些地區內的住房價格變得異常高昂，而這也成為許多家庭感到被壓榨的一大主因。本書中的許多父母有些僅能勉強負擔得起自己的住所，有些則因為價格合理的住房選擇過於稀少或開銷過高，而被迫離開自己長久以來所居住的城市。而共親職是他們所能想出來的小小抵抗。

由於美國境內許多城市可租或可買的房子是如此稀少，導致許多住在如舊金山等城市的老師與其他職業人士們，不得不兼任第二份工作（如稍早章節我們所認識的Uber司機）。而這些情況也變得愈來愈普遍。如同普林斯頓大學的人口統計學家道格拉斯．馬賽（Douglas Massey）所寫的，許多住在美國昂貴城市或近郊、城鎮區域的家庭，深切感受到數位經濟崛起對不動產價格所造成的影響。隨著科技產業發展，領高薪的科技業搬進了都市中心，改變這些地區的人口結構。有些時候，這些遷移還包括科技公司的進駐，並在那些已發展成熟的地方上，發展出新的迷你都市，亞馬遜（Amazon）總部對西雅圖所造成的影響就是一個例子。漸漸地，那些在職貧窮者和岌岌可危的中產階級者只能搬到行政區外緣或內部的邊緣地帶，或較不受歡迎且遙遠的通勤城鎮，如離舊金山市區足足有三十二英里、光通勤就能叫你腰痠背痛的瓦列霍（Vallejo）。如今，受歡迎城市的緊縮狀態，或許以「空間不平等」一詞，能最好地闡述其內所展示的社會階級隔離（及種族隔離）、而非融合的情況。

我們在前一章所認識的柯特妮．艾德哈特，也是眾多中產階級奮鬥者的一員。過去十年間，城市與居住地讓這些人難以安身立命，迫使他們不得不接受階級隔離的環境。現年五十歲的艾德哈特，曾經最擅長的是撰寫商業新聞，如今卻以抒寫他人的經濟困頓為職業。事情就像這樣，自然而然地發生了。

從西北大學畢業後，擔任新聞記者長達二十五年的艾德哈特失業了。曾經住在加州貝克斯菲爾德（Bakersfield）的她，其報導內容以服務貝克斯菲爾德的居民為主。住在當地的她，最初的年收入為四萬六千美元。對於必須養育兩個孩子、且住在美國國內物價數一數二高昂地區的單親媽媽而言，這個收入根本不夠。但熱愛新聞的她，為了自己的志向捱了過來。七年後，經歷數次減薪或福利縮減，她的年薪下調到四萬美元。最終，那份工作還是走向了句點，她的年薪被減少到三萬九千美元，而她的同事們都被報社資遣，而她知道自己就是下一個。二〇〇八年的金融危機與衰退，加劇了前所未見的收入不平等狀況，致使美國陷入嚴重的分崩離析狀態，成為一個對「另類事實」（alternative facts）難以招架的國家，最終甚至選出唐納．川普為總統。而此景伴隨著新聞從業人員的大幅減少（尤其是在遠離華盛頓特區、紐約市等媒體菁英特區外的地方），也並非一種意外；有將近四〇%的新聞從業人員被資遣，艾德哈特就是這群被遣散者中的一員。[1]

當艾德哈特被資遣後，貝克斯菲爾德地區的生活開銷已變得難以負擔。她搬到了一個更遙遠的城鎮，但這麼一來便增加了她的通勤成本，無論是費用還是時間。她們一家搬到杉磯市中心北方、車程約一個小時的沙漠城市蘭開斯特（Lancaster）。在那裡，三房的臥室月租金只需要一千零八十五美元，而且剛好離孩子們的學校更近。在住宿方面，艾德哈特每個月的支出約為一千二百美元。在貝克斯菲爾德的時候，她們住在一個擁有緊急托兒服務、或在車子壞掉時能找到車子接送的地方，但現在，她們一家三口過得更與世隔絕。

儘管住房成本降低，艾德哈特一家卻被迫接受另外一種更為普遍的共親職，她們徵求了一名暫時性（part-time）室友。這名室友四十歲出頭，也曾經擔任記者，與艾德哈特一樣，正在鄰近的社區大學攻讀法律助理學位。對艾德哈特一家來說，找一名室友是必須的（而且還遇到一名非常慷慨的同學，為了來上課，每週會付錢來她們家住三個晚上）；儘管最後艾德哈特在法律事務所找到了一份工作，她的財務狀況依舊非常緊繃，而且被信用卡帳單及學貸所構成的龐大債務，壓得喘不過氣。「我的下半輩子或許都要在負債中度過了，」她說。身為一名單親媽媽，她甚至無法付錢讓十二歲的兒子取得必要的ADHD（注意力不足過動症）藥物，因此兒子只能使用過去醫生替他開的舊版處方籤藥物，即 Medi-Cal（注：加州政府為低收入族群所提供的醫療補助計畫）給付的藥物。艾德哈特表示，這些藥物的效果較差，且副作用較多，但她付不出超過保險給付範疇的新藥自付額，因此兒子只能吃舊的藥。

大量報社的倒閉，引發了史無前例的資遣潮，更因此掀起一波關於自我重塑的熱潮。儘管如此，這些「新聞終結」故事最讓人震驚、且經常被忽視的地方，就在於眾多如艾德哈特這樣的記者，其所代表的是未來被壓垮的中產階級，而這樣的觀點絕非自私的媒體階級，試圖哀悼那偶發事件的無病呻吟。艾德哈特那戰勝勞工階級出身、取得碩士學位並成為社工的父母親，儘管擁有遠勝過女兒的生活品質，卻沒有留下太多的身外物得以讓女兒依靠，無論是就遺囑或當她們的女兒重回學校念書時。在父親過世後，艾德哈特的母親搬過來和她們同住。

艾德哈特一家人搬到蘭開斯特的缺點，不僅僅是帶來社會關係上的疏遠（social alienation），還包括了孩子們在居住區域內所享有的自由度。「我的孩子都有手機，但我還是害怕他們獨自外出，我們這區的安全性較令人不安，」她表示，並趕緊用帶著希望（卻讓人不禁悲嘆）的語氣補充：「就現階段而言。」

艾德哈特忍不住將這一切怪罪到自己身上，她瞭解到那些暗自（或明顯）帶有偏見的雇主，之所以不願意雇用她，部分原因在於她不僅中年，還是非裔美國人。儘管我認為她的處境很明顯地是基於社會與政治因素，但她就是很難不將責任往自己身上攬。畢竟，白人求職者獲得第一次面試機會的比例，是黑人求職者的三倍。即便如此，她還是會很急促的說：「我覺得自己真的太失敗了。」

炒房下的生存術

廿十世紀下半、在艾德哈特還擔任記者的時候，由於房價下跌，負擔城市裡的房租或房貸並不常成為一種問題。[2] 然而，也正是因為房價下跌，引發了徹底改變——低廉的房價導致投資者想要在都市房地產上賭一把，而新辦公大樓與豪宅的出現也讓城市變得更加擁擠。到了二〇〇〇年，在波士頓、費城和其他以生產知識而聞名的城市如舊金山與紐約市等，基本上已無中產階級家庭立足的空間。握有權勢的人們聚集到這些城市，提高對餐廳與美術館的需求，而與此同時，長期居住在此地的居民們，卻只能不知所措地看著住房成本飆漲。今日，就如同都市社會學者大衛・馬登（David "DJ" Madden）在那本他與馬庫色（Peter Marcuse）共同執筆的書中所言，「利用房地產追求獲利和將其作為住所的心態產生了矛盾，而不動產業擊敗了住房需求。」[3]希望住在理想城市內或其附近的中產階級者，不得不兼任第二份工作，就像我們在Uber司機的例子中所見到的。這就是在職貧窮者長期以來，為了求生存而不得不做的事。

其中一個解決方案，就是進一步增強租金穩固性（rent stabilization），透過該系統來確保中產階級能在昂貴的城市中居住與生存。我就是住在租金管制屋（rent-controlled apartment）中長大的孩子——一個被塞滿了戰前書籍、有著下沉式客廳、儘管鬧蟑螂但房租確實遠低於市價的屋子。直到今日，我依舊住在一間同樣塞滿書籍且租金穩定的公寓中，一個可看到如同垃圾箱畫派（Ashcan School，廿十世紀初在美國興起的一種藝術流派，作品中頻繁出現貧困與現實生活的粗暴等不安定因素）閃閃發光的屋頂水塔，卻同時充斥著蠹蟲的房子。

整體而言，擁有租金穩定制度和管制的地方，往往也擁有較好的房地產發展規範（尤其是在那些令人嚮往的大都市裡）。[4]儘管如此，此類解決方案自然是說比做容易。

當然，還有一些規模較小、目前還稱不上細緻的解決方案，如共宅（cohousing），即由住在私有、單一家庭住宅的家庭，加上公共空間或「共有住房」（common house）區域，所組成的跨代社區。如同共親職，共享住宅出現的原因，部分在於核心家庭所導致的疏離、中產階級家庭所面臨的財務窘迫，以及都市內理想居住區域房價變得難以負擔等。[5]在超過二十年的時間裡，我的叔叔和他的家人一直住在華盛頓州的某個共宅社區裡。在美國，共有一百六十個類似如此的社區，且還有另外一百三十個社區正在形成。此外，「翻新共宅」（retrofit cohousing）此一足以振奮人心的支線發展，也正在興起。所謂的「翻新共宅」，就是指慢慢地針對某一居住區域進行集體改造（而不是蓋新的住宅），使其更適宜執行共宅生活。

另一個相似的生存策略，則囊括了世界上最古老的解決方案：以物易物。舉例來說，現年四十二歲的卡莉．福克斯（Carly Fox），是一名居住在紐約州羅徹斯特（Rochester）的工會組織者，她出於個人與金錢因素，不得不依賴一種家長次文化：以其他服務來換取托兒幫助。這是一種自助式的體制，且不涉及任何金錢。在女兒查婭（Zaya）四歲的時候，福克斯的年收入為四萬兩千美元，而這個金額剛好超過能接受政府托兒補助或津貼的標準，因此她只好找了父母，或雇用表親、鄰近地區的保姆，拼湊能請人看顧孩子的時段。此外，她也會跟其他家長輪流照看孩子。福克斯擁有康乃爾大學（Cornell University）的碩士學歷，然而她卻需要依賴醫療補助計畫和食物券。而她之所以能負擔相對便宜的托兒服務和居住成本，部分原因在於她所居住的城市正處於經濟蕭條的狀況。羅徹斯特曾經是柯達公司（Kodak，由於數位化興起導致公司一蹶不振）的故鄉，如今卻成為一個充斥白領階級、矗立著外觀雅緻但價格過低房屋的鬼城。

就某種角度來看，福克斯和她周遭的人，為了應付身為一名家長所需負擔的生活成本而依賴鄰人，正是一種家庭間共同承擔養育子女義務的最傳統、且經得起時間考驗的辦法。單一夫妻、且擁有獨立居住空間的家庭，所需承擔的育兒壓力其實是在工業革命後才出現的。過去，此種小家庭往往是住在某個農場的大家族之內，人人一起工作，活在一個被詩人與歷史學家歌頌的氛圍之下。我們或許會爭論中產階級家庭與富裕家庭的孩子們，至少可以享受此種新家庭模式（包括兒童用餐椅與托兒所的發明）所賦予的隱私。然而勞工階級的孩子們，卻因為家庭和托兒功能的分裂，蒙受損害。依靠直系親屬如祖父母，來解決托兒問題，或許是一個可行的辦法。但就我周遭的親朋好友狀況來看，許多人的近親要不是住得太遠，就是缺乏長期幫忙照看孩子的意願，導致此一方法的效果並不顯著。此外，上層社會的父母總喜歡吹捧自家保姆或家庭教師所提供的專屬服務還可依人「量身打造」，導致非共享的托兒服務，成為一種令人嚮往的潮流。而此一潮流使得托兒服務的門檻變得愈來愈高，甚至朝著私人化方向發展。儘管如此，在過去十年間，為了彌補家長在動用人際關係後所能找到的照顧資源依舊不足，許多線上合作服務和營利性公司還是出現了，如 CoAbode，一個能讓單親媽媽找到其他處境相似的家庭、並一起居住的網站。

共親職教養

一如所料，此種安排也會產生某些問題。舉例來說，我曾經和兩名住在奧克蘭、和另外一名女性共同撫育兩個由不同媽媽所生的孩子的女性聊過。其中一人告訴我，如果她們之中有任何一個人退出，她絕對負擔不起擁有自己房子和擁有穩定托兒幫助的生活。「我們都是積極的教養參與者，但彼此間並沒有任何長期承諾的關係。」

然而，此種關係所產生的緊張，也漸漸變得愈來愈明顯。在每一次的實際走訪或安排訪談時，我可以清楚感受到三人之間所出現的摩擦，變得愈來愈尖銳，而這些問題主要是源自於三名女性在實際或感知上的種族、文化、社會階級差異。我收到其中一名女性抨擊白人特權與共同生活的信件，而她也表示由於自己的收入較低，因此被要求分擔比其他人更多的家務和帶孩子的時間。我忍不住猜想自己在面談中所提出的種種問題，是否加速了這三個人的決裂，就在一年內，她們其中一個人找到了新的共親職夥伴。在我和這些曾經參與共親職的父母交談時，我感覺這些父母與廣大族群所面臨的潛在困境，正是美國家庭為求生存，不得不面臨的更大挑戰。為什麼沒有以國家為基礎或由聯邦來執行的政策，能幫助我們這些為人父母者，脫離那令人筋疲力竭且往往難以長久的依賴關係？

對我來說，除了金錢、托兒費用或住房因素考量外，我認為集體教養還有其他誘人之處。此種安排能減少在現代社會中，擔任父母所必須承擔的悲涼孤寂感。我還記得在女兒很小的時候，自己曾經感受到的情緒崩潰、肉體痛苦與混亂。我該怎麼樣解讀嬰兒的舉止？哪些時候她是因為不舒服而哭？哪些時候她只是因為職責所需而哇哇大哭？我後來學到，落淚是嬰兒的本份。「豌豆公主」事實上就是一個關於嬰兒時期的故事，當然，公主就是那個嬰兒。儘管如此，我學會了寶貝女兒的語言，而我也從她身上獲益良多，像是明白她和我以及其他大人，是多麼地不同。處理她的嬰兒時期，或許是我所從事過的最艱難任務。如果在丈夫以及互動少、住得遠、人數不多的家族成員外，還有人能與我分享這些工作內容，情況會有什麼樣的改變？如果有人能和我們住在一起、或就住在聽得見嬰兒哭聲的範圍內，情況又會是怎麼樣？狀況會變得多好或多麼輕鬆？如果我們能在共親職相當普遍的共宅中養育孩子，事情的發展會有什麼不同？我之所以受此一不尋常解決方案的吸引，並不是出於經濟窘迫，或曾經經歷共親職者所經歷到的不穩定性。我不能說自己非常了解瑪麗或蘇非亞．伯耶的情況，但我渴望經歷她們在談論自身體驗時，所流露出來的那種溫暖；對於她們是如何掌握並支配自己的生活模式，也讓我印象深刻。

畢竟，為人父母者經常感受到失去控制的無助，而經濟上的吃緊也往往讓情況更加嚴重。因此，只要能掌握任何一件事情，往往就能讓我們對自己的命運感到釋懷些。第二波女性主義運動的守護神、美國詩人亞卓安．芮曲（Adrienne Rich），稱母親是一種兼具「權力與無力的狀態」。[6]是的，當你能在追求職業成就的同時，照顧好嗷嗷待哺的孩子，確實能讓女性感覺充滿力量（或至少在某種程度上能暗自開心）。但當我們獨自餵著孩子吃晚餐時，也經常會感受到嚴重的孤單。接著，看著孩子餐盤中依舊殘留著沒吃光的起司通心麵、邊尖叫邊用力踢，好抵抗妳為她用力梳開那打結的頭髮時，妳感覺自己的心碎裂成一片片，甚至或許永遠都無法再回歸一致。此外，那些落在我與眾多母親身上的期許，讓我們的良心因為沒能按時接孩子、沒能親自製作孩子的服裝只能購買現成服飾、沒能做飯而選擇冷凍雞塊時，充滿愧疚。

當然，在這些孤單與罪惡感之下，還有那嗡嗡作響的金錢焦慮警報。

「我們是如此疏離、孤單，且覺得自己孤立無援，」在我第一次見到蘇非亞・伯耶的幾個星期後，她向我說道。她談論的是在美國養育子女的大環境，而我卻感覺字字句句都在描述我個人的故事。「我們購買物品以填補自己的空缺，然而那些東西卻沒有發揮任何效果。」

蘇非亞搬出了共親職的住所，和女兒一起住到一間公寓，就位在劍橋那時髦的哈佛廣場（Harvard Square）上。她認為女兒們之所以能持續維持「良好的態度」（借用她的話），必須歸功於早期的集體生活經驗。「因為她們在很小的時候，就學會分享的藝術。」

聽她說出「分享的藝術」這句話，讓我想起兩年前拜訪瑪麗與珍妮佛的情景。午後的陽光正在褪去，空氣也逐漸帶著秋日的冰涼。為了談話，我們大人移動到花園中。女孩們在室內繼續玩耍，而其中一人的父親在自己那位於家中的辦公室內，時不時地看照著她們。母親們再次談起瑜伽吊床的爭吵：就她們的想法來看，這種事真的沒什麼。她們還談論到房子，以及計畫在家裡多種點食用植物的打算。瑪麗在母親家附近一片廣大的社區花園中，種植了一小塊地的植物，但在她搬家後，她只能放棄那一片園地。此刻，她因為能在新家種些植物的事情，無比興奮。

共親職對孩子來說，也是一件充滿挑戰的事，因為他們必須和別人共享自己的玩具、生活空間、交通工具、廚房和浴室。在那一天裡，其中一個小女孩不斷叨念著自己需要一點「獨處的時間」。

兩名母親的成長過程中，都因為缺乏與其他鄰居的互動而感覺到人際之間的疏離。瑪麗的母親在沒有丈夫或社區的幫助——自然也沒有更廣泛的系統性援助下，獨自撫養三個女兒長大。

她們視自己當前的做法為一種解決方案。確實，當我收拾東西準備離去時，一整天爭執不斷的兩個女孩，彼此間的矛盾早已消失。阿斯卓婭唱著字母歌，並在自己臉上貼著金色與銀色的貼紙。而她的朋友——與室友，也跟她做著同樣的事。

第9章
一%富豪人生電視秀

我用了一個星期的時間，看著金融顧問馬蒂．伯德（Marty Byrde）如何在墨西哥販毒集團的死亡威脅下，被迫在遙遠的共和黨州農村裡洗上百萬的黑錢。接著，我用幾個小時的時間，看了那名未受正規教育、卻接下女王命運的女子，以及她那具種族主義、不諳世事的丈夫。最後，是那名心態扭曲的避險基金億萬富翁。

這些簡短的描述，或許會讓人聯想起一個展示著各種惡棍的博物館。然而，這些都是過去五年中，最受歡迎的電視與網路劇的主角側寫。

想當然爾，我就跟其他上百萬名美國人一樣，透過電視觀看這些影集。我非常喜歡看這些被我命名為「成功指南」或「一%人生電視秀」的節目：講述那頂層一%階級（或逼近於此標準）的逍遙法外人生。

靠「追劇」逃離貧困現實

此種一％人生電視秀劇情，可分為兩大類。第一種以聰明（儘管有些殘暴）的企業家為主。我們的反派角色總是握有特殊技巧，能將自身的能力轉變成犯罪知識：在Netflix的《黑錢聖地》（*Ozark*）中，理財專家成為洗錢專家，而在《絕命毒師》（*Breaking Bad*）中，高中化學老師成為製毒者。這些主角也經歷了某些觀眾所經歷的挑戰。他們的生存權利受到了威脅、被自己的同事背叛。這些影集巧妙地傳達出一點：我們的主角為了保有上層中產階級的生活，不得不淪為罪犯。畢竟他們都是白手起家，他們沒有家財萬貫的祖父母或父母，可以給予他們金援。當然，這些電視劇和現實世界截然不同，但其內容卻如實反映了美國現實社會中所存在的收入不均等——如《金錢之戰》（*Billions*）中那位世界一級的避險基金大師艾克斯（Axe），以及《黑錢聖地》的馬蒂．伯德，和其他「平凡的人們」。

此外，還有另一類的一％電視秀，這些電視秀的主角和沒有道德界線、受欲望與暴力驅使的前者相比，就是不食人間煙火的有錢人。與白手起家的實業家或過去的大亨們不同，這些電視秀的主角們之所以富有，是因為他們就是品味的開創者、品牌包裝專家、投資人或生來就是含著金湯匙。沒錯，這些角色反映出位在美國金字塔頂端的一%人口，究竟掌握了多麼龐大的財富，並讓人理解他們的財富通常是透過投資（而非勞動）、有利的稅制及政治體系所獲得。

我之所以決定以一個章的篇幅來探討這些電視劇，是因為當我處於經濟困頓、懷著女兒的時候，經常以這些電視劇作為心靈寄託。直到今日，我依舊以同樣的態度，將這些電視劇當成生活的止痛藥。這些奇幻故事為我們創造了一個不同於現實的世界，並在我們經歷了工作動盪、甚至不知道明天會發生何事的時候，給予我們一絲在時空上的連貫性。我想要逃避現實，成為他們，在批判這些角色的道德淪喪之餘，幻想著透過他們達成自己的美夢。

二〇一〇年，當我透過電視窺見那廣闊而虛擬的世界，是如何呼應自己在現實中備受壓迫的工作與家庭生活後，我的追劇人生就此開始。在當時，最受歡迎的一%人生電視秀，莫過於古裝劇《唐頓莊園》（*Downton Abbey*）。該劇以英國的貴族世家克勞利（Crawleys）為主角，故事背景則設定在廿十世紀初，主角們穿著的長外套與連衣裙，讓我忘卻身體的勞痛與對未來的徬徨。缺乏金錢所引發的憂愁，讓我對廿十世紀初英國貴族生活那矯揉造作的人生產生了興趣：我幾乎能聞到他們那拜占庭式餐點的香氣，而當家庭女老師照顧著年幼的未來統治者時，孩子們的父母卻可以自在地出入派對與享用美食。（我可不孤單，《唐頓莊園》的最後一集吸引了九百六十萬名美國觀眾。）在《唐頓莊園》中，「底層」的傭人階級們總是扮演不守規矩、徹頭徹尾的惡人。在我懷著女兒所觀看的第一季中，一名男僕和貼身女僕合謀陷害其他僕人，而這名貼身女僕甚至設計讓她那懷孕的女主人踩到一塊肥皂因而跌倒流產。相較之下，貴族們卻無比善良。與多數電視劇相比，《唐頓莊園》就像是將昔日美國公共電視網（PBS）紅極一時的電視劇《上層底層》（*Upstairs, Downstairs*）進行了更加華美的翻版：一個從英國進口、在一九七〇年代播放的電視劇，而且特別鍾愛「底層」居民，如那喜愛虛張聲勢、實則友善的女僕與廚師們。[1]

然而，想要逃進螢幕裡、坐擁那數不盡收入的欲望，不是只有我有。還有許多人同樣渴望點擊並收看那些充斥著暴力、大型燭台、私人直升機之旅、傭人擦拭著主人銀器和那些為身價百萬的富二代所舉辦的私人嘻哈派對。根據美國勞工統計局在二〇一六年所進行的年度調查，發現看電視是美國人最普遍的休閒活動：每一天，我們花在電視上的時間，約為兩小時四十四分鐘、或一半以上的休息時間。[2]

某些經濟狀態不甚穩定的專業人士們在和我聊天時，也談到自己多麼喜愛，那些專門以好逸惡勞的一%特例作為主角的電視實境秀。「躲在Netflix等電視節目中，實在輕鬆多了，」其中一名受壓迫的家長對我說。「電視是一個易於取得的短暫出口，能讓我們逃離自己所面臨的長期困境。我總是看著那些華麗的服飾和房子，並想：為什麼我買不起那些？」網路上，擁戴《金錢之戰》、《嘻哈世家》（*Empire*）等一%電視秀的粉絲們，為了打擊異己也總是不遺餘力。對任何一位企圖在評論中抹黑該節目或那心態扭曲的億萬富翁主角之輩，亞馬遜網站上一位網友如此回應：「那些故意吹毛求疵的傢伙，大概是出於仇富的心態。」還有一名網友寫道：「超棒的影集！你覺得自己就好像『真的』目睹了一位絕頂聰明（儘管道德有些瑕疵）、富可敵國的避險基金操盤手。」而一名有著相當寫實帳號名稱「workingmom29609」的網友，則如此評論《唐頓莊園》：「能逃進那些生而富有者的人生裡，是多麼快樂的一件事。」

我之所以喜歡看一%人生電視劇，是因為我喜歡看到那些握有特權者使壞，我也極度渴望見到那些超級富豪遭到報應。

而報應從未出現。

不過即便如此，我也不會因此捨棄《金錢之戰》或《黑錢聖地》，我並不是真心只想見到主角們受折磨，其他粉絲也是如此。

此種關於一%人生電視秀，在二○○四年因為唐納．川普的《誰是接班人》（*The Apprentice*）開播後，開始竄紅。而該節目也在超過十年間，推出了各式各樣的版本。川普在自己節目中對待員工的方式，就好像他們是毛思想電視審判秀的被告一樣。（該節目的內容就如同川普在當時所說的，「每一集都會出現我的私人飛機。」）這些讓我不禁猜想，是否當真實人生的破碎與沉悶程度愈高，我們對那些以上流社會五彩繽紛、道德敗壞生活為主軸的節目依賴程度也愈高。

在那些一%實境秀中，我們可以見到肆無忌憚的奢華婚禮、懷孕籌備專家，以及如何舉辦孩子的生日派對、豪宅內大到荒謬的房間、壯觀的洛杉磯現代主義住宅、私人演唱會、美輪美奐的更衣室和高級時裝髮型設計師。在一%人生電視秀之下，卡戴珊一家（Kardashians）和《嬌妻》（*Real Housewives*）系列穩占一席之地，當然，也不能不提二○一一年推出的《高跟鞋孕婦》（*Pregnant in Heels*）（一個關於超級富有的「懷孕籌備家」如何在電視節目中大談自己的不孕）。參與該節目的明星蘿西．波普（Rosie Pope）在某次訪談中說道：「我發現自己的子宮是心形的，而在手術後，我就再也沒有排卵。」而她為了受孕而接受要價驚人的體外人工受精部分，則被輕輕帶過。

在某種程度上，一%人生電視秀解釋了我們自身的政治立場，也部分解釋了為什麼許多父母（如我自己和本書中許多父母），會認為自己如此失敗，並總是因為眼前的困境責備自己，而不是那刻意為之的系統性問題。

如同新聞工作者詹姆士・沃爾科特（James Wolcott）針對當前多數電視節目都是以有錢人為主角（而且這些人似乎都不用工作）的情況，在《浮華世界》（*Vanity Fair*）上所發表的評論：「如今出現在電影／電視中的驚人財富，總是缺乏製造的過程，就好像是由一支隱形勞動軍團所生產般；它們與任何近似於工作的事物完全分離。那是一個不食人間煙火、養尊處優且永恆的狀態。」[3]

在將近十年的期間內，美國電視台 Barvo 似乎永無止境地播放著各式各樣的一％人生電視秀，拚命圍繞著所謂的家庭主婦與房地產仲介打轉。[4] 而這些角色也成為多年來，「實境秀」中那讓人夢寐以求人生的代表。這些角色往往具有健美的身材、姣好的外貌。如貓一般的助理打點著他們每分每秒的行程。這些人擁有「人」，還有遍布在世界各地的百萬房產。約莫在十年前，《紐約時報》刊登了一篇文章，該文章將那一系列《嬌妻》實境電視秀比喻為《欲望師奶》（*Desperate Housewives*）的「真實」衍生版。文章中，學者佩柏・施瓦茲（Pepper Schwartz）創造了「夢寐人生電視」（aspirational TV）一詞，來描述當我們痴迷地盯著那些有著嫩粉色肌膚、踩著三寸高跟鞋、企圖撐起「社交名媛」

這個名詞的女子時，我們心裡到底在想些什麼。而那些有名又有錢的奢華人生，也往往在報紙的房地產篇幅中，被大量歌頌，更遑論充滿金錢魅惑的雜誌，甚至是某些當代藝術攝影師的作品中。在我眼中，這些以一%為主角的攝影作品就像是所謂「金光閃閃的色情片」，那些在進入藝術視野後依舊俗媚而閃耀的鑲金鍍銀上流社會，或當藝術家表面上似乎帶著評判的眼光，將奢華的物件從奢華的生活與目標中剝離。

社群軟體炫富

二〇一六年的美國總統大選結果、以及與川普相關的電視節目收視率，顯示了「夢寐人生電視」的觸角也開始深入政治選舉和新聞節目中。是的，川普本身就是一%人生電視秀。他在參選總統時所進行的媒體活動，吸引了上百萬名的觀眾（其中也包括了鄙視他的人群）。根據媒體分析單位 mediaQuant 的分析，自二〇一六年的三月至九月間，川普免費獲得的媒體曝光約莫等於二十億美元所能達到的廣告效益。[5] 儘管多數曝光內容為負面，但如此高的曝光依舊幫助他登上總統大位。而在這些內容中，多數是關於他那富可敵國的財富，以及失控的行為。從那架波音七五七私人客機、他居住的金碧輝煌大廈、以及他毫不掩飾地向女兒女婿誇耀自己的財產淨值，還有染了一頭髮色完美且要價昂貴的金髮，而他的妻子多數時候蹬著高跟鞋站到他的後方，川普就像是給予「選民／觀眾」一個窺探舞台後方的通行證，讓他們進入一個自己永遠無法進入的世界。川普與他的夫人經常喜歡透過照片來展示自己毫無節制的生活，而美國財政部長史蒂芬・梅努欽（Steven Mnuchin）和他那愛炫富的妻子也不遑多讓（後者曾將夫妻兩人視察新版美元印刷的照片放上社群網站，因此引發軒然大波）。

這些成果，部分必須歸功於川普在媒體方面取得的成功，選舉成為窺探億萬富翁和其模特兒太太人生的途徑。如同知名作家威爾・威金森（Will Wilkinson）在川普當選後於《紐約時報》上所指出的，川普所展現出來的「威權」，有助於他取得政治地位。[6] 而他的信徒們透過電視的播放，享受著川普這樣的威權。

社會學家瑞秋・薛爾曼（Rachel Sherman）（著有《不安的街道》〔*Uneasy Street*〕，那是一本探討上層社會的作品）對我表示，那些成天出現在電視與社群媒體上的「珠光寶氣、自私自利且含著金湯匙出世」的形象，會對社會帶來負面影響。而受影響的不僅僅是那些掙扎著想要留在中產階級的族群，更包括了那些極端富裕者。「卡戴珊、Rich Kids（專門替富豪家子弟張貼炫富照的社群帳號）決定了有錢人該有的樣子，」薛爾曼說道，提及了那個在 Instagram 上蔓延的「Rich Kids」社群媒體現象，而該現象就跟 Snapchats 上的「Private School」（私立學校）不相上下。

這些揮之不去的「演出」，讓那些品行端正且出身超級富裕（受惠於美國不平等現象）的人，以為自己「並沒有那麼有錢，且相較之下為人良善」，薛爾曼說。「如果你沒有那麼物欲，也不像川普那樣愛吹噓自己，那麼你會認為自己是比較高尚的有錢人，你認真工作，你沒有住在豪宅，你會規範自己的孩子，但問題並不在於非卡戴珊型的有錢人是不是心安理得；問題在於，這麼有錢的人能心安理得嗎？」薛爾曼認為，如今這個時代已經不流行討論該如何創造一個所有人都能安居樂業的社會，也不喜歡探討存在人與人之間的不平等，更甚者則像是工會式微的現象等。她對我的「一%人生電視秀」概念表達贊同，並進一步闡述。「這是一件很重要的事。此外，還有那些出現在電視中、本該代表中產階級的人物。他們都太有錢了。」

漸漸地，美國人所接收的媒體，不僅僅局限於那些透過好萊塢編輯室所揑造出來的故事、或由脾氣暴躁的政治演說家所寫出來的講稿，還包括那些與自己處境相仿的小人物所上傳的內容，像是 YouTube、推特、臉書或 Instagram 上拍攝著個人生活風格的居家影片。儘管我們期望那健康的九九%在看到一%人生電視秀後，會出現抗拒的心態，然而發展卻不如預期。相反地，當我們看完那些關於一%人生的內容後，我們往往只想在社群媒體上塑造出一個近似於一%人生的自己。

在許多和我交談過的中產階級流眾父母中，經常提到自己點開社群媒體後，往往會感到頭暈目眩。儘管網路確實能帶來正向回饋（像是孤立無援的職業媽媽在線上找到完整的盟友圈），但眾多社群媒體上流竄的「我最棒！」（Yay me!）發文，也可能強化人們內心所感受到的孤立感，以及對自身社會地位所萌發的自卑感。「誰會想要那種讓你覺得自己又窮、又老又可憐的Instagram回應？」一名女性對我這樣說道。「臉書就像是魔鬼，」一名在滑手機時經常看到那些沐浴在陽光下的全家出遊照而不得不想辦法穩住自己自尊的母親，這麼對我說。那些大肆吹捧自己成功事蹟的人，會讓那些無法透過事物炫耀自己的同儕，感到自卑。如同替美國國家心理衛生研究院（National Institute of Mental Health）進行中產階級研究的作家麥克・倫納（Michael Lerne），在《紐約時報》所言：「我發現勞工階級往往會因為自己未能在以精英為主導的美國經濟體制中取得成功，而萌生羞愧感，導致壓力變得更為沉重。」[7]

紐約市立大學研究生中心的媒體學者列夫・曼諾維奇（Lev Manovich）指出，我們經常覺得其他人在社群媒體上的發文，總是令人驚訝且奢華地誇張，這並非出於猜忌心理。在線上世界裡，我們刻意將自己的人生，營造成一篇篇成功的視覺盛宴。在經濟學家的幫忙下，曼諾維奇研究了上百則於紐約、曼谷、聖保羅、倫敦所發表的社群媒體圖片，並將此項研究計畫命名為「Inequaligram」（注：融合 Instagram 和 inequality〔不平等〕兩個字）。在他利用五個月的時間、研究七百四十四萬兩千四百五十四張於曼哈頓分享的公開照片後，他和共同合作的經濟學家發現，無論上傳照片者的社會階級或拍攝者本身居住的地方在哪裡，在 Instagram 上發布的照片內容多是在該區內「較富裕地方」拍攝的。[8]

無論是在推特、臉書還是 Instagram 上，許多美國人喜歡用每天一條的發文，來呈現自己的活動。而這些發文往往包藏著一%的處事態度，像是在海邊或山中慶祝家族旅遊、要價不菲的貴金屬耳環或自製的蘋果酥條。當然，瀏覽著這些照片的我們，覺得又嫉妒、又自卑。我們讓自己浸淫在一個充斥著眾多在財富上比我們更為寬裕（或試著讓自己看上去像是如此）的天地。於是我們一邊看著朋友張貼那些躺在海邊、啜飲紅酒的照片，一邊痛恨自己為什麼就是做不到。然而，曼諾維奇說這樣的情況只發生在美國。

「相較之下，莫斯科發照片的地理位置分布就較為均衡。然而在紐約，為什麼人們不在自己真實居住的地方發照片？」曼諾維奇問道。他也進一步指出，在 Instagram 等平台上，人們發照片的喜好也傾向於極簡主義式的視覺風格，而此一風格正是受 iPhone 所激發。極簡主義曾經是特權階級者的象徵。「這些人並不富有，也沒有上過哈佛，」曼諾維奇說著，然而他們卻懂得如何拍攝一張凝聚著「經濟與社會權勢」意涵的照片。「精緻的美學品味已經被大眾蠶食鯨吞。」

確實，許多瀏覽社群媒體的人，包括我所採訪的對象、我的朋友、當然還有我，總是無法不留意到那些試圖以超越自己財富能力範疇外的形象，來包裝自己的人們。（透過濃濃的濾鏡，你根本無法分辨一件洋裝是人造纖維還是絲做的。）人們也喜歡吹噓那些象徵階級地位的事物，如迷人的另一半或充滿冒險的假期。這些展現著「財力」、而不是自身的發文，正是我在自己的《包裝》（*Branded*）一書中，所指出的自我包裝手段的延伸。這些個人照傾向於展示個人的容光煥發、興高采烈或品味，或是將自己的家庭刻劃成「最幸福」的家庭。杜克大學的神經學與心理學教授馬克．利爾瑞（Mark Leary）表示，人們在社群媒體上往往會試圖撐起或誇大自己的社會地位。「藉由發布自拍照，人們從而將自己推送到他人的腦海中，」他寫道。[9]「藉由自己穿的衣服、臉上的表情、刻意安排的物件擺設以及照片的風格，人們得以塑造出關於自己的特定公開形象，一個他們認為可以獲得社會認同的樣貌。」[10]

當一邊是充斥著虛情假意笑容的臉書，另一邊是永無止境的一%人生電視秀時，我們該如何踏實地去理解自己的處境與狀態？

反派英雄

你或許會爭論，在同儕面前，人們總是試圖呈現最好的一面。或者，你或許會好奇，過去電視上所呈現的有錢人，又是怎麼樣的？[11] 舉例來說，以一九八〇年代那個圍繞著邪惡女子（她自然是既有錢又邪惡）為主的《鷹冠莊園》（*Falcon Crest*）為例。我就是看著他們那華美的莊園與德州辦公大樓所長大的。他們就是我的一九八〇年代「陰極射線管奶嘴」（借用歌手吉爾．史考特黑龍〔Gil Scott Heron〕對電視的描述）。即便是將時間推到更久遠以前，我們或許可以將舊時代大師們的畫作，視為對財富的歌頌。但此種畫著橡膠大王的十九世紀巨幅創作，或餵養我童年時期的肥皂劇內容，其刻畫的有錢人形象，與如今正值黃金全盛期或稱「電視高峰」的電視上，所出現的富人形象非常不同。電視高峰節目包括了《火線重案組》（*The Wire*）、《黑道家族》（*The Sopranos*）以及《廣告狂人》（*Mad Men*）。憑藉著寬鬆的內容限制、高品質的節目，付費有線電視台締造了布蘭戴斯大學（Brandeis University）學者湯瑪士・達赫帝（Thomas Doherty）所謂的「電視弧」（Arc TV），或故事主線「貫穿整整一季」的「成人系電視劇」（adult-minded serials）。[12]

如同明德大學（Middlebury College）的電影與媒體文化及美國研究教授傑森・米特爾（Jason Mittell）所觀察到的，就歷史的脈絡來看，電視內容一直將焦點放在向上流動。電視總是將焦點放在廣告商希望觀眾注意到的事情：能讓你認識好對象的口紅、能確保你看上去吸引力一百分的完美薄荷糖或止汗劑。當製作人偶爾想將勞工階級的聲音放到螢光幕前時，廣告商就會開始阻撓，只留下「東一點、西一點的亮點」，米特爾對我說。（一九九〇年代、穿著法蘭絨襯衫且充滿憤慨的《羅斯安家庭生活》〔*Roseanne*〕，就是少數以勞工階級家庭為背景的電視劇。）

但是，當前媒體上所播放的特權階級與我童年時期所看到的相比，其處事更為極端，且充斥著更多的社會階級焦慮感。過去節目中的卑鄙富人們，永遠不可能成為如今電視中那舉止豪奢的反派英雄；過去電視劇中的家庭，就像是一個不會畫下句點的王朝，絕不可能遇上什麼金融危機。

儘管在看到《黑錢聖地》中的伯德時，他的生命已經籠罩在墨西哥毒梟的死亡威脅陰影下，但他仍舊努力地為犯罪集團效力，以期望當老婆在家帶孩子而無法成功重返職場後，能繼續維持一家人的奢華生活水準。儘管乍看之下，這個情節似乎有些牽強附會，但我們再一次想起了與二十年前相比，現在的中產階級生活是多麼地昂貴。畢竟頂層一％家庭的收入，是底層九〇％家庭平均收入的四十倍。根據皮尤研究中心的調查，二〇一四年的全國家庭收入比一九九九年還低了八％。[13]但為了擺脫自身腐朽而放任自己日復一日地沉浸在永無止境電視劇情節中的我們，又怎麼會察覺到。

「在《黑錢聖地》中的角色，永遠都要為錢擔心受怕，」《黑錢聖地》的執行編審馬丁・齊默曼（Martín Zimmerman）告訴我。「因為在美國，我們沒有所謂的社會安全網，即便你在這個國家內取得一定程度的經濟安穩，仍舊必須活在失去一切的威脅之中。在這部劇裡，伯德永遠都驅逐不了那頭名為經濟困境的惡魔。」

該劇中來自農村下層社會的蘭默爾（Langmores）一家，經常和處於逃亡狀態的上層家庭伯德一家交流。齊默曼表示，兩個家庭所展現的跨階級交流，對此劇來說非常重要。此外，他和其他人也將由女演員蘿拉・琳尼（Laura Linney）所飾演的主角太太溫蒂・伯德（Wendy Byrde），設定為「來自北卡羅萊納州勞工階級家庭的女性」。

這部劇的核心主軸，已經不是我們父執輩奉為圭臬的老生常談。故事的一開始，主角家庭擁有非常充裕的資源，然而現在卻「努力與不安搏鬥，他們是出於恐懼才展開逃亡，」齊默曼說。「他們明明有錢到能夠拼湊出八百萬美元還給黑幫分子，卻依舊開著那台車齡十年還是布椅套的豐田Camry，」齊默曼補充道。對於那些並未飛黃騰達的觀眾來說，這點讓人感到親切，儘管，伯德必須逃過可怕黑幫的追殺，但他的生活在某種程度上還是挺吸引人的。

前美國電視有線頻道AMC的節目總執行克里斯蒂娜．韋恩（Christina Wayne），在播出《絕命毒師》的時候，認為該劇之所以如此成功，和二〇〇八年的經濟衰退大有關係。該劇於二〇〇八年開始播出，卻在二〇〇九年才開始竄紅，而當時正值經濟狀態低迷之際。「直到那個時候，人們才看清楚金融界到底對美國造成了何種影響，並察覺華爾街的那群人已經變得愈來愈有錢，」韋恩說。「他們希望劇中的英雄能代替自己，替天行道。」

為了做到這一點，這個角色或許必須超脫好與壞的平凡界定，他們搶劫並剝削「大老粗」和「暴徒」們，接著又追趕那些甚至比他們還要有錢的傢伙，像是毒販和與之為敵的避險基金經理人。韋恩也說道，《黑錢聖地》、《絕命毒師》等美劇，基本上都是一種復仇狂想。這些反派角色或許也很有錢，但他們同時也是超級上流社會的致命宿敵。

就此一角度來看，他們就跟所有觀眾一樣，屬於地位不穩固、充滿怨怒的中產階級。

在本書中所提到的許多家庭，也津津有味地看著這些源源不絕的電視劇。如同某一名中年求職者對我說的，「出現在這部電視劇裡的人都是俊男美女。更重要的是，這部劇跟我的人生毫無瓜葛！我還積欠女兒學校的學費，而且現在的房租實在很貴。」

被《娛樂週刊》（*Entertainment Weekly*）描述為傳遞「真正資本獲利」的《金錢之戰》，其之所以能吸引觀眾（該劇於二〇一六年播出第一季時，每週固定有六百三十萬名觀眾收看），就是因為那個有些邪惡、留著薑黃色頭髮的長島巨型避險基金經理人。儘管此人的行為明顯違背法律，觀眾卻依舊對他又敬又妒。當觀眾收看《嘻哈帝國》時，他們看到的是一個富可敵國的嘻哈大亨，且此人很明顯地還是一名兇手。（《嘻哈帝國》的收視率相當驚人：二〇一六中期的首播收視率，平均高達一千兩百二十萬人次。）

在《金錢之戰》的兩季中，都將主角鮑比．艾克瑟洛德（Bobby Axelrod）——艾克斯（Axe），塑造成一個英俊、急躁的英雄，一個對妻子忠誠、照顧朋友的好人。他能讓超大咖樂團「金屬製品」（Metallica）為自己舉辦私人表演，卻捨棄了和瘋狂粉絲發生關係的欲念。另一個讓艾克斯備受崇拜的原因：與保羅．吉馬蒂（Paul Giamatti）所飾演的查克．羅茲（Chuck Rhoades）出身優渥相比，他卻是白手起家。讓這種正向人格設定額外吸引人的地方，就在於主角的道德深受挑戰。九一一事件發生的那天，他人並不在公司所處的世界貿易中心（World Trade Center）裡，而是和律師在一起，當時他正因為違法的骯髒交易而面臨開除危機。由於許多同事不幸喪命，公司的控制權也落到了艾克斯手中；此外，他也對自己當天的行為撒了謊，比起努力部署救援行動，他將自己的心力全部放在立即放空航空股的行動上，並因此大賺一筆。在另一段令人憤怒的劇情中，艾克斯甚至出於種種原因阻止一名命在旦夕的員工，取得可治療其癌症的實驗性藥物，這名員工如果繼續活下去，或許會對艾克斯帶來災難性的法律危機。總體而言，艾克斯和他的部下們依賴內線交易，並透過精心設計、想方設法與執法人員調情的方式活下去。

《金錢之戰》和許多類似的電視劇之所以誘人，在於它們讓普羅大眾躲進上流社會的人生，看著他們操弄局面，不按牌理出牌。

儘管如此，有充分的原因可解釋如今上流社會反派角色之所以大受歡迎，與美國的殘酷社會學絕對脫不了關係。這些冷酷而又瘋狂的成功電視劇角色，正是基於電視製作當前的趨勢而誕生。

最初，如同麥克・紐曼（Michael Newman）和埃拉納・拉旻（Elana Levine）所論述的，電視被視為一種「女性」媒介，一個充斥著家務商品廣告與家庭劇情的場域。他們在其著作《電視正當化》(*Legitimating Television*)中寫道，該媒介為了取得文化上的正當性，因而朝著「男子氣概化」發展，凸顯那些在一季又一季的劇情中，不斷和其他男性戰鬥的缺陷型反派英雄角色，[14]只不過將編劇室扭轉成文學沙龍的企圖，無法完整地解釋《金錢之戰》和《嘻哈帝國》大受歡迎的原因，更解釋不了《黑錢聖地》立刻被簽下第二季的原因。這些劇的誕生，有部分原因在於曾經幫助「特權電視」出現的電影與劇場等其他媒體圈，所出現的人才外流情況。

隨著高品質的電視節目於一九九〇年代開始出現，電視圈的節目策劃試圖擺脫該媒介所披戴的「階級特性」(déclassé)，經常刻意描述自己的節目更像是一個切割成數集的短篇電影，或充滿「原創性」。電視歷史學家米特爾告訴我，此種相對主義是構成「電視複雜化」(complex TV)的一個重要面向：一種企圖讓觀眾對主角的認同、動機、甚至是身處的空間與時間，陷入困惑的美國電視劇敘事風格。因此，儘管《嘻哈帝國》中的路西斯・萊恩(Lucious Lyon)為了唱片公司而殺人、《金錢之戰》中出現內線交易，這些主角依舊是觀眾心目中的英雄。在《嘻哈帝國》裡，萊恩一家在巨大的豪宅與閣樓套房中，犯下殺人或暗箭傷人的舉動，接著將香檳當成水一般地牛飲。其他的電視節目則大量出現直升機、愛耍手段的斡旋者、在游泳池裡戲水且身材火辣、鼻梁高挺或穿著高級名牌最新鄉村風襯衫晃來晃去的富家太太。

這些節目之所以如此吸引人的其他原因，就在於深具感染力的劇情，以及視覺上的說服力。在這個根據現實世界所創造出來的虛擬空間中，觀眾能徹底放任自己。此外，感謝日漸進步的攝影技術與場景布置，以及愈來愈大的電視螢幕，電視劇所具備的感染力也更上一層樓。思考一下AMC的復古「高品質電視劇」《廣告狂人》：在主角唐·德雷伯（Don Draper）那一九六〇年代風格的高檔辦公室陳設與無與倫比的豪宅陳設，處處透露著對細節的用心，從衣物到擺設、再到車子，光是這部劇的美術設計就足以成為一大吸睛亮點，與昔日一九八〇年代的一%電視劇如《豪門恩怨》（*Dynasty*）相比，遙遙領先。

不平等娛樂秀

要至何時，我們才能創造並消費著反映我們自身真實處境的文化產品。

那些因債務或不穩定工作而沉重的現實？而此種黯淡的現實主義，又會對我們的心智狀態帶來何種影響？

事實上，確實有一種電視節目，是以批判財富不均為主旨，以那些較不光鮮亮麗的主題如債務、失敗等為主軸的電視喜劇和戲劇。而此一勢力遠遠小於一%電視秀的節目，屬於「不平等娛樂秀」（inequality entertainment）。

不平等娛樂秀聽上去不太像是能解決不平等問題的辦法，但我認為它們不失為一種補救辦法。為什麼？不平等娛樂秀將我們對自己的投射或欠下的債務，轉化成一種大眾娛樂。否則，我們的螢幕也只能播放著一%人生那令人垂涎的童話而已。不平等娛樂秀挑戰的是那些隱藏在富裕假象之下的真實。在社群媒體和 YouTube 上出現的成千上萬則關於學生貸款債務的故事，撕開了臉書上那一張張燦爛的笑容。在電視上，不平等娛樂秀包括了《駭客軍團》（*Mr. Robot*）和《矽谷群瞎傳》（*Silicon Valley*）。不再是那些由約翰・塞爾斯（John Sayles）所拍攝的善良、極其正直的獨立電影，或僅僅是《羅斯安家庭生活》對話中的一個笑點。《駭客軍團》的製作人山姆・艾斯梅爾（Sam Esmail），就將自己因為念書而背負債務的親身經歷，放入劇本中。他曾說過，一直到二〇一五年之前，畢業多年的他就是無法還清學貸。以後占領時期（post-Occupy）貧富差距為背景的《駭客軍團》，講述了一個關於性格破碎、兩眼凸出的主角艾略特・奧爾德森（Elliot Alderson）的故事，一個曾經在某集中駭進朋友安卓拉（Angela）的學貸系統，企圖減輕朋友債務困擾的人。白天，他在資訊安全公司 Allsafe 工作；晚上，他和一群近似於游擊戰駭客團「匿名者」（Anonymous）的無政府主義者，一起打倒那些與自己公司相似的企業。他們的目標就是將所有債務歸零。

《駭客軍團》中的奧爾德森被賦予了戳破當代人權困境的憤怒之聲。「從什麼時候開始，廣告玷汙了我們家庭相冊？」奧爾德森說。「從什麼時候開始，那一%的人比九九%的人還要偉大？」HBO的《矽谷群瞎傳》也是如此，該劇審視了在那高高在上的一%科技大老，與吃著泡麵、到處借睡的底層科技員工間，到底有著多懸殊的差距，而這也是整齣劇的笑點與劇情主軸。矽谷科技大佬荒謬的豪奢作風——創投界的羅馬變裝派對、搖滾小子（Kid Rock）的私人演唱會，與底層員工的生活形成了鮮明的對比（走投無路的上進青年在自己所工作的酒類專賣店裡，向顧客推銷自己寫的應用程式）。在電視劇中，我們的主角經歷了一次又一次的巨額交易失敗，將他們打回貧困、不得不到處借住朋友家的處境，並重回那荒謬而讓人受盡委屈的二十四小時全年無休、死氣沉沉的程式設計辦公室。

儘管如此，一%電視秀的收視率遠遠凌駕於不平等娛樂秀之上。如果一%電視秀和美國總統川普那可笑的電視表演算得上一種風向，那麼光是看著他人炫富或許根本不算什麼，或許我們將目睹到那些家財萬貫者以如同神一般的姿態，無視社會規範、不計代價地恣意橫行。

第10章 被機器人取代的人們

在匹茲堡一間規模龐大、足足有三個街區寬的醫院中，往來穿梭於巨型建築物中的人們，就如我們所預期的那樣：護理師、醫生、藥劑師和清潔工。儘管如此，在這些人之中，出現了一支異於以往但為數不多的小小工作者：二十六台機器人，有八個在藥局，十八個在大廳。這些「執行醫務」（借用醫院裡的說法）的機器人們，平均每日會往返四十至五十趟。它們搬運乾淨和用過的床單，以及醫療廢棄物。外表看上去就如同被拉長微波爐的機器人們，往來穿梭著。

在匹茲堡大學醫學中心莎迪賽德長老醫院（University of Pittsburgh Medical Center Presbyterian Shadyside）這座充滿前瞻性的醫院裡，這些機器人可不是某些暫時出現在此的古怪玩意兒。在其他醫院裡，這些機器人的身影也很常見，目前有五百台機器人分布在將近一百四十所的醫院裡。這些被稱為「TUG」的機器人們，也效力於病理科和血庫。負責運送藥物的機器人，被設計成只需要透過一個人的生物辨識加上密碼，就能批准這些藥物的運送事宜。儘管它們可以和路人隨意交談，但充其量不過是能運用少數詞彙的機器人而已。「它們不太有侵略性，只會說些『麻煩，請讓一讓』的話」，TUG機器人製造商的發言人這麼告訴我。「它們就像是可以隨意使喚的爛好人！」

不過，這些機器人並沒有為醫院省下什麼錢……至少在目前為止。但雇用這些冰冷機器人作為新員工的長老醫院和其他醫院們，深信這些機器人遲早能為他們省下成本。有人告訴我，這些藥局機器人照理來說應能省下技術員的時間，替他們獨自奔走在經常相隔數英里遠的醫院藥局間。然而，這番樂觀言論不過是為了掩飾醫院在限制雇用人數的情況下，只能部署TUG機器人為其效力的事實。事實上，就長期來看，它們反而會威脅到中產階級流眾。

「這些機器人能幫助我們省下雇請額外人手或FTE的成本，」長老醫院藥劑科主任艾爾·拉特里尼（Al L'Altrelli）對我說。「什麼是FTE？」我謹慎地追問。「全職員工（Full-time equivalents），」他解釋。

他說得可是全職的人類員工。在長老醫院，藥劑機器人能讓醫院不必再雇用藥劑師；換句話說，就是讓醫院可以不要雇用那些接受過專業訓練、年薪約莫落在八萬至十一萬美元（外加福利）的人類。他還補充道，這些機器人可沒有組建工會。

被機器人取代的未來

有鑒於這些機器人的勢力日漸龐大，高科技主義者如伊隆・馬斯克（Elon Musk）和比爾・蓋茲（Bill Gates），也關注到了此一趨勢和令人憂心的問題。（舉例來說，比爾・蓋茲提出政府應該對那些使用機器人的公司課稅，並以這筆稅收成立基金，去幫助失業的人類員工，讓他們接受職業訓練好擔任其他不會被機器取代的工作。）我所遇到的機器人不再是TED演講中的抽象概念，而是成為中產階級的職場對手，我發現這些機器人已經導致許多人的工作可能會、即將會、甚至已經因為自動化而被取代。在此之前，多數的失業都發生在自動化產業及工廠中。現在，自動化的觸角甚至延伸到更多如看護工作或駕駛卡車等職業中。長老醫院中的TUG機器人，不過是眾多自動化中的一小部分。在加州大學舊金山分校的使命灣（Mission Bay）醫院裡，也可以看到沿著走廊奔走的機器人，在極短的時間內就能迅速且聽話地將餐點與藥品送到病患手中。機械臂則能運用於尋找和整理藥物。製作機械臂和TUG機器人的公司Aethon向我保證，這些機械臂絕對非常、非常精確，不可能出錯。此外，比起早上需要喝杯咖啡、甚至偶爾想與他人交談的人類相比，TUG機器人需要的不過是充電座而已。

護理師和藥劑師不過只是個起點，許多在過去被視為坐穩「中產階級」的職業領域如汽車產業、記者、法律等，如今也嚴重受到機器人的威脅。例如，正在進行為期十年測試的戴姆勒（Daimler）自駕卡車，將威脅到卡車司機們的工作。卡車司機此一行業的終結，或許會對活生生的家庭造成嚴重的破壞。美國貨運協會（American Trucking Associations）表示，全美共有三百五十萬名職業卡車司機（包括開著其他貨運車種的司機）。[1]一般而言，這些司機的收入往往高於全國平均，年薪逼近七萬美元，有加班費，還有醫療保險的卡車司機，儘管做著藍領階級的工作，卻能領到白領階級的薪水。

然而，威脅到人類工作者存亡與病患、客戶人際體驗的事物，絕不僅止於TUG機器人或自駕卡車。這些不過是更廣泛的「未來工作型態」下的一小部分。二〇一六年的世界經濟論壇（World Economic Forum）也預測，截至二〇二〇年為止，或許會有高達七百一十萬人失業，而該數字的三分之二人口將集中在醫療保險、廣告、公共關係、廣播、法律、金融服務業的辦公室與行政工作上。[2]（每一位機器人朋友獲得一份工作，就會有五位女性失去工作機會。）美國國家科學基金會（National Science Foundation）也以將近一百萬美元的經費，研發可以搬運並分派藥物給病患的機器人護理師，好讓人類護理師只需要煩惱「決策」。[3]根據二〇一三年由麥肯錫全球研究針對破壞性創新（disruptive technologies）所進行的研究指出，隨著「知識工作自動化」的情況愈來愈普及，高階技術工作者或許將面臨極大的危機。[4]一項在二〇一六年由埃文斯數據公司（Evans Data Corporation）針對五百五十名軟體程式開發者所進行的調查發現，有二九%的人擔心自己會被人工智能所取代。[5]最後，一項由波爾州立大學（Ball State University）於二〇一五年所進行的研究顯示，儘管美國工廠內工作機會流失的原因之中，有一三%必須歸咎於貿易，但機器人與新科技往往才是隱形的小偷，八八%的失業都與其相關。[6]某些研究就業趨勢的高階經濟學家則深信，「知識型非例行性工作」（nonroutine cognitive tasks）將因為電腦化而消失；確實，開放技術策略公司（Open Tech Strategies）的共同創辦人卡爾．佛吉爾（Karl Fogel），就曾使用「過剩人類」此一可怕的描述。

銀行助理被線上銀行系統所取代，電影賣票人員則被電腦化的機器招待員所取代。近期，一份由市場調查公司所進行的研究指出，到二〇二一年為止，目前由美國人擔任的工作中，有六％將因為機器人的出現而消失，而這些失業的人口之中，絕大多數為中產階級工作，如藥劑師或某些領域的律師。[7] 目前，無論是法律或稅務服務領域，都已經出現了軟體取代人工的情況，而後者被取代的趨勢，更是難以阻止。規模堪稱美國數一數二大的稅務服務提供者 H&R 布洛克公司（H&R Block），使用的是 IBM 人工智能平台 Watson（華生），而不是三十年前那些拙劣廣告中會出現的勤懇、讓人放心的真人註冊會計師。或許有那麼一天，電腦替我們計算的稅金，或許能讓我們省下一些錢，但這些程式卻是改寫部分美國中產階級人生、將其推向滅絕的一連串程式碼。

我想起了雷．布萊伯利（Ray Bradbury）的短篇小說《細雨即將來臨》（*There Will Come Soft Rains*），一部背景設定在二〇二六年某個早晨，關於一間被電腦所控制的屋子的故事。在未被解釋的大災難（如核子冬天）過後，這座富足卻空蕩的屋子裡，沒有任何一個活人，但設定好的吐司機和機器人管家卻依舊為著這空無一人的家庭，努力工作。（這個故事對幼年時期的我帶來了極大的震撼。）

儘管如此，此種改寫中產階級命運，使部分成員面臨存亡之災的潛在隱憂，似乎沒能獲得所有人的在意。「我們認為機器人不過是自動化的一種道具，」來自 TUG 機器人製造商 Aethon 的資深行銷專家安東尼．梅蘭森（Anthony Melanson），這樣對我說。

「這些是作業機器人。」

我詢問梅蘭森關於機器人的學習能力。它們「並不像Watsons」，他給我的回覆提起了IBM知名的智能電腦。他也補充道，TUG機器人只能將指派的工作做好。

「勞工階級機器人？」我開玩笑地問。

「記者都有既定的觀點，」他犀利地回應。

我忍不住想著，利用機器人來取代那些經常能向上流動、且受過良好訓練的職業如護理師，是否明智？而愈去思考TUG機器人的存在，就愈讓我覺得，我們是否應該質疑自動化愛好者的戀物情結。畢竟，我們曾經走過自動化這條路。（這次，牛市可是跟人工智慧手牽手。）難道我們不該總是將捍衛人與其勞動力作為第一考量？

大失業潮來臨？

身為科技悲觀論主義者，我很難裝作不在意。而我對機器人的悲觀態度，也讓我深陷在由（具有人類外觀的）「思想領袖」、工會組織等類似性質團體，所提出來的意見之中。這些意見，可約略區分為四種。第一種意見，認為機器人時代即將來臨，而未來世界就像是一部我們只看過預告片的恐怖電影般。第二種意見也認為機器人的時代即將來臨，但此一趨勢只會帶來正向的科技革命。第三種意見，則宣稱機器人的出現雖然是無可避免，但其所造成的影響被過度誇大；根據該流派的想法，自動化或許會引發需要解決的問題，但也沒有那麼嚴重。第四種意見，則確信機器人正銳不可擋地朝著我們的工作而來，但對此一結果所造成的破壞，我們也有一個非常好的解決辦法，儘管該方法所帶有的思想傾向與過度的烏托邦思維，經常會讓聽者忍不住翻白眼，即全民基本收入。

我同意第一種意見，因其指出了機器人可能造成的影響。此一思維脈絡所傳遞出的擔憂，有些較微不足道，有些卻非常嚴重。

在我所認識的中產階級流眾之中，其生活很快就會因為機器人崛起而受到影響的人，包括了出版回憶錄《長途之旅》（*The Long Haul*）的卡車司機芬恩・墨菲（Finn Murphy）。墨菲向我解釋道，如果未來十年內長途自駕車的威脅成真了，那麼他的司機朋友們將被迫失去自己的卡車。由於這些司機的受教育程度往往不高，且年紀多落在中年後半，未來他們很可能只能在沃爾瑪這樣的零售超市工作。而這樣的改變已經發生了，二〇一六年十月，自駕卡車在克羅拉多州內，完成首趟商業運輸服務，將兩千罐啤酒從 Otto（Uber 旗下的汽車公司）一路運送到一百二十英里外的目的地。[8] 當我閱讀到關於這些卡車的文章時，我聯想到了史蒂芬・史匹柏（Steven Spielberg）早期的電影《橫衝直撞大逃亡》（*The Sugarland Express*），腦中想像著一輛輛根據精密程式設定好的車子突然間失去控制，在高速公路上肆無忌憚地橫衝直撞，並看著它們的受害者露出陰險的微笑。但我所擔心的，自然不是這樣的場景。如果上百萬名從事貨車運輸業的工作者都失業了，社會中將充斥著更多失去工作而不得不嘗試往往會失敗的第二人生者，並導致愈來愈多的家庭付不出房租和托兒費，然後，是的，讓那些擅長利用選民焦慮的候選人，煽風點火，讓民眾在被憤怒蒙蔽的情況下投給他們。

部分社運人士非常關注運輸行業下的自動化趨勢以及自駕車的發展，並因此開始組織許多活動。舉例來說，非營利組織「紐約社區改變」（New York Communities for Change）就對運輸與行車的自動化提出強烈的反彈，並針對分撥數十億美元補助汽車自動化研發與推廣的美國運輸部（U.S. Department of Transportation），發起抗議活動。

「有非常多的卡車司機感到害怕，」該組織內負責籌辦司機對抗自動化趨勢的勞工動員資深主任薩格里・勒納（Zachary Lerner）說道。「開卡車稱不上最棒的工作，但在許多鄉村地區裡，這份工作的薪水是最棒的。他們非常擔心，未來他們還養得起家人嗎？那些仰賴卡車運輸行業而興起的地方小鎮，又該何去何從？」Uber自駕車的出現，或許確實威脅到我們在稍早章節所認識到的零工經濟打工者，像是為了支付生活帳單而加入共乘服務行列的學校老師。更加諷刺的是：如同作家道格拉斯．洛西可夫（Douglas Rushkoff）所指出的，現在的駕駛們也是未來自駕車研究與發展下的一部分，他們正在付出自己的勞動力，幫助一間在未來營運正式上軌道後就可以一腳將他們踢開的公司。[9]

「我們的目標是希望，在政府或業者提出如何解決因自動化而失業者的因應方案前，停止所有給予自駕車研究的補助。」勒納表示。為了達成此一目標，紐約社區改變組織會定期和計程車、Uber、Lyft 的司機們召開會議。會議中，他們提出了自己是如何為了開 Uber 而買車，因而負擔著沉重的車貸，以及在自動駕駛取代他們後，車貸也不會因此自動消失的問題（Uber 曾承諾將在十年內，推出自駕車的服務）。

在中產階級流眾間擴散開來的自動化恐懼，也出現在與法律相關的行業中。機器人的陰影，如今也籠罩在那些牽涉到資訊處理的高階工作上。我第一次察覺到律師對此事態發展的憂慮，是在二〇一五年。當時，我參加了一場在紐約市希爾頓飯店所舉辦的法律與科技研討會——法律科技（LegalTech）。上千名參與者聚集在此，只為了認識各式各樣與法律相關的最新發展，而其中最重要的，莫過於可以審查法律文件的軟體。當然，會場中少不了那些具個人風格的塑膠法官槌，還有一幅由前企業律師利用樂高所拼出來的超巨型梵谷畫作《星空》（*Starry Night*），但會場中還有更多攤位推銷著那些、簡單來說，就是能讓企業減少雇員（包括律師）的軟體。或許很快地，這些科技將會讓此刻出現在此會場中的部分律師們，逐一消失。確實，其中一名參與展覽的軟體公司代表，就驕傲地告訴我自家產品最棒的一點，就是幾乎不需要人類員工來維持其運作。如同我們在前面兩個章節中所讀到的內容，現在有愈來愈多的律師面臨未充分就業或失業的危機，而這些危機背後的成因，部分就在於法律行業出現的自動化。

科技對法律產業的影響非常明顯，因為律師與律師助理的時薪，就是根據他們在法律訴訟案中需花多少時間來審查法律文件而定。長久以來，審查一直是法律訴訟案中最低階而沉悶的苦活，法律工作者必須如螞蟻般，一字不漏地瀏覽證據以確認內容是否正確。儘管這是一份討厭、繁瑣且需要大量勞力的工作，但對剛從法律系畢業的畢業生來說，審查文件或許是他們唯一能找到的入門工作。

但即便他們得到這份工作，如今法律科技的擴散不僅擠壓了法律工作者的存在，更導致他們的收入減少。曾經在審查文件血汗工廠裡工作的受雇律師（staff attorney，主要是跟法律事務所內部人員共事、而不跟客戶打交道的律師，薪水多為固定或視工時而收費），描述了一個猶如狄更斯（Charles Dickens）筆下環境惡劣的俄亥俄州與賓州工作環境（她戲謔地稱這些員工就像是「文件猴子」）。她認為「自動化」軟體服務降低從事文件審查者的薪資，導致他們唯一剩下的工作機會，就是在這些不穩定且薪水過低的地方勞動。

目前，「文件猴子」每小時的薪資約為十七美元至二十美元，而這些從業者往往背負著超過二十萬美元的學貸，這些人一般都擁有法律學位。以商業智能協會（Business Intelligence Associates）公司為例，該公司刊登一則廣告，表示願意提供每小時二十美元的時薪，雇用剛從法律系畢業或擁有執照的律師來進行暫時性的文件審查、訴訟案件準備與支援性工作。該廣告宣稱，該份工作的額外優點在於「良好的工作／生活平衡」。

然而，不管他們有多不情願，對於剛從法律系畢業的畢業生來說，這或許是他們唯一的機會。如同許多出現在法律科技展覽會上的最新技術，當電子化蒐證程序（e-discovery）系統出現時，就連那工作內容極端複雜的人類工作，也受到了死亡威脅。然而，在這些工作機會徹底滅絕之前，律師們也只能接受薪資不斷下滑的事實。

另外，受到自動化壓榨的工作者，也包括了加州護理師協會（California Nurses Association）副執行董事邦妮．卡斯狄奧（Bonnie Castillo）這樣的護理師。多年來，卡斯狄奧一直從事護理師工作，也曾經在加護病房中工作。「我們已經關注自動化議題非常多年，」她說。在她頭一次聽到附近的醫院開始使用機器人時，她立刻感受到自己的地位被矮化了，且被「商品化」（引用她自己的說法）。她認為護理師身處在一條由醫療照顧產業所控制的「輸送帶」上。（在美國的其他地方如聖保羅，當地的護理師工會也起身抗議醫院使用那些在走廊間快速奔波著的機器人。該護理師工會認為使用機器人是相當不智的選擇：「我們怎能在那些關於患者以及員工的決策中，移除人類的判斷？尤其當此種判斷往往是機器人所缺乏，且會對家庭和心理造成一定影響的時候。」）

卡斯狄奧認為，她和其他護理師在工作過程中，能察覺到機器人所無法察覺到的病患症狀或情況，因為這些發現往往需要透過「人與人的接觸」（借用她的話），才能達成。而她所謂的人與人接觸，正是如字面意思。她提到，身為一名護理師，她經常能碰觸到病患的肌膚，而她可以透過觸覺來判斷病患的皮膚屬於清爽還是汗淋淋的狀態。而負責發放藥物的機器人，能透過這樣微小的徵狀來判斷一名病人的情況是否出現惡化嗎？還是在放下藥物後，立刻轉身離開，錯失透過觸碰來拯救或維持病患性命的機會？卡斯狄奧說：「在看護這個行業上，照顧提供者與病患的關係是非常重要的。」而此種關係往往必須在數秒之內就建立，以確保病患得到最即時的協助。「人們將他們的性命交予我們照顧；而機器人能擁有這樣的同理心嗎？」卡斯狄奧反對此類「以女性為主導的職業」被自動化，尤其在經濟衰退後的時刻。

卡斯狄奧對機器人同事的出現，並不開心，而在加州大學舊金山分校使命灣醫療中心工作的馬蒂·湯普森（Mardi Thompson），也抱持著同樣態度。她對PRI的廣播節目「Marketplace」表示，她為自己這門職業感到擔憂。「人們需要工作，」她說。「然而我們卻用機器人來取代人類。」[10]

如同卡斯狄奧所說的，護理師「往往是一家之主，更扮演了大家庭中的重要支柱。」因此，機器人還威脅到能促進階級流動、且屬於增長型產業的職業。根據美國勞工統計局的推斷，由於年長人口在美國人口中所占的比例將持續增加，因此在二〇一四年至二〇二四年間，對護理師的需求將成長一六％。[11]因此，對許多人——尤其是婦女與移民者而言，這將會是進入中產階級的好機會。

至於那些身為中產階級流眾的一分子、面臨被取代威脅的記者案例，我根本不需要特地去找，這些人經常是我所屬非營利組織經濟困難報告計畫的援助接受者。他們反對Tronc（前身為知名的論壇出版公司〔Tribune〕）正在引導的趨勢：該公司在其有失妥當而可笑的公司廣告影片中，大肆歌頌人工智能遠優於相片編輯、記者等人，並讚揚以優化系統或某些稱為「內容漏斗」（content funnels）的事物，來取代記者。Tronc的代表將

「機器學習」（machine learning）和「人工智能」（artificial intelligence）等辭彙掛在嘴邊，並宣稱能將那些曾經屬於相片編輯或相片助理的任務，進行自動化。該服務能也能將訊息的產製過程自動化，讓新聞變得更加便宜且——是的，更加拙劣。在川普當選總統、並開始對媒體進行秋後算賬時，我對此事的危險有了徹底的體悟。對於這種喜歡霸凌他人、且特別喜愛否認事實的金融家們，軟體能挺身而出，對抗他們嗎？

與此同時，許多類似如自動化洞察公司（Automated Insights）的網站（該公司的名稱本身就構成一種自相矛盾），能利用演算法以每三十秒鐘生產一篇新聞的速度，提供新聞給《富比士》（Forbes）等新聞媒體，而此一新聞產製過程將排擠掉許多如我這種專門為類似如《富比士》等媒體撰寫文章的自由撰稿人。以定期報導各公司收益的「美聯社」（Associated Press）、所發表的〈蘋果第一季營收超越華爾街預測〉（*Apple Tops Street 1Q Forecasts*）這則新聞為例——在這篇報導之下並沒有任何署名，因為這篇文章是由那些被輸入了美聯社新聞寫作手冊（AP Stylebook）的電腦化系統所寫的，而不是那些有血有肉的記者們。（每一季，美聯社會發布三千篇由自動化洞察「機器人」所寫的新聞。）[12] 美聯社之所以這麼做的動機，一方面自然是為了節省人力開銷，另一方面則是搶先所有人（確實是所有人類），發布沒有任何錯字的新聞。這些機器人的「聲音」既公式化，且可以想見地毫無人情味。機器人無法分析，且甚至無法像新聞學系的學生那樣，恰當地引用某一則資料來源（就算機器人做到了，你可能也會猜想這資料來源該不會是其他機器人）。此類寫作缺乏細節，而精確的程度就連最平庸的記者也能做到。機器人無法洞察人物或事件的重點，更無法以具備魅力的方式來組織文字。對我而言，自動洞察所寫的文稿讀起來就像是最差勁的新聞學系學生所交出來的文章。作為新聞系畢業的學生、且有時也會擔任新聞系教授的我，最害怕使用或教授金字塔寫作（pyramid structure），金字塔寫作就像是自動演奏鋼琴所「創造」出來的音樂般，然而，此一軟體就這樣沾染新聞領域中存在已久死記硬背、墨守陳規的惡習。問題在於，閱讀自動生成文章的讀者，是否在意文字間所欠缺的語氣和差異性呢？他們又是否察覺到這根本不是人類的作品？

在科技影響下反思人性

對於像我這樣對自動化抱持懷疑的人而言，關於機器人背後的演算法是否能確實如常地運作心存質疑。就這點來看，在未來十年裡，我們必須為機器人或人類員工所付出的「代價」，很有可能是差不多的（機器人搞不好更貴），然而有鑒於中產階級工作的數量不斷減少，導致就業困難，我們又為什麼要讓自動化的機器人，來填補還存在著的工作崗位？因為不請人類員工所省下來的錢，本該用於填補購買機器人所需耗費的成本，但有時事情卻不如人們的預期。舉例來說，一名機器人藥劑師的成本，可能高達一千五百萬美元：這真的能為醫院省下錢嗎？就年收入十萬美元的標準來看，一名人類藥劑師必須連續工作一百五十年，才能賺回購買一台取代他的機器人。就長期來看，使用機器人能省錢的論點是一個過於荒謬的說法。社會學家日娜・杜菲琪（Zeynep Tufekci）同意第二個立場，並認為機器人照顧者實際上具備「經濟毀滅性」，而人們之所以接受它們，也只是基於「由於當前的經濟政策與現實是不可改變的，因此只能接受」的心態。[13]

如果自動化批判者——如那些和我交談過、試著阻擋自駕卡車取代真人司機的組織們，能和機器人愛好者及科技實證主義者好好地傳達自己的立場，事情會有怎麼樣的不同？又或者我們能單純地放緩機器入侵者的速度，實行以符合當前「慢食」和「慢時尚」精神的「慢科技」運動呢？或者至少我們能開始重新思考，像是誰能擁有自駕卡車的問題，是卡車司機？還是某間企業掌控全部的自駕卡車？畢竟這兩種機械化所產生的後果，可是有著天壤之別。機器人總是被塑造成未來的化身，但對我而言，其也像是十九世紀盧德派（Luddites）所反對的紡織機般。如果反對紡織機者能化身合作社的一員，並擁有那些用於取代他們的自動紡織機部分所有權，情況該有怎麼樣的改變？

如果我冷落了那些機器人狂熱者，那也是因為我對人類的熱愛更甚於效率。那些「機器人追求者」總喜歡刻意忽視因為機器人而失去工作人類的影響。他們更喜歡將焦點放在醫院機器人所表現出來的高效率，像它們是如何自動自發，又或者它們能在多低的系統性互動下完成任務（理想上）。假使TUG機器人遇到自己無法解決的問題，像被要求搬運一張床，然而此床卻因為某些原因未能在該出現的地方出現，它會連結到「雲端指揮中心」，而那裡的「人類」在多數情況下，會替它解決問題。這種對機器人所抱持的熱情，就藏在那些對日本醫療機器人的興奮描述中——一個重達三百磅、可溫柔地搬運病患的醫療機器人Robear。[14] 在二〇一四年《紐約時報》一篇由老人醫學專家所撰寫的社論中，也帶有此種熱情。[15] 該專家堅持此刻就是擁抱機器看護的最好時機，因為我們缺乏充分的照顧者來承擔如此大量的高齡病患，因此我們需要這些機器幫手。這種熱情也隱藏在如Aethon這樣的機器人製造商術語間：「全天候增益生產力」（延伸了強加在人類工作者身上「永不下班」的機器人版本）。「TUG機器人能全天候工作，」Aethon的網站上刺耳地說著。「它能代替醫院內用於移動或搬運物品、材料與臨床用品所需要的人力。」

機器人粉絲或許會歌頌機器人的自給自足與毫無人性的紀律。在最近的新聞報導中，我們經常可以看到「有效率」、「有禮貌」、「不會抱怨」和「可愛」這樣的描述。使用「可愛」此一詞彙的心態頗令人玩味，就好像人們試圖和那些最終將取代自己的栩栩如生機械達成和平協議，或消除反對雜音、甚至接受它們。如同文化評論家賽恩・蓋（Sianne Ngai）所言，可愛是一種「對待弱小的多愁善感態度……（該對象的）形式簡單或不複雜，與幼稚、女性的或不具威脅性有深深的關聯。」[16]機器人往往因為無論工作多久都不會感到疲憊或不需要休息，而受到大力稱讚。在巴爾的摩的西奈醫院（Sinai Hospital）裡，它們有各式各樣可愛的名字：李格比、赫比、Love TUG、傑克、艾爾伍德。在長老醫院裡，它們有著更可愛的寵物名：R2D2、C3PO。在醫院的活動中，機器人會和醫院員工聊天，發送糖果，並打扮成海盜與海盜船的樣子。當我聽到這個活動時，我立刻想著：這根本是披著機器人外皮的破壞者！有人告訴我，機器人藥劑師犯得錯誤比人類藥劑師少。在麻省理工學院，為了協助護理師進行病房勞務而設計的機器人Nao，能建議醫生決定該將病患移動到何處，哪一位護理師該去幫忙剖腹產，且理應能夠「解決」勞動力分配的問題。在關於Nao的論文中，麻省理工學院的茱莉・沙阿（Julie

Shah）及該論文的共同作者認為該機器人能有效減輕員工的負擔。[17] 同樣地，根據拉特里尼的看法，匹茲堡長老醫院內的TUG機器人們，正是醫院「重組」後的成果。

贊成機器人的一方，有時甚至宣稱機器人是解放勞動力、讓人們免於從事無趣且痛苦工作的關鍵，讓人們可脫離那些使人麻木、感覺疏離且（矛盾地）被剝除人性的工作。如果我們真的能擺脫這些工作，會有怎麼樣的不同？此派論點認為對護理師或清潔工來說，更換床單或倒煙灰缸是「毫無意義」的工作，而他們長期以來卻不得不執行這些令人疲憊且死板的例行性任務。（我並不同意這個論點，因在其所點到的工作中，部分涉及照顧，也是我認為極其重要的工作。）那麼開卡車不也總是相當悲慘嗎？超時工作、超速、發生車禍的風險、駕駛遠達幾千英里的無趣、遠離家人與家、住在汽車旅館，並因為吃速食而變得過胖。難道對人們來說，追尋自己工作中的意義並進而領悟生命的意義，不再是一件重要的事了嗎？

而關於未來機器人影響人類的第三種意見（即認為機器人造成的影響被過度誇大），看上去儘管對議題抱持著較慵懶態度、但涵蓋了機器人工作者優、缺點的框架，或許是最好的選擇。此派意見主要近似於《被科技威脅的未來》（*Rise of the Robots*）一書作者馬丁・福特（Martin Ford）所認為的，自動化是一個問題，且還是無可避免的問題；在一次採訪中，他開朗地告訴我，他是一位未來主義者。第三種意見的支持者陣營認為，機器人也沒什麼大不了的，但對於它們的入侵，我們應該試著做些反應。如同福特對我說的，我們應該學著如何去解決因為機器人出現而導致的失業情況。[18]

基本收入

還有我在稍早所提到的第四種意見，他們自然畏懼機器人的入侵，但認為或許只要我們願意接受無條件基本收入（Unconditional Basic Income），情況就不會太嚴重。第四種意見的代表包括無條件基本收入「大使」史考特．桑坦斯（Scott Santens）。身為一名作家也是該運動提倡者的桑坦斯，經常會撰文支持此一方案。桑德斯也親自告訴我——用著介於狂熱分子與活潑派對聚會常客的熱情，為了防止我們因為勢不可擋的機器人勞動力而受害，無條件基本收入是絕對必要的。身為一名科技宅，他表示光想到機器人看護，他就會非常興奮。等到他自己老的時候，他也想要一個。（他現在只有四十歲。）

桑坦斯在此一議題上的靈感，源自於自己的成長背景。他這一生，都是自營工作者（self-employed），負責設計網站等。「我從來沒有安全網。我也從來沒有享受過醫療保險、或退休福利計畫、保險。對我來說，這些都不存在。」他住在紐奧良，透過群眾募資來獲得收入（他視此為最原始的無條件基本收入——每個月都會有兩百五十個人贊助他）。當我問他如何看待自己時，他指出馬丁．路德．金恩（Martin Luther King）也是基本收入的支持者。根據桑坦斯的看法，所謂的全民基本收入是一筆設定好的年度津貼，由政府根據公民是否有工作的情況來發配。在美國，無條件基本收入的金額較有可能根據貧窮線來設定：舉例來說，每個人將得到一萬兩千四百八十六美元（根據個人貧窮線），而一個三口之家可以獲得一萬九千三百一十八美元。

儘管無條件基本收入的想法已經出現一段時間，但最近卻獲得群眾更廣泛的注意，從左派到科技「大使」、再到保守派。儘管人人的出發點不盡相同，最後卻走到同樣的手段。

「當前那些未獲得報酬的看護工作其一年的總價值約為七千億美元，」桑坦斯告訴我，該數字從二〇一二年的六千九百一十億美元之上，又成長了些，且約略占美國GDP的四．三％。[19] 此數字涵蓋了兒童的照顧，但也包括了成年子女照顧雙親，或年長的夫妻照顧彼此。桑坦斯幻想無條件基本收入就像是產後媽媽的有薪假，且還可以取代許多福利。類似如桑坦斯這樣的倡議者，認為在無條件基本收入的制度下，我們使用自動化來取代中產階級與勞工階級的工作就有了意義。且這麼做還能保護那些因為自動化而失去工作的人，緩和他們的自責，或甚至錯誤地將矛頭對準移民或那些生活在貧窮線之下人們的對立情況。

至於執行無條件基本收入所需要的資金該如何而來，提倡者堅稱此金額實際上並沒有如想像中那樣龐大。我們可以透過固定稅（flat tax）來募集資金。而無條件基本收入可以取代既存的社會安全網計畫（如醫療補助和社會安全等）的部分或全部。除此之外，該制度還能協助消除某些因為貧窮而發生的隱藏成本，像是因為投保或沒投保而收到的醫療帳單。

儘管目前沒有任何國家採取無條件基本收入政策，但此制度絕不只是一種幻想。二〇一七年夏天，加拿大的安大略省執行了一項囊括四千名參與者的無條件基本收入計畫。該實驗性計畫會給予參與者根據收入所計算出來的最低資金（無論人們賺得錢高於或低於此數字），且參與者還可以繼續使用社會福利。《渥太華公民報》（*Ottawa Citizen*）意氣風發地表示，當世界上其他國家的社會正經歷著分崩離析之際，他們卻能團結一致，推出此項計畫：「全民基本收入所蘊藏的美德，正是因為其對象為全民。此制度能給予人們額外的經濟保護，協助他們度過如失業這樣的意外」，或不順遂的生產。[20] 芬蘭人目前也正在根據一個規模相當小的樣本團體，來擬定無條件基本收入的執行，此外印度與納米比亞等地方，也推出了無條件基本收入的實驗性計畫。

美國的無條件基本收入推行歷史相當複雜。美國總統尼克森（Richard Nixon）也曾於一九六九年將此事付諸討論。一九七〇年代，在一項被稱為「維持所得」（income maintenance）的實驗中，特定地區如印第安納州加里（Gary）、華盛頓西雅圖等的居民，可以獲得一定金額的錢；該實驗於一九八二年結束。自那年之後，阿拉斯加開始給予其居民一種近似於無條件基本收入的補助——每年額外給予男性、女性、兒童一筆金額約為一千美元至一千五美元的國家紅利。

當工作不再必要——無條件基本收入的可能

現在，無條件基本收入的支持者融混了各式各樣的類型：創業投資者、民主黨和右派社會學家的查爾斯．莫瑞（Charles Murray）。女性主義理論學家凱茜．維克斯（Kathi Weeks）則認為，基本收入並非只是一種左派思維或令人頭疼的毀滅性解決方案，而是一種對於國家未能給予經濟援助、或甚至關注到女性為了照顧孩子、操持家務所付出勞力的一種理想回應。[21]自動化的發展已經達到相當極端的程度，導致工作就如同羅格斯大學（Rutgers University）歷史教授詹姆斯・李文斯頓（James Livingston）在其那本聰明而又大膽的《當工作消失》（*No More Work*）所言，「因為不會獲得薪水，而變得不再是社會所必須。勞動市場將瓦解且無法恢復。或者，在晚期資本主義（late capitalism）的席捲下達到完善。」[22]以資本來取代人類勞動的行為，變得愈來愈容易，亦即利用機器來取代「有血有肉活人」的情況，已經達到使資本與勞動似乎等同的程度。李文斯頓反對工作，或至少是那種被他視為近似於做牛做馬才能拿到薪資的傳統性工作。畢竟到頭來，薪資根本沒有跟上生活開銷或教育的腳步，在這場與機器人的競賽中，我們輸了，他這樣對我說。如果對工作的社會（歸屬）需求消失了，剩下的將只有需要工作收入來滿足的個人需求，他這樣寫道。如此一來，勞動力將不再成為我們定義自己的方式。工作將不再是獲得理想生活的手段，也不再是衡量我們能力或德行的標準。

在和無條件基本收入提倡者交談並瀏覽了眾多的論點後，我開始想像如果有無條件基本收入這份保障，我作為家長的體驗將會有什麼樣的改變。我想像著另一種或雙重生活，一種可以隨心所欲地探險並得到與現在截然不同結果的生活模式。如果無條件基本收入真的存在，那麼我或許就不需要為了檢查電子郵件，而不得不將女兒晾在一旁。此外，我還需要在忙著擰緊奶瓶蓋之餘，同時檢查日漸單薄的銀行帳戶餘額，並在腦中飛快進行各種重要的運算嗎？如果我不會因為照顧女兒失去數個月的收入，且在某種程度上，更像是因為照顧女兒而能獲得基本收入保障呢？

畢竟，根據讚揚無條件基本收入的擁護者，無條件基本收入能給予所有無償照顧者——如照顧孩子的家長、照顧伴侶的妻子、照顧年邁雙親的成年人等，最基本的貨幣援助。如果無條件基本收入真的能幫我們解決中產階級消失的問題，還能同時解決社會上普遍對照顧工作的輕視（部分或絕大多數原因，是因為此類工作被視為女性的，因而人們總是帶著有色眼鏡或性別歧視去看待），事情又會有怎麼樣的改變呢？

對於那些為了照顧孩子或年邁雙親、而不得不終日進行著無償而艱辛工作的母親與子女而言，無條件基本收入或許能為他們帶來意義非凡的價值。如同記者茱迪斯．舒萊維茨（Judith Shulevitz）在《紐約時報》中所寫道：「無條件基本收入或許能領導我們走向一個性別更平等的世界。額外的金錢或許能讓一名父親更願意成為主要的照顧者——只要他有這個意願。擁有工作的母親在付錢請保姆之餘，還能保有自己的收入。」[23] 換而言之，無條件基本收入或許能給予那些，為了所愛之人而願意從事照顧工作的人，免費的經濟與社會援助。如此一來，或許能徹底扭轉我們對照顧工作的態度。在無條件基本收入的施行下，或許感情羈絆將不再只是一種多愁善感，而是一種道德實踐與一份可接受的工作：法律保障我們可以因為付出愛，而獲得幫助。如同桑坦斯與其他提倡者所言，無條件基本收入允許我們將注意力放在如今往往將家庭壓得喘不過氣的育兒工作上。

回到那些當我的女兒對親餵的執著猶如難以撫慰的酒精成癮者，或如一隻企圖挖出松露的（漂亮）小豬的日子；回到那些我努力地想要了解她最基本需求、發現她喜歡在黑暗中聽著淋浴聲、喜歡聽到伴著收音機歡快背景音樂的父親低語、蜜蜂的圖片、被橄欖油和綿羊油和棉花球擦澡、「世界」這個單字和「美麗女孩」這句話的日子。她喜歡被放在肩膀上，透過肩膀窺視著那個曾經是她全世界的公寓。「判讀」這樣一個非語言的小生物，是一件極端費力且讓人筋疲力竭的勞動。照顧她真的就是一份全職工作。然而，我依舊需要真正的工作。諷刺的是，為了趁女兒不注意時趕緊進行編輯工作，我往往必須依賴（低程度的）自動化：那台能比我快速且比我更持久地將她來回擺盪的費雪牌（Fisher-Price）自動鞦韆椅。（這張鞦韆椅的外觀就像是一隻毛茸茸的可愛綿羊。）作為嬰兒的她，往往能在發出震動的機械綿羊懷抱中，安穩入睡。我知道自己應該坐在那張橘色的照顧椅上，抱著用印著小鴨的棉毯包裹著的她，親自滿足她對重複動作的渴望，但這張自動搖擺椅看上去表現得比我還出色。幸運的是，我至少還能跟她共處一室——

儘管眼睛盯著至今依舊被她視為爭寵最大對手的筆記型電腦。

無條件基本收入是否能幫助那時候的我，讓我不需要兼差接額外的編輯工作？更重要的是，此制度是否能幫助那些儘管處境遠比我來得脆弱、卻仍舊將孩子放在第一位的母親們？

更有溫度的選擇

在《被壓榨的一代》中，美國社會對於照顧工作的不在乎、且剝奪照顧者應得的報酬與尊敬，總是一而再、再而三地出現。這點充分解釋了為什麼中產階級難以在如今的美國社會立足，更成為機器人肆無忌憚崛起的基礎。不在乎照顧此份工作的人們，自然不明白這些行為中所存在的非正規性價值，像是病患與醫療人員在術後的互動——即便當這些醫護人員只是替病患更換床單或收走草莓傑樂（Jell-O）的包裝盒。這想起那位在我因生產而導致併發症、不得不多住院幾天的期間，經常來看我的護理師。這種具備人性的互動對我而言，極為重要，尤其在我穿著藍綠色住院服，踉蹌地拖著因為施打無痛分娩而嚴重腫脹的雙腿，只能反覆看著新手媽媽必備照顧手冊的時刻。看著我抱著那因為被生出來而震驚無比以致五官扭曲、有著如同默劇演員般美麗而淡然眉毛的母女合照，包覆在黑色絲質長袍下的我，是一個全然混亂的人類軀殼。然而在與護理師進行短暫的人性互動後，我會覺得自己終於拾回一點點人性。我記得被疼痛襲擊的自己或蹣跚穿越大廳時，所見到的每一張面龐。我記得他們對我說的每一句撫慰之詞。然而，未來將不存在這樣的時刻。

很少有人會反對更快速且精準的服務，但當我想到醫院機器人時，無論是基於女兒或母親的身分，我的心中出現了一股厭惡之情。近年來，我那年長的母親經歷了數次重大手術，像是更換膝關節等，因此，當我對她提起TUG機器人時，她單純地想像到自己躺在醫院病床上，有著簡潔外觀設計的機器人無微不至地照顧著她，像是替她收走床單等。認為在自己「最脆弱的時刻」（引用她本人的詞語），只會有機器人照顧她的想法，使人不寒而慄。她對護理師的感受，跟我產後的感受不謀而合。「你需要那種被真人環繞的感受，」母親這麼說。

確實，對於那些和我們共享短暫人性交流片刻（如替我們送餐）的醫院員工們，我們往往輕忽、貶低且未能給予對方適當的回報，更別提主動讚美。如果自動化最終能迫使我們將工作與收入進行切割（明白機器人已取代我們，因此我們付的錢並不是因為想要得到他人的勞動成果），我們將必須停止針對工作價值所展開的無論是左派或右派的道德論述。更重要的，我們還必須改變思維角度。我們必須學會重視那些此刻被我們視為毫無價值的非工作行為，此外，也必須保護並珍視那些包含此類非工作行為所付出的勞力。當工作成為一種被淘汰的事物時，愛會面臨怎麼樣的改變？照顧工作這種最近似於愛的體現，又會有怎麼樣的不同？難道沒有某些勞動工作如照顧，是絕對不該被機械化的嗎？我們對護理師這份工作的想法，點出了我們對照顧工作的貶抑。如果我們足夠重視照顧工作，我們或許就會反抗在身心飽受折磨的病人或經歷生產磨難的母親身邊，安排機器人而不是活人這樣的發展。

就更廣泛的角度而論，與其給予機器人人格化狀態，我們更應該將焦點放在如何透過組織來保護人類工作者和他們的家庭。

即便是那些很可能因為機器人而丟掉工作的人們，也很難鼓起勇氣說出自己對這些潛在機械對手的恨。如同作家兼卡車司機芬恩．墨菲對我提起的宿命論：「我不會採用盧德派的觀點，自駕車遲早會發生，他們或許可以砸毀紡織機，但自駕卡車依舊存在。」他似乎期望自己看上去更像是務實主義者。他自然不希望自己被視為一個逃避現實的理想主義者，徒勞地反抗科技的進步。

然而墨菲並不孤單。我經常聽到此種觀點，而我總是禁不住察覺到此種論點下所包覆的無可奈何默許。對我而言，此種默許就是一種徵兆。

首先：為什麼我們就不能是盧德派？就算不是盧德派，為什麼我們與卡車司機們不能提倡共同擁有自駕卡車所有權的做法，以避免上百萬名卡車司機被遺棄在真真實實的冰冷結局中？我們或許可以這麼假設，當機器人占上風時，多數職業將真的淪為佛洛伊德（Sigmund Freud）口中的「不可能的職業」（impossible professions）[24]，不僅僅因為它們帶給工作者「難以滿足的結果」，更因為這些工作根本不是為人類而存在。只有機器人從事的工作，就是如此。

或許很快地，許多職業領域——從護理師到法律助理、電影院售票員或收銀員等，都將成為不可能的職業。難道我們不該透過立法的手段，去協助那些被人類之友機器人所取代的各階層工作者嗎？我們自然也必須在自動化的討論中，再次將照顧工作當成討論的主題，並基於珍視人在脆弱中最需要與他人互動的出發點上，將照顧視為不能讓機器人涉足的重要勞動領域。我們應該基於人道觀點，更直接地挺身而出，或至少質疑為什麼一個逼迫上百萬名人類吞下失業苦果的事物，會被歌頌為「進步」？

或許在未來的世界裡，我們這些未能擁有機器人的人，必須從剩餘的殘羹剩渣中，賺取些許收入。[25]幾世紀之前，德國浪漫作家E・T・A・霍夫曼（E. T. A. Hoffmann）在其小說《機器人》（*The Automata*）中寫到：「儘管如此，最冷酷而無情的執行者將永遠是那遙遙領先的完美機器人。」最低限度上，我們至少該彰顯人類的溫暖與情感。當我們放棄了讓未來更加平等的企圖，我們或將失去一切。

結語

不平等的祕密生活

我在輕微的個人苦難中，著手寫下這本書。自二〇〇八年金融海嘯爆發後，我與週遭的人們陷於格外脆弱的處境中。我那些身為兼任教授或沒能寫足稿量的記者朋友們，無力負擔養育孩子的開銷；若將生活圈擴大來看，還有那些失去工作的圖片編輯、行政人員和木匠們。

在我開始替致力於報導不平等現象的非營利媒體進行編輯與管理工作時，周圍的朋友與熟人們開始向我徵求意見，那時我寫了一些關於困境和財務焦慮的文章。那些指定和資助的題材裡有曾經是中產階級、如今生活在沒有暖氣、只能以手機來寫作，還必須養育三個孩子的記者；還有為了討生活而販售文字者；為了養育孩子而去當女傭且需仰賴食物券而活、然而卻從未放棄寫作的堅強單親媽媽。我聽到第一手的消息，關於經濟不景氣產生了多麼巨大的影響，遠超過一般人想像。

不要責備自己

對於任何需要幫助的人，我的第一個建議是「不要責備自己」。自責的情緒無所不在，甚至具腐蝕性：在我女兒睡著後，從手機連結的耳機中所流淌出來的朋友聲音中；在公園或遊樂場內父母們低語交談的字裡行間。你已經盡力為孩子做到最好了，我想這樣對著因為孩子的學校選擇而不斷苛責自己的母親說。要想改變孩子就讀的學校，這個家庭或許就必須整個遷移到另一學區。而這個辦法卻也存在著是否可行的疑問，就算搬到那一學區，也只是讓孩子能去一間充斥著富裕家庭孩子的公立學校而已（而這些家庭能為了學校捐款）。你已經做到最棒了，我很想這麼說。有更多的原因能解釋為什麼你的工作和父母親相比，是如此不穩定。對於自己被驅逐出現在的住所、只為了讓其他人能將其改建為豪華套房的事，你無能為力。這是體制上的失敗。問題的規模遠超過個人可以處理的程度。我的建議聽上去就像是內心的獨白，反覆地誦念以平撫我自己及周圍人的思緒。學區內的學校太差不是你的錯；你和鄰居對於可共同分擔且價格合理的托兒費用觀念不同，也不是你的錯；你為了學位去上私立學校，然後再也快樂不起來，這更不是你的錯。

提供這些靈丹妙藥的我，站在陽光明媚的都市裡，用吸管死命地啜飲著冰咖啡。就連睡眠時刻，我那憂慮的潛意識也充斥著這些就像是在對自己說的建議：我總是做著關於找不到理想房子與學校的噩夢。

一開始，我為著自己的家庭而擔憂，因為我和先生除了擔任自由撰稿人以外，並沒有其他工作。當事情最終都步上軌道後，我從個人的親身經驗與數據中，徹底感受到職業女性的困境往往最為嚴重。她們總是最慘。我所認識的母親們以及我透過非營利組織給予補助金的女性們，她們的收入經常低於身邊的男性。至於那些曾經享有更多特權的人，那閃閃動人的樂觀光芒，早已從她們的眼中褪去。至於那些曾經是歷史上受壓迫且不被接納族群中一分子的人——從單親媽媽到有色人種父母，他們經歷的壓迫有時已經嚴重到幾乎使人窒息。

過不了多久，《挺身而進》（*Lean In*，激勵女性勇敢追求夢想的職涯著作）和工作／生活平衡這些觀點，將淪為無稽之談。對許多女性而言，無論她們接受過何種教育與訓練，最終也只能勉強度日。如同勞工階級女性主義代表人物桃莉．巴頓（Dolly

Parton），在被問到對於雪莉・桑德伯格《挺身而進》中企業女性的看法時，所給出的回應：「我竭盡心力，我奮起向上，但我不懂什麼叫挺身而進。」當我在編輯作家莎拉・史瑪許（Sarah Smarsh）的文章而讀到巴頓這段回應時，我聯想到了依賴食物券過活的兼任教授母親、被學貸壓得喘不過氣而充滿怨憤的律師，還有經歷懷孕歧視的工作者——她們全都竭盡心力。那些為了照顧孩子而不得不結盟，形成二十四小時照顧鏈的父母與照顧者，他們奮起向上。還有那些被迫開著Uber的學校老師與前記者們，以及好不容易可讓孩子免費上學卻因為健康檢查（包括腦部MRI檢查）必須繳交額外費用而苦惱不已的母親。我想起在擔任戰地記者時還使用著速記本與筆的約翰・庫伯曼，在被裁員後，他去脫衣舞俱樂部擔任經理，阻止那些因為嗑藥而爆發的衝突，拖著昏死的舞者而不是報導器材。

其中一名母親開玩笑地說，她們家的財務策略就是只生一個孩子。「作為相對貧窮的父母，我們沒有選擇生第二胎。」她說。然而，這不僅僅是一句玩笑話。如同勞倫・桑德勒（Lauren Sandler）在《獨一無二》（*One and Only*）中所寫到的，職業婦女包括我本人，為了生存只能少生一些孩子。

而我認為這些家長兼工作者的未來，只會變得更加晦暗。儘管某些身處在研究機構中的經濟學者們面對機器人崛起，發表了令人寬慰的看法，指出自動化革命無非是過度氾濫的概念而已，但就我所讀到與接觸到的眾多證人來看，除非我們做好準備，否則在前方等著我們所有工作者的，就是一個機器人地獄。（「機器人地獄」一詞，讓我一瞬間想到了《太空英雄》〔*Barbarella's*〕中機器人遙控娃娃大軍的進擊。）人們認為機器人會對勞工及中產階級造成不好的影響。可能被取代的職業從屠夫到藥劑師、報稅代理人到計程車司機等，涵蓋範疇可謂鋪天蓋地。如同史丹佛大學教授傑里・卡普蘭（Jerry Kaplan）所寫到的，面對此一機械化產物，「你衣領的顏色」已不再重要。[1] 根據一份於二〇一五年所發表的麥肯錫研究顯示，在當前美國國內所有職業中，約有六〇％的職業其三〇％的工作量很快就會由機器人取代。[2]

既然如此，我所面對的「不過是中產階級」的朋友們、財務狀況搖搖欲墜的作家、及訪談對象們，又該如何放輕鬆？這是一場生死存亡之戰，也是一場愧疚的鬥爭。套上牛仔褲，揮舞果汁盒，我們必須在這個社會對家庭的既定觀點中，尋找一條逃出迷宮的生路。

我們該怎麼做？

我開始搜尋那些可以緩解許多家庭困擾的解決方案。可能有效的解決辦法包括了小額的債務整合、共親職安排、學生貸款免除，以及適當的在職父母職場保護措施。（其中絕大多數是我們在稍前章節中討論過，或社會上會聽到的。）

又一次，我發現只有找到品質較好、價格較低廉且方便的托兒所時，婦女被再次雇用的機率才能提高，整個家庭也才有脫離不安穩的可能。我也發現，多數政治人物與企業管理階層們，總是盡力回避此一議題，他們假裝為人父母或組建家庭都是私人事務，涉及的只是我們個人應盡的義務。

我建議的其中一個解決方案，就是「推動全國性的育兒津貼計畫」，讓所有生孩子的美國人都能獲得額外的金錢補助。當前美國的稅務體制是透過子女稅收抵免（Child Tax Credit）政策來幫助部分有孩子的家庭（該計畫下每個孩子可獲得一千美元的抵免額），此外還有子女免稅金，但對於該如何強化此種幫助，社會上也開始出現廣泛地討論。如果能給予津貼，撫育孩子的家庭們就能獲得實質的金錢。在國際間，這種津貼相當普遍：舉例來說，在瑞士，人們視此種津貼為繳納房租、在餐廳用餐或添購額外嬰兒家具的辦法。在這方面，美國是多麼地落後，為了撫育下一代所給予的幫助居然如此稀少。

除了廣發育兒津貼給家庭外，最基本的解決方案則是高品質、全面性、獲得更多政府補貼的托兒所。對只有單親或雙親都需要工作的家庭來說，托兒體制的需求再明確不過（一個在概念上與當前處於備戰狀態的歐巴馬健保〔Obamacare〕較為相似的系統），好給予下一代富足的教養環境。而唯有享有特權者才能獲得良好托兒服務的現況，不應該被視為無可奈何的現實。分布更廣、更容易到達且能獲得充分補助的托兒所，對我們在本書中所認識到的托兒所工作者來說，也能讓他們的生活更加穩固；畢竟那些給予他們托兒費用的婦女們，往往也生活在難以擺脫的貧窮陰影中。在前述所提到的所有工作者處境中，我們見到階級、性別與種族是如何相互交織，而家長與照顧者又如何像是層層疊套的俄羅斯套娃般，組成一個隱憂極多的經濟共生體制。如同艾利斯．古爾德（Elise Gould）在經濟政策研究所於二〇一五年所發表的報告中指出，九五．六%的托兒所工作者為女性。另一個更不成比例的數字則指出，在這些工作者中，有一百二十萬名為移民或有色人種，且每七人之中就有一人生活在貧窮線之下。

對於這樣一個設計精良、具人性化、所費不貲的托兒體制，我們又該如何使其成真？作為答案，部分非營利組織和一間公司結盟，發起了名為「誰關心聯盟」（Who

Cares Coalition），試圖推動一個結合家庭、照顧者（來自Care.com護理服務市場網站上的工作者）以及智庫（以各種嶄新詞彙來陳述護理人員處境）的「社會改造運動」。當然，要想在這個人人備受壓榨的社會下推動革命，絕非易事，但這些社運也已經取得了些許成就，包括參與者愈來愈多的保姆與家務工作者合作社的誕生。

讓學前班普及吧！

而更有可能在我女兒童年時期就實現的改善，則是某些我們已經探討過的計畫推廣：全面性的公立幼稚園學前班。我第一次認識這個計畫，是在我所居住的紐約市裡。為了更加理解全面性的學前班計畫，以及探討推行至全國的概念，我採訪了在紐約市長比爾．白思豪任內下，負責推動學前班計畫的理查．布瑞。白思豪所率領的政府是如何執行此計畫的？而我們又能如何加速此計畫的普及？

首次推動的全面性學前班計畫，成長速度令人吃驚：從二〇一四年一月的兩萬名學前班名額，在同年九月成長到五萬一千五百名，又接著成長到二〇一五年九月的六萬八千名（儘管當時他們原本希望能擴增到七萬三千個名額）。布瑞表示，推動全面性學前班的祕訣（除了那來自政府的五年十五億撥款外），就在於跨縣市機關的協調，在此計畫中，有超過二十多個縣市機關加入。「這就像是在部署我們自己的迷你軍事行動，」布瑞如此描述當時他最主要的工作內容。這就是如何將紐約全面性公立學前班計畫在全美推動的第一課：盡快連結起各市政機關（包括聯邦政府層級與地方性機關）。

布瑞更提到，紐約市之所以能推行地如此順利，是因為他們利用了現存基礎設施，如天主教或猶太學校，作為學前班的地點。確實，紐約市成立了上千個教育場所，並募集了上千名教師。

這就是第二課：超越前人所設立的虛假障礙物（舉例來說，「噢，我們怎麼能利用宗教學校來推行政府計畫」——你當然可以，而且你就應該這麼做），並精簡擴大施行的時間與程序，盡可能刪掉一切繁文縟節。當我聽到布瑞說著這件事應該、也必須在全國各地方執行時，我腦袋忍不住開始轉著。如果一個如紐約市這樣規模龐大且多元的都市，都能成功推動學前班普及計畫，那麼其他更小的城市自然也能。唯一的原則就是不要過分拘泥於細節。對於執行全國性學前班計畫的其他城市，布瑞所給予的建議就是利用現存的學校資源，無論那個資源有多麼地不樂觀或異常（當然，你還需要獲得民眾與政治上的意願，以及各部位機關的協調）。「每個社區都特定資源——而每個地方都必須從自己做起。」

第三課：與加入此計畫的族群建立起一個健全的反饋迴圈。組織一個挑選焦點團體的制度，徵求參與學前班計畫父母的想法。舉例來說，根據布瑞的說法，紐約市的立法機關們就因此得知某些參與者很感謝公立學前班的計畫，讓他們每年能平均省下一萬到一萬五千美元的開銷。而這筆家家戶戶迫切需要的金錢，過去往往進了私立學前班、托兒所或保姆的口袋，或者迫使雙親不得不增加額外的上班時數或待在家裡照顧孩子。然而，對貧困家庭、甚至是中產階級家庭而言，這造成的身體勞累有時遠多過於經濟上的疲憊，布瑞如此說道。「在紐約，即便你年收入十萬美元，還是有可能過不下去，」布瑞補充道。

該城市目前也正在發展另一個、或許也能複製的計畫，叫做「3-K學前班」（3-K for All，即三歲孩童學前班）。（「我覺得這是一個相當絕妙的雙關語」，布瑞說。）3-K學前班將接納紐約市的三歲孩童，且施行地點就從兩個低收入學區開始，其中包括了布朗斯維爾（Brownsville）和南布朗克斯（South Bronx）。

推動基本收入保障

另一個潛在、且規模龐大的解決方案，則是我們在上一章所討論到的「全民基本收入」。二〇一七年，加拿大安大略省開始推動一個為期三年的基本收入保障（Basic Income Guarantee）實驗計畫。在該省之下的三個區域，安大略會提供每個人每個月一定額度的金額，每人每年所能收到的最高上限為兩萬四千美元。為了給予人們足以維持生活的基本收入，其每年預計的支出為五千萬美元，而任何單一收入低於三萬三千九百七十八美元、或雙人收入低於四萬八千五十四美元的人，都可以加入此計畫。

當我和加拿大的基本收入保障提倡者羅德里克．班尼斯（Roderick Benns）交談時，他向我解釋該計畫就像是一個社會緩衝安全枕，不但讓父母可以照顧自己的孩子，更改變了「有償勞動就是定義我們為人價值的觀念」。班尼斯的看法有些詩意，卻也是經過深思熟慮：「畢竟，照顧我們的下一代就像是我們人生的使命。」

「無條件基本收入」和「基本收入保障」聽上去有些古怪，有點像是科技業的時髦術語，如矽谷那堪稱荒謬的商業職稱「首席布道師」（chief evangelist）般。但現在，美國許多州開始認真看待此一想法，如夏威夷正在研議無條件基本收入是否能幫助其島上的勞工階級家庭，面對度假天堂那瘋狂的高物價。

當然，施行全面性無條件基本收入的方法，需要的可不僅僅是一支能在TED演講中侃侃而談的制度破壞者大軍。建立無條件基本收入或基本收入保障這樣的計畫，需要政治上的意願以及有責任感的領導。為了達成此一目標，我們需要一個新的國家結盟、願意為有薪假奮鬥的政府官員、進步的稅制，當然，還有一個具備無條件基本收入精神的政策。我們必須全力支持思維進步的非黨派人士，而這其中的辦法就待有興趣者以另一本書來闡述了。

企業政策改革

還有一個解決方案，是「企業必須正視員工的托兒需求」。這將造福廣大的美國民眾。企業曾在哪些地方展現對為人父母員工的體諒，或替那些為員工帶孩子的照顧者設想？非常少。某些公司確實在公司內推行了「職場托嬰」（babies at work）計畫，但根據職場育嬰組織（Parenting in the Workplace Institute）的調查，在全美僅發現約莫兩百個與此相關的計畫，這個比例簡直是微乎其微。而推出此一政策的公司，包括了製作嬰兒服裝的公司 Zutano。（在聽到這件事後，我立刻為女兒訂了一件 Zutano 的紅色腳踏車車褲。）Zutano 推行此一政策的時間早已超過十多年，該公司的創辦人也表示能充分參與孩子成長的父母，將是公司內待得最久且「最忠誠」的員工。對於那些希望降低員工離職率的大企業來說，這就是最好的先例。

其他規模較小的方案，包括了對「企業文化順應性」的評鑑制度，根據公司行號如何對待為人父母員工的方式，來表揚表現最佳的公司，同時譴責表現最差者。不想成為全民公敵的公司企業，就必須將家庭需求納入自己的經營考量中。在工作生活法律中心所發表的報告中，就列舉了五十個組織（全部都為法律領域）。而這些公司施行的方案有許多種，從虛擬法律事務所到允許員工部分時間內可在家工作的「工時全彈性」（full-time flex）政策。

儘管如此，這一切的辦法，都只是個開始。它們就像是草圖與微型藍圖。

在我們等待著那漫長——甚至超越我們育兒年份長度的社會架構改善之餘，我們還能做些什麼？

為自己提供出路

在面對黯而無光的處境時，我們可以試著改變自身的想法與態度。我痛恨自己必須說這種改變必須由內做起的話，感覺自己就像是企圖強迫學員進入更放鬆的攤屍式的瑜伽老師，但我們又該如何面對我們國家領導者的刻意忽視？

共親職或與其他父母組成共同托兒團體，涉及到共享，且必須為了大團體的利益放棄自己的計畫。參與此類新穎解決方案（偶爾）需要付出的自我控制能力，絕不僅僅是心靈上的修練，而我也不太願意推薦人們採取這個方案，因為我認為這個方案還需要運氣。畢竟，某些人為彌補方式，就隱藏在我們能否看開——從紛擾的亂世中抽離，回到自我、微觀、小而原始的愉悅中。我喜歡視此種內在轉變，為自己所創造出來的遮風避雨狀態。無論我們能否能和一小群志同道合者攜手向前，或「靠自己」獨行，這些方法的目標都是讓我們平安度過在政府失敗政策下所激起的滔天巨浪。

第一項自我改變為「停止責備」，在出現問題時，家長們往往會責怪自己或責備他人，我們需要改掉這樣的反應。

那些總是責備自己的父母親，在面對困境時往往會將錯推到自己身上，像是付不出醫療保險時，他們會認為一切都是自己的失敗，而不是體制的問題。而那些習慣責怪他人的父母，則如同社會學家亞莉・霍希爾德所說的，認為自己「被占便宜了」。威斯康辛大學（University of Wisconsin）的社會學家凱西・克萊默（Kathy Cramer）將自己位在威斯康辛州的鄰居作為研究對象，並發現他們深信自己在實際上，往往是吃虧的。他們認為自己作為「鄉村價值」的品味與信念，被輕忽或視如敝屣，而其他人如都市精英或移民們，則搶著擠到他們前頭。

然而，自責與責怪他人就像是銅板的兩面。假使「自責派」能站得更遠來看事情，他們或許就能明白自己的問題其實是整個混亂局勢下的一部分。如此一來，他們或許就能知道自己其實沒有那麼糟糕，而他們跟其他朋友及鄰居有許多相似之處，只是他們之前沒能察覺。

第二，我們需要「重新定義照顧」。當然，我們首先需要明白，我們面對的是一個對照顧有著嚴苛看法的社會現實。如同我之前所提到的，照顧者的薪資往往過低，價值也不被看重，與此同時，企業在育兒或孕期方面，給予員工的時間與空間、甚至是薪水都不夠。出現在本書中的許多人都是照顧者——如保姆、托兒所經營者、教師、教授與護理師，而這並不是一個巧合。我敢大聲說，這些工作之所以獲得的薪水過低，是因為我們不重視、甚至是輕視照顧者這份工作。汙名籠罩了所有與照顧相關的行業。以學校老師為例，美國人與其民意代表們總是嘴巴上說著教育是多麼重要，卻持續給予老師們差到不能再差的薪水，最近甚至開始攻擊教師工會。

但是，我們可以從自己做起，改變自己對照顧的看法。舉例來說，無論是在現實世界或網路世界中，我們可以實際支援照顧工作者所組成的合作社或工會（如我在書中所列舉的那些）。我們可以透過由工作者所營運的合作社來尋找家務工作者，而不是透過公司企業。例如，在紐約的話，我們可以使用布萊德利清潔（Brightly Cleaning），而不是亨迪（Handy）。如同長年來一直努力組織家務與照顧工作者的蒲艾真所說的，家庭幫傭是美國許多家庭得以維繫下去的原因，出於對這份原因的尊敬，我們應該重新定義對照顧的看法。

我們還可以質問自己更具哲思的問題，並挑戰自己過去的假設。為什麼我們要視照顧為一種軟弱的表現？當別人說他們覺得與所有勞動相比，和照顧相關的勞動（包括生孩子）較不重要、且不需要什麼知識時，我們為什麼不能挺身而出與其爭辯？許多人認為照顧是無聊、懦弱且順從的，完全跟不上當前這殘酷世代的標準，而我們為什麼不去挑戰這樣的論點？我們又為什麼總傾向於站在照顧者的對立面上？

為了重新定義我內心對照顧的看法，首先我必須處理自己對於照顧者與為人母親的定義，總是想著它們是不是沒那麼重要、或不太需要高深文化知識的疑慮。自詡為嚴謹思考者的我，認為這些工作完全不符合我對自己的想像，不但自甘墮落地淪為身體勞動者，更需要背負巨大的失敗風險。我甚至認為擁有一個與自己如此親密的孩子，在某種程度上，或許會侵害我的自我認同。

然而，我發現事實與我的想像截然相反。而這一切的醒悟，就發生在當我察覺自己在心理層次所展現出來的母愛，遠超越肉體所能做出來的母性行為、並知道這樣也很好的時候。我與女兒真摯的愛戀，就開始於那本塵封已久的一九六〇年代相簿。那是一本即便對曾經年幼的我而言，都屬於古董級別的相本，而裡面的主角是曾經生活在英國的我的家人。翻著相片集，我與女兒可以就這樣數小時地徜徉在語言與照片的汪洋中。

此外，藉由閱讀許多如學者瑪莎．納斯邦（Martha Nussbaum）和麗莎．貝拉伊斯特（Lisa Baraitser）所撰寫的一系列關於關懷倫理哲思的文章，我重塑了自己對於育兒的想法。舉例來說，此派哲學家或許會說，女性主義的關懷倫理，會讓某些只是單純較「自主的」團體或個人（如商業精英）的概念、或單純就是「脆弱的」對象如女性、照顧者與兒童的概念，變得更為複雜，因而無法展現此類別下族群的真實內在，或其具有的相互依賴性。

研究主題為母性倫理（恰巧是我所需）的貝拉伊斯特，寫到了母親那獨一無二的視角以及她所理解的「相互依賴、靈活性、關聯性、包容性……無朽之愛」這樣的價值觀；她宣稱這樣的價值，正是我們所該珍視的特質。[3]

貝拉伊斯特的分析，緊接在與其相似的概念「母性思維」（maternal thinking）之後。而提出該思想的哲學家兼母親，為莎拉．羅德迪克（Sara Ruddick）。一九八九年，羅德迪克提出作為母親，需要具備獨特且極端理想的思維模式。育兒是一種專業。對於跟孩子之間的關係，我們需要更靈活的思維方式，因孩子的大腦——借用羅德迪克的說法，就像是「開放式結構」。而此種得以掌控並徹底改變那早已成熟的思維模式，是否不僅僅能為個人與家庭帶來助益，更是職場上所珍視的特質？畢竟，在全球化市場下，我們必須面對的是各式各樣的思維與人格特質。（「在一個人因成為母親而需面對的事情中，藏著某些極為難能可貴的事物，」小說家托妮．莫里森〔Toni Morrison〕點出了這個優勢。「之所以像是超脫，是因為孩子所提出的要求不屬於一般『他人』所提出的要求。孩子對我的需求，讓我必須做到別人不曾要求我去做的事，像是成為一位出色的管理者，並保有一定程度的幽默感。」[4]）

在職場中，得以操控或和其他思維打交道（這也是從我們孩子身上學到的技能），不正是最可貴的技能嗎？人類學家莎拉・布萊弗・赫迪（Sarah Blaffer Hrdy）也從生物學的角度，來論證作為母親所擁有的優勢。她以靈長類動物的母親作為例子，赫迪的母親雖然負責撫養孩子，但也保有了自己的企圖心，為自己的家庭與年幼孩子的存亡而戰。她必須同時管理自身的欲望與矛盾，還有對於子女的熱情。無論是從生物學或關懷理論的角度來看，作為父母絕非一種倉促而成或降低自我的職業。這是一份講求心智成長的工作。

或許對於為人父母和照顧的嶄新思維，能幫助所有父母在抗拒與個人價值方面上，建立起自己的觀點。母親、父親、照顧工作者和監護人，在聆聽、勸說、領導和規劃時程方面，往往有著最深刻的實踐智慧。光是安排接送孩子的時間，就讓我們學到極為複雜的組織能力。為了理解孩子那廣泛而特異、有時還顛三倒四的思維脈絡與行為，作為父母的我們在理解他人想法上，也擁有超群的能力。

如果我們能視照顧為一種知識類型，那麼我們或許就能如第一章所提到的南諾那樣，理解為人父母實際上能讓我們成為一個準備充分、甚至是能力更上一層樓的工作者，而非人們對傳統工作所抱持的負面印象。養兒育女可以激發我們的必備技能，讓我們具備更好的處事技巧，而不僅僅是增加關於養育的知識。如果我們可以擁抱這些「能力」，我們或許就能發現母親不僅僅是一個衣服上沾著奶漬的可憐蟲，父親也不僅僅是一個必須捨棄一切樂趣的角色。

第三，我們可以藉由審視自己情感關係的方式，重新思考那頑強的「傳統性別角色定位」。根據社會學家者麥克．基莫的研究，儘管現在的男性分擔了更多的育兒責任，但在擦洗或整理玩具方面，他們執行的頻率依舊低於其女性伴侶。「父親們比較會帶著女兒在外頭玩球，而與此同時，母親負責在家裡打掃和準備午餐，」基莫說道。[5] 換而言之，母親在育兒方面的重大貢獻包括負擔絕大多數的家務，而此種付出至今仍舊像被隱形，且比例經常失衡。讓隱形的付出被看見、提升男性在操持家務上的付出，是我們在家庭層面上所能做出的改變。

好好認識「階級」

最後，在家庭中可以「公開地談論社會階級」。這個建議聽上去似乎很直白，卻又有些模糊。那麼，我到底是什麼意思？非常簡單，讓我們坦然面對自己對社會階級的感受。如果我們的政治或企業文化與家庭呈現對立，那我們至少應該試著反抗，而反抗就從坦然面對自己的處境、並接受自己對當前處境的感受開始。

學習如何進行此種對話，也正是許多組織如牙買加平原的「階級行動」（Class Action），所努力的目標。這個非營利性教育組織希望能協助老師與家長談論並思考社會階級。該組織的執行長安・菲利普斯（Anne Phillips）表示，在他們所舉辦的工作坊與訓練中，他們會敞開心胸地探討「階級文化」或社會階級、收入等議題。「階級行動」的最終目標，是菲利普斯所謂的「階級共享」（class sharing）：在工作坊中公開討論「得到什麼與為何得到這樣的薪水，並讓人們理解自己的階級背景，還有自身所擁有的力量與極限。」

或許這聽上去就很像是某種時髦的活動，讓頂層的人們可以透過遊戲「再次確認自己所享有的特權」，但菲利普斯向我澄清，在這些多數於私立學校內進行的活動中，他們接觸到許多來自不同階層的人們。

某些學校試圖在自己的校園內，開始解決不平等或貧富差距的問題。舉例來說，紐約市曼哈頓鄉村學校（Manhattan Country School）參與了一個讓學生們得以開始討論關於階級（還有道德與種族）界線的活動，並透過拜訪別人的家、討論自己居住區域、家中擁有什麼、吃哪些食物的方式，來理解彼此的差異。位於麻州劍橋市的夏山學校（Shady Hill School）教職員，則開發了一套問題以進行類似的活動。「我們該如何幫助學生理解差異，尤其在一個將個人價值與財富掛勾的社會下？」他們問到。此外，學生的家庭也會表達他們的關心，像是學校福利的走向，或在最有錢的家庭內舉辦一人帶一菜的聚會。

如果我們能支持學校擴大關於社會階級課程的安排，我們或許就能在孩子的求學生涯範圍內，探討關於財富的許許多多複雜面向。除了這些課程計畫外，我們還可以談論更多關於社會價值觀的事物，以及這些價值觀是否給予事物正確的評價。畢竟有許多父母的職業或許沒辦法拿到高薪，卻能表達出他們所接受過的訓練或擁有的技巧。我們之中有部分人的才華，並不能透過金錢來充分體現（或至少未能充分反映），卻能讓我們與工作完美地結合。對某些家庭來說，地位代表的是名譽。對其他人來說，卻可能代表了興趣或技藝。

身為家長的我們，也能決定這些對話的發生。在我動手寫這些文字的同時，我也開始和六歲的女兒談論階級與金錢的話題。她提出了許多問題，而我會深吸一口氣，並希望階級運動的人能告訴我，接下來我該如何表達。我知道這種話題總會自然而然地發生，畢竟對一切事物帶有好奇心，就是孩子的使命。我不會說謊，因此這些對話相當不容易。

作為話題的起點，女兒問我為什麼我們家附近有這麼多無家可歸的人，尤其是那位肩頭總是站著自己養的麻雀的女人。接著，女兒表示她希望我們能把她那天的所有點心都送出去，包括她的巧達兔餅乾與檸檬汽水。為什麼我們能有一個家，而他們卻沒有？她問我。我向她解釋，那些無家可歸的人或許曾經有過一個家，但現在失去了曾經擁有的人生。

接著，她疑惑地問，為什麼我們家沒有陽台，但她的某些朋友家裡就有。這代表他們很有錢嗎？為什麼我們沒有陽台？關於這題的答案，遠比我對第一題的答案來得更迂迴。我告訴她有些人賺得錢比較多，有些人則沒有那麼多，但有時候人之所以選擇不要那麼多的錢，是因為他們更希望將時間花在親自勞動或教書上。

對孩子來說，金錢和金錢的其中一種體現——社會階級，是如此誘人又神祕。如果我們不能透過談論家庭階級地位的方式，來挑戰當前社會存在的汙名，或許會使下一代的求學經驗（他們進行學習的重要場域）變質。而這是我們承擔不起的代價。

期待我們的政治領袖、我們的法院和我們的企業，能帶領我們走出壓榨。在等待的同時，我們當然也可以從自身改變下手。改變雖然不必然要先從自身再推廣到整個社會（希望有天如此），這是一個相當不聰明的排序態度，但是這就是我們目前所身處的現況。

致謝

好的文學，應該「包含生活自身的聲音，來自我童年時期所聽到的，以及來自如今街頭巷尾、家家戶戶、咖啡館、公車上所能聽到的」，至少，我近期最愛的俄羅斯作家斯維拉娜．亞歷塞維奇（Svetlana Alexievich），是這麼樣說的。

同樣地，我最大的感謝，必須歸於「生活自身的聲音」。對那些願意與我分享人生經驗、從而促成《被壓榨的一代》這本書誕生的無數美國家庭們，我必須致上內心最高的謝意。

在我零星接觸到與此本書相關的主題後，我必須感謝為我帶來靈感的經紀人吉兒．葛林博格（Jill Grinberg），和她心思細膩的同事丹妮絲．聖皮耶（Denise St. Pierre）。無論是就哪方面來看，吉兒的付出遠遠超出一名經紀人的職責，她的洞察力無人能及，而她的批評就如同智慧的燈塔。

我想讚揚我那完美的編輯丹妮絲．奧茲沃（Denise Oswald）她擁有罕見而傑出的判斷力與無與倫比的價值觀。在進行這本書的寫作時，我屢屢因為她的剖析而獲益匪淺，而這麼多年來我們之間所展開的對話，總讓我無比享受。我也必須對她在哈潑柯林斯（HarperCollins）的團隊——艾瑪．真納斯基（Emma Janaskie）、宣傳團隊艾許莉．葛蘭德（Ashley Garland）、梅根．迪恩斯（Meghan Deans）和米莉安．帕克（Miriam Parker），致上同等的感激之情。

我還想大力表揚本書那無與倫比的事實查證者昆恩．爾森—歐麥利（Queen Arsem-O'Malley），她真的是最出色的調查者。在她的努力付出下，本書有了極大的推進。

對《被壓榨的一代》這本書的主題來說，朋友是非常重要的救生索，對許多記者——包括我本人而言，社交網絡也是我們得以繼續載浮載沉、但從未淹沒的一個原因。沒有他們，就沒有這本書。在這之中，首先是扮演另個自我與合作對象的瑪雅．撒拉維茲（Maia Szalavitz）。她幾乎閱讀了每一篇章節段落，如果沒有她那犀利的思維和慷慨到幾乎離奇的親切，這本書根本不會誕生。而我的知己們也對這本書的創作，帶來莫大的幫助。他們本身也都是才華洋溢的作家，他們是極有天分的安．諾伊曼（Ann Neumann）和艾比．埃林（Abby Ellin），聰明且勇敢的女子，願意拿著重點筆一字一句、協助我瀏覽全部章節。此外，我也要感謝約翰．迪潘尼（John Timpane），他在編輯上的想法是如此精準且不可或缺。

我還要對偉大的芭芭拉．艾倫瑞克致上種種感激，四年前，她接納並帶領我加入她的經濟困難報告計畫，而我的人生也因此出現了改變，跟她和超棒的記者組織一同進行主編的工作，是我無上的光榮。作為朋友、同事、記者與推動歷史的力量，我無比地敬愛她。

我想要感謝在各個出版社所遇見的編輯們，尤其是負責我在《衛報》專欄的編輯，才華洋溢的潔西卡・瑞德（Jessica Reed）。我也想感謝自己在早期發展出如今成為這本書一部分的概念時，所結識的其他出版社編輯們：麗茲・瑞特納（Lizzy Ratner）、蘇珊・萊曼（Susan Lehman）、瑪麗亞・史特拉申斯基（Maria Streshinsky）、崔許・霍爾（Trish Hall）和伊莉莎白・威爾（Elizabeth Weil）等。我很感謝 Capital & Main 的丹尼・法因葛爾德（Danny Feinglod）和史蒂芬・米庫蘭（Steven Mikulan）所給予的編輯協助。經濟困難報告計畫的同事們，也讓我受益匪淺，在我為了完成本書的章節而進行迷你採訪之旅、暫離工作崗位時，他們總是不辭勞苦地繼續努力著。我要特別將感謝，獻給大衛・瓦利斯（David Wallis），謝謝他那出色的技巧與精彩絕倫（且絕不尋常）的常識，和效率超高的亞力克西斯・賈西亞（Alexis Garcia）和坦維爾・亞力（Tanveer Ali）。

對於那些在我寫此書時，曾經成為我談話與依賴對象的眾多摯友們，我也必須獻上自己無盡的感激。自大學時期起，就成為我密友的學者艾莉安娜・金（Eleana Kim），為我閱讀了本書的草稿，並不吝惜地與我分享她最棒的想法。而後來結識的朋友，學者艾連娜・克魯莫瓦（Elena Krumova）和黛佛拉・鮑姆（Devorah Baum），給予我理論性的寶貴意見。薇姬・德・格拉齊亞（Vicky de Grazia）則用著我最求之不得的批判眼光，替我審視了本書的前言。理查・凱（Richard Kaye）給予我閱讀建議。珍妮佛・德沃金（Jennifer Dworkin）為我帶來一些哲學方向的啟發。還有其他給予我無與倫比的支持與熱情的朋友：凱瑟琳・史都華（Katherine Stewart）、海蓮娜・歐廉（Helaine Olen）、瑞秋・烏柯維茨（Rachel Urkowitz）、莎拉・塞弗爾（Sarah Safer）、德爾・馬哈里奇（Dale Maharidge）、黛博拉・西格爾（Deborah Siegel）、凱瑟琳・塔利斯（Catherine Talese）、羅倫・桑德勒（Lauren Sandler）、貝琪・洛伊夫（Becky Roiphe）、茱蒂絲・馬特洛夫（Judith Matloff）、安・柯豪澤（Anne Kornhauser）、伊莉莎白・菲利伽拉（Elizabeth Felicella）、阿斯特・泰勒（Astra Taylor）和賈里德・霍特（Jared Hohlt）。我還要額外感謝彼得・孟德爾森（Peter Mendelsund），謝謝他那總是無比出色的建議，還有大衛・奧普克（David Opdyke）的投入。此外，我還要表揚我最喜歡的媽媽們，謝謝莎曼珊・尚菲爾德（Samantha Schonfeld）、米洛拉・索希特（Melorra Sochet）和凱特・維格納–高爾史丹（Kate Wagner-Goldstein），謝謝她們為本書所成立的 Instagram 焦點小組。還有，謝謝你，喬恩・西格爾（Jon Segal），讓這本書能在最棒的基礎下展開。

此外，有鑒於本書的主題與立場，我必須誠摯感謝我們家那完美的保姆群，讓我那過分緊湊的工作時間得以順利推進，從一開始的悉妮．范爾斯（Sydney Viles），然後是比利、侑拉、凱莉等許許多多了不起的年輕女性與男性。

我也要對我的母親芭芭拉獻上最誠摯的感謝，她長期作為編輯所累積的知識，提升了本書的質量，而她自身的寫作、女性主義學術成就與早期為了同時進行工作、創作與身為母親所經歷的掙扎，也成為我的靈感來源。

最後，我要將毫無保留的感謝，致與我的先生彼得．瑪斯（Peter Maass），還有我的女兒克萊奧．奎特．瑪斯（Cleo Quart Maass）。對你們的愛，促使我想要動筆寫下關於其他家庭、還有一點點關於我們的故事。

注釋

前言

1. “America’ s Shrinking Middle Class: A Close Look at Changes within Metropolitan Areas,” Pew Research Center, Washington, D.C., May 11, 2016, http://www.pewsocialtrends.org/2016/05/11/americas-shrinking-middle-class-a-close-look-at-changes-within-metropolitan-areas/.
2. 在計算中產階級的生活開銷方面，美國公共廣播電台知名節目「市場」（Marketplace）考量了與中產階級相關的物質商品（如度假和買房），以及為滿足基本生活的開銷（如汽油、日常用品、健康保險等）。Tommy Andres, “Does the Middle Class Life Cost More Than It Used To?” Marketplace, Minnesota Public Radio, June 9, 2016, https://www.marketplace.org/2016/06/09/economy/does-middle-class-life-cost-more-it-used.
3. “Fast Facts: Tuition Costs of Colleges and Universities,” National Center for Education Statistics, Washington, D.C., 2016, https://nces.ed.gov/fastfacts/display.asp?id=76.
4. Guy Standing used the term in his 2011 book The Precariat: The New Dangerous Class (London: Bloomsbury Academic, 2014).
5. Global Wealth Report 2015, Credit Suisse Research Institute, October 2015, https://publications.credit-suisse.com/tasks/render/file/?fileID=F2425415-DCA7-80B8-EAD989AF9341D47E.
6. Raj Chetty et al., “The Fading American Dream: Trends in Absolute Income Mobility since 1940,” Science 356, no. 6336: 398-406 (2017); David Leonhardt, “The American Dream, Quantified at Last,” New York Times, December 8, 2016, https://www.nytimes.com/2016/12/08/opinion/the-american-dream-quantified-at-last.html.
7. Rakesh Kochhar and Rich Morin, “Despite Recovery, Fewer Americans Identify as Middle Class,” Pew Research Center, Washington, D.C., January 27, 2014, http://www.pewresearch.org/fact-tank/2014/01/27/despite-recovery-fewer-americans-identify-as-middle-class/.
8. Ibid.

9. Fabian T. Pfeffer, Sheldon Danziger, and Robert F. Schoeni, "Wealth Levels, Wealth Inequality, and the Great Recession," Russell Sage Foundation, New York, June 2014, http://web.stanford.edu/group/scspi/_media/working_papers/pfeffer-danziger-schoeni_wealth-levels.pdf.

第1章

1. Cynthia Thomas Calvert, "Caregivers in the Workplace: Family Responsibilities Discrimination Litigation U 禁止歧視懷孕法 te 2016," Center for WorkLife Law, University of California, Hastings College of the Law, San Francisco, May 2016, http:// worklifelaw.org/publications/Caregivers-in-the-Workplace-FRD -u 禁止歧視懷孕法 te-2016.pdf, 4.

2. Vickie Elmer, "Workplace Pregnancy Discrimination Cases on the Rise," Washington Post, April 8, 2012, https://www.washingtonpost.com /business/capitalbusiness/workplace-pregnancy-discrimination -cases-on-the-rise/2012/04/06/gIQALWId4S_story.html?utm _term=.497c611809f3.

3. Scott Coltrane, "The Risky Business of Paternity Leave," The Atlantic, December 29, 2013, https://www .theatlantic.com/business/archive/2013/12/the-risky-business-of -paternity-leave/282688/.

4. "ParentalLeaveSurvey," Deloitte,June15,2016.

5. Jennifer L. Berdahl and Sue H. Moon, "Workplace Mistreatment of Middle Class Workers Based on Sex, Parenthood, and Caregiving," Journal of Social Issues 69, no. 2 (2013): 341–66.

6. Shelley J. Correll, Stephen Benard, and In Paik, "Getting a Job: Is There a Motherhood Penalty?" American Journal of Sociology 112, no. 5 (March 2007): 1297-339, http://gender.stanford.edu/sites/default/files/motherhoodpenalty .pdf.

7. Claire Cain Miller, "The Motherhood Penalty vs. the Fatherhood Bonus," New York Times, September 6, 2014, https://www.nytimes.com/2014/09/07/upshot/a-child-helps -your-career-if-youre-a-man.html.

8. Michelle J. Budig and Paula England, "The Wage Penalty for Motherhood," American Sociological Review 66, no. 2 (2001): 204.

9. "ACLU Files Discrimination Charges against Frontier Airlines on Behalf of Breast-Feeding Pilots," ACLU, New York, May 10, 2016, https:// www.aclu.org/news/aclu-files-discrimination-charges-against -frontier-airlines-behalf-breast-feeding-pilots.

10. Rachel Cusk, A Life' s Work: On Becoming a Mother (London: Picador, 2003), 5.

11. Tara Haelle, "Your Biggest C-Section Risk May Be Your Hospital," Consumer Reports, May 16, 2017.

12. "Paid Leave," National Partnership for Women & Families, Washington, D.C., http:// www.nationalpartnership.org/issues/work-family/paid-leave.html.

13. Mariko Oi, "How Much Do Women around the World Pay to Give Birth?" BBC News, February 13, 2015, http://www.bbc.com/news/business-31052665.

14. "Québec Parental Insurance Plan," Gouvernement du Québec, http://www4.gouv.qc.ca/EN/Portail /Citoyens/Evenements/DevenirParent/Pages/regm_quebc_assur _parnt.aspx.

15. Nancy Rasmussen, "Working in Denmark: Taking Parental Leave," The Local, May 6, 2015, https://www.thelocal .dk/20150506/working-in-denmark-maternity-and-parental-leave.

16. Dwyer Gunn, "How Should Parental Leave Be Structured? Ask Iceland," Slate, April 3, 2013, http:// www.slate.com/blogs/xx_factor/2013/04/03/paternity_leave_in _iceland_helps_mom_succeed_at_work_and_dad_succeed_at.html.

17. Pamela Druckerman, "The Perpetual Panic of American Parenthood," New York Times, October 13, 2016, https://www.nytimes .com/2016/10/14/opinion/the-perpetual-panic-of-american -parenthood.html.

18. Drew Desilver, "Access to Paid Family Leave Varies Widely across Employers, Industries," Pew Research Center, Washington, D.C., March 23, 2017, http:// www.pewresearch.org/fact-tank/2017/03/23/access-to-paid-family -leave-varies-widely-across-employers-industries/.

19. "OECD Family Database," Organization for Economic Cooperation and Development, Paris, http://www .oecd.org/els/family/database.htm.

20. 無可否認地，美國部分州正努力趕上如蒙特婁或哥本哈哥那般理想的育兒政策。二〇〇二年，加州開始給予部分資格吻合的工作者有薪家庭假，作為該州的傷殘保險計畫一部分。在每次發薪時，多數工作者會有低於一%的薪水被留作有薪家庭假之用，就跟社會安全（Social Security）機制一樣。繳納（加州）州立傷殘保險（State Disability Insurance，在薪資明細表上顯示項目為「SDI」）的工作者，必須慢慢累積出六週的津貼；津貼的金額從每週五十美元到一千一百七十三美元不等。接著，這些員工就可以在因為新生兒出生、需要經濟援助的情況下，領取部分金額。然而，SDI的補助僅有六週，且金額為原有薪水的五五%，與瑞典那超級有用的有薪假依舊有差距。目前，紐約的羅德島和紐澤西也施行了類似的計畫，而家庭假也正在社會的壓力下，朝全國性計畫轉型。 Rhode Island, New York, and New Jersey have adopted a similar program, and there is pressure to make family leave a federal program.

21. Goffman uses the term "covering" to describe the behaviors or strategies an individual uses to manage stigmas. Goffman, Stigma: Notes on the Management of Spoiled Identity (New York: Touchstone, 1986).

22. Deborah L. Brake and Joanna L. Grossman, "Unprotected Sex: The Pregnancy Discrimination Act at 35," Duke Journal of Gender Law and Policy 21 (2013): 67.

23. Joan C. Williams, "The Glass Ceiling and the Maternal Wall in Academia," New Directions for Higher Education 130 (2005): 91.

第2章

1. "MedicaidandCHIPEligibilityLevels," Medicaid, April 2016, https://www.medicaid.gov/medicaid/program -information/medicaid-and-chip-eligibility-levels/index.html.

2. These numbers were calculated by a senior researcher with the Urban Institute.

3. Hope Yen, "Which Group Now Receives the Most Food Stamps in U.S.?" Associated Press, January 27, 2014, https://www.equalvoiceforfamilies.org/new -group-receives-the-most-food-stamps-in-u-s-who/.

4. Bettina Chang, "Survey: The State of Adjunct Professors," Pacific Standard, March 19, 2015, https://psmag.com/economics/2015-survey-state-of-adjunct -professors.

5. Josh Mitchell, "Grad- School Loan Binge Fans Debt Worries," Wall Street Journal, August 18, 2015, https://www.wsj.com/articles/loan-binge-by -graduate-students-fans-debt-worries-1439951900.

6. Lauren Berlant, Cruel Optimism (Durham, NC: Duke University Press, 2011), 1.

7. Miya Tokumitsu, Do What You Love: And Other Lies about Success and Happiness (New York: Regan Arts, 2015).

8. Keith Hoeller, "The Wal-Mart-ization of Higher Education: How Young Professors Are Getting Screwed," Salon, February 16, 2014, http://www.salon.com/2014/02/16/the_wal _mart_ization_of_higher_education_how_young_professors_are _getting_screwed/.

9. Dean Spears, "Economic Decision- Making in Poverty Depletes Behavioral Control" (working paper, Princeton University, 2010), 12.

10. Linda Tirado, Hand to Mouth: Living in Bootstrap America (New York: G. P. Putnam' s Sons, 2015), 25.

11. 二〇一六年的美國總統大選，凸顯了當前在美國特定地區蔓延的「反菁英」、尤其是「反知識分子」的氛圍，正如學者黛佛拉·鮑姆（Devorah Baum）所描述的：政治生活中新崛起的無知價值觀。儘管有些人稱此流派為「川普主義」，但我認為該流派所代表的更顯著意義，在於「未受教育者」的認同崛起。川普陣營讓選民能以「未受教育」此一特質為傲。如同川普本人在經歷數次初選勝利後所說的：「我喜歡教育程度不高的人。」擁護該陣營的支持者，違背了美國數十年來的信念。主流政治家總是鼓勵人們追求更高的教育學位、學習過去幾世紀以來所積累而成的先人智慧、珍視知識，追求專精（無論是在政治界或市民身上）。

12. Alissa Quart, "Adventures in Neurohumanities," The Nation, May 8, 2013, https://www .thenation.com/article/adventures-neurohumanities/.

13. "Earnings in the Past 12 Months (in 2015 Inflation- Adjusted Dollars)" : 2015 American Community Survey One-Year Estimates," FactFinder, U.S. Census Bureau, Washington, D.C., https://factfinder.census.gov/faces/tableservices/jsf/pages/productview.xhtml?pid=ACS_15_1YR_S2001&prodType=table.

14. Jordan Weissmann, "The Ever-Shrinking Role of Tenured College Professors (in 1 Chart)," The Atlantic, April 10, 2013, https://www.theatlantic.com/business /archive/2013/04/the-ever-shrinking-role-of-tenured-college -professors-in-1-chart/274849/.

15. "A Portrait of Part-Time Faculty Members," Coalition on the Academic Workforce, June 2012, http://www.academicworkforce.org/CAW_portrait_2012.pdf.

16. Colleen Flaherty, "15K per Course?" Inside Higher Ed, February 9, 2015, https://www.insidehighered.com /news/2015/02/09/union-sets-aspirational-goal-adjunct-pay.

17. Alissa Quart, "The Professor Charity Case," Pacific Standard, March 19, 2015, https://psmag .com/social-justice/professor-charity-case-adjuncts-precaricorps.

18. "On National Adjunct Walkout Day, Professors Call Out Poverty-Level Wages and Poor Working Conditions," Democracy Now! February 25, 2015, https://www.democracynow.org/2015/2/25/on_national_adjunct _walkout_day_professors.

19. Paul F. Campos, "The Real Reason College Tuition Costs So Much," New York Times, April 4, 2015, https://www.nytimes.com/2015/04/05 /opinion/sunday/the-real-reason-college-tuition-costs-so-much .html.

20. John Hechinger, "The Troubling Dean-to-Professor Ratio," Bloomberg News, November 21, 2012, https://www.bloomberg.com/news/articles/2012-11-21/the -troubling-dean-to-professor-ratio.

21. Suzanne Hudson, "SB15-094 Defeated in Committee," American Association of University Professors Colorado Conference, January 29, 2015, https://aaupcolorado.org/page/2/.

22. Max Weber, The Protestant Ethic and the Spirit of Capitalism, trans. Talcott Parsons (New York: Dover, 2003).

第3章

1. G. William Domhoff, "The Rise and Fall of Labor Unions in the U.S.," Who Rules America? University of California, Santa Cruz, February 2013, http://www2.ucsc.edu /whorulesamerica/power/history_of_labor_unions.html; Megan Dunn and James Walker, "Union Membership in the United States," U.S. Bureau of Labor Statistics, Washington, D.C., September 2016, https://www.bls.gov/spotlight/2016/union -membership-in-the-united-states/pdf/union-membership-in-the -united-states.pdf.

2. Harriet B. Presser, "The Economy That Never Sleeps," Contexts 3, no. 2 (2004): 42.

3. LydiaSaad, "The '40-Hour' Workweek Is Actually Longer—by Seven Hours," Gallup News, August 29, 2014, http://news.gallup.com/poll/175286/hour-workweek-actually -longer-seven-hours.aspx.

4. Ben Casselman, "Yes, Some Companies Are Cutting Hours in Response to 'Obamacare,' " FiveThirtyEight, January 13, 2015, https://fivethirtyeight.com /features/yes-some-companies-are-cutting-hours-in-response-to -obamacare/.

5. "Employment Projections," U.S. Bureau of Labor Statistics, Washington, D.C., https://data.bls.gov/projections/occupationProj.

6. Kid Care Concierge, http:// kidcareconcierge.com/.

7. On Becoming a Mother (New York: St. Martin' s Press/Picador, 2001), 145.

8. "At Least 17 Percent of Workers Have Unstable Schedules," Economic Policy Institute, Washington, D.C., April 9, 2015, http://www. 美國經濟政策研究所 .org/press/at-least-17-percent -of-workers-have-unstable-schedules/.

9. "Recently Introduced and Enacted State and Local Fair Scheduling Legislation," National Women' s Law Center, Washington, D.C., May 2015, https://www.nwlc.org/sites/default /files/pdfs/recently_introduced_and_enacted_state_and_local_fair _scheduling_

legislation_apr_2015.pdf.

10. Saad, “The ‘40-Hour’ Workweek.”

11. 學者寶拉・英格蘭（Paula England）和南西・福爾布爾（Nancy Folbre）曾經寫道，照顧工作者由於和客戶（它們照顧的孩子或其他脆弱的族群）建立起情感上的聯繫，因此往往會認為要求更高的薪水可能會傷害到客戶。相反地，醫院、托兒所或學校的經營者則因為不會直接接觸到服務對象，往往能不帶感情地刪減開銷或重新安排工作時間。確實，這些做法也可能會「傷害」到那些為了改善情況、獲得更高薪資，而經常忙得焦頭爛額的父母們。

12. “PF3.1: Public Spending on Childcare and Early Education,” Organization for Economic Cooperation and Development, Social Policy Division, Directorate of Employment, Labour, and Social Affairs, November 22, 2011, https://www.oecd.org/els/soc/PF3_1_Public_spending_on _childcare_and_early_education.pdf, 2.

13. Elise Gould and Tanyell Cooke, Issue Brief 404: “High Quality Child Care Out of Reach for Working Families,” Economic Policy Institute, Washington, D.C., October 6, 2015, https://www.childcaresolutionscny.org/sites /default/files/child-care-is-out-of-reach.pdf, 2.

14. Jeremy Rifkin, The Age of Access: The New Culture of Hypercapitalism Where All of Life Is a Paid-For Experience (New York: TarcherPerigee, 2001), 112.

15. Viviana A. Zelizer, The Purchase of Intimacy (Princeton, NJ: Princeton University Press, 2007), 22.

16. ClaudioSanchez, “WhattheU.S.CanLearn from Finland, Where School Starts at Age 7,” Weekend Edition, NPR, March 8, 2014, http://www.npr.org/2014/03/08/287255411 /what-the-u-s-can-learn-from-finland-where-school-starts-at-age-7.

17. “Quebec Daycare Fees to Climb to $20 per Day for Highest-Earning Families,” CBC News, November 20, 2014, http://www.cbc.ca/news/canada/montreal /quebec-daycare-fees-to-climb-to-20-per-day-for-highest-earning -families-1.2841994.

18. “2014 Signature Report: An Analysis of Colorado’ s Licensed Child Care System,” Qualistar, September 2014, https://issuu.com/qualistarcolorado/docs/2014 _qualistar_colroado_signature_r, 3; Megan Verlee, “Report: Colorado Faces Statewide Daycare Shortage,” Colorado Public Radio, September 25, 2014.

19. Kirsti Marohn, “Shortage of Affordable Child Care Hampers Families,” Saint Cloud Times, April 2, 2016, http://www.sctimes.com/story/news /local/2016/04/02/shortage-affordable-child-care-hampers -families/82262546/.

20. Dana Goldstein, “Bill de Blasio’ s Pre-K Crusade,” The Atlantic, September 7, 2016, https://www .theatlantic.com/education/archive/2016/09/bill-de-blasios-prek -crusade/498830/?utm_source=feed.

21. W. Steven Barnett et al. “The State of Preschool 2016,” National Institute for Early Education Research, Rutgers Graduate School of Education, New Brunswick, NJ, 2017, http://nieer.org/wp-content/uploads/2017/05 /YB2016_StateofPreschool2.pdf. 86 28 percent of children:

22. “Single Parenthood in the United States—A Snapshot (2014 Edition),” Women’ s Legal Defense and Education Fund, New York,

https://www.legalmomentum.org/sites/default /files/reports/SingleParentSnapshot2014.pdf, 1.

第 4 章

1. Christopher J. Boyce, Gordon D. A. Brown, and Simon C. Moore, “Money and Happiness: Rank of Income, Not Income, Affects Life Satisfaction,” Psychological Science 21, no. 4 (2010): 471.
2. GlennFirebaughand Matthew B. Schroeder, “Does Your Neighbor’ s Income Affect Your Happiness?” American Journal of Sociology 115, no. 3 (2009): 805.
3. danah boyd, “Failing to See, Fueling Hatred,” Wired, March 3, 2017, https://www.wired .com/2017/03/dont-hate-silicon-valley-techies-who-complain -about-money/.
4. Michael Daly, Christopher Boyce, and Alex Wood, “A Social Rank Explanation of How Money Influences Health,” Health Psychology 34, no. 3 (2015): 222.
5. Edith Wharton, The Age of Innocence (New York: D. Appleton & Company, 1920; reprint, CreateSpace, 2015), 32.
6. Neal Gabler, “The Secret Shame of Middle-Class Americans,” The Atlantic, May 2016, https://www .theatlantic.com/magazine/archive/2016/05/my-secret-shame /476415/.
7. Helaine Olen, “All the Sad, Broke, Literary Men,” Slate, April 21, 2016, http://www.slate.com /articles/business/the_bills/2016/04/neal_gabler_s_atlantic_essay _is_part_of_an_old_aggravating_genre_the_sad.html.
8. M. G. Marmot et al. “Health Inequalities among British Civil Servants: The Whitehall II Study,” The Lancet 337, no. 8754 (June 8, 1991): 1387–93, http://www .thelancet.com/journals/lancet/article/PII0140-6736(91)93068-K /abstract.
9. Justin Weidner, Greg Kaplan, and Giovanni Violante, “The Wealthy Hand-to-Mouth,” Brookings Papers on Economic Activity (Spring 2014): 77–153, https://www .brookings.edu/wp-content/uploads/2016/07/2014a_Kaplan.pdf.
10. Adair Morse and Marianne Bertrand, “Trickle-Down Consumption,” Review of Economics and Statistics 98, no. 5 (2016): 863.
11. Elise Gould, Tanyell Cooke, and Will Kimball, “What Families Need to Get By: 美國經濟政策研究所’ s 2015 Family Budget Calculator,” Economic Policy Institute, Washington, D.C., August 26, 2015, http://www. 美國經濟政策研究所 .org/publication/what-families-need-to -get-by- 美國經濟政策研究所 s-2015-family-budget-calculator/.
12. Emmanuel Saez, “U.S. Top One Percent of Income Earners Hit New High in 2015 amid Strong Economic Growth,” Washington Center for Equitable Growth, July 1, 2016, http://equitablegrowth.org /research-analysis/u-s-top-one-percent-of-income-earners-hit -new-high-in-2015-amid-strong-economic-growth/.
13. Raj Chetty et al., “The Fading American Dream: Trends in Absolute Income Mobility since 1940,” Science 356, no. 6336 (2017): 398–406.

14. Debra Cassens Weiss, "At Least Half of the Lawyers in These Nine States and Jurisdictions Aren' t Working as Lawyers," ABA Journal, June 1, 2017, http://www .abajournal.com/news/article/at_least_half_of_the_lawyers_in _these_nine_states_and_jurisdictions_arent_w.
15. Steven J. Harper, "Too Many Law Students, Too Few Legal Jobs," New York Times, August 25, 2015, https://www.nytimes.com/2015/08/25/opinion/too-many-law -students-too-few-legal-jobs.html?mcubz=1.
16. Zack Friedman, "Student Loan Debt in 2017: A $1.3 Trillion Crisis," Forbes, February 21, 2017, https:// www.forbes.com/sites/zackfriedman/2017/02/21/student-loan -debt-statistics-2017/#3e097bfc5dab.
17. Didier Eribon, Returning to Reims, trans. Michael Lucey (Los Angeles: Semiotexte, 2013).
18. PaulCampos, "TheLaw- School Scam," The Atlantic, September 2014, https://www.theatlantic .com/magazine/archive/2014/09/the-law-school-scam/375069/.
19. Ilana Kowarski, "U.S. News Data: Law School Costs, Salary Prospects," U.S. News & World Report, March 15, 2017, https://www.yahoo.com/news/u-news-data-law -school-costs-salary-prospects-130000280.html.
20. Deborah Jones Merritt and Kyle McEntee, "The Leaky Pipeline for Women Entering the Legal Profession," November 2016, https://www.lstradio.com/women /documents/MerrittAndMcEnteeResearchSummary_Nov-2016.pdf.
21. Tim Noah, "The United States of Inequality," Slate, September 14, 2010.

第5章

1. Arlie Hochschild has used this term in her work since 2000.
2. "Poverty-Stricken Past and Present in the Mississippi Delta," PBS NewsHour, July 22, 2016, http:// www.pbs.org/newshour/bb/poverty-stricken-past-present -mississippi-delta/.
3. Michael Harrington, The Other America: Poverty in the United States (New York: Touchstone, 1962), 14.
4. "Who' s Minding the Kids? Child Care Arrangements: 2011—Detailed Tables," U.S. Census Bureau, Washington, D.C., April 13, 2013, https://www.census.gov/data /tables/2008/demo/2011-tables.html.
5. "Home Economics: The Invisible and Unregulated World of Domestic Work," National Domestic Workers Alliance, 2016, https://www.2016.domesticworkers.org /homeeconomics/.
6. 作為一九三五年羅斯福新政一部分的《國家勞資關係法案》（National Labor Relations Act），為了保障勞工的權益，准許私領域的雇員組成工會。然而家務工作者卻被排除在外（主要原因基本上可確定為種族歧視）。南方的立法者更堅持要將當時多由黑人擔任的農場工作者、家務工作者，排除在羅斯福總統於一九三八年所提出的《公平勞動標準法》（Fair Labor Standards Act）外。非正式的員工則無法獲得社會福利（如最低薪資保障）或失業救濟金。八十年後，就全美的狀況來看，事情確實有了改變。舉例來說，二〇一〇年，紐約頒布了《家事勞工權利法案》（Domestic Worker's Bill of Rights），確立了每日工作八小時和其他保障措施。

7. 如同蒲艾真在某次訪談中所提及的，她正在提倡一場「照顧工作」的變革，「將這個經常不被重視且遭受輕視、而薪水卑屈的工作，轉變成一個擁有職業發展前景的專業。」蒲艾真也指出，照顧工作的需求成長速度是其他常見工作的五倍。照顧這門職業是支撐起美國經濟生產力的骨幹，然而非正式的勞動工作卻沒能像上一世紀的工廠工作那樣，改善這些從業者的情況。

8. "Number of Form I-130, Petition for Alien Relative, by Category, Case Status, and USCIS Field Office or Service Center Location," U.S. Citizenship and Immigration Services, January 1–March 31, 2017, https://www.uscis.gov/sites/default/files/USCIS/Resources / Reports%20and%20Studies/Immigration%20Forms%20Data /Family-Based/I130_performancedata_fy2017_qtr2.pdf.

9. England, "Emerging Theories of Care Work," 381.

10. Jonathan Woetzel et al., "The Power of Parity: How Advancing Women' s Equality Can Add $12 Trillion to Global Growth," McKinsey Global Institute, September 2015, https://www.mckinsey.com/global-themes/employment-and -growth/how-advancing-womens-equality-can-add-12-trillion-to -global-growth.

11. Alexandra Sifferlin, "Women Are Still Doing Most of the Housework," Time, June 18, 2014, http:// time.com/2895235/men-housework-women/.

12. Kim Parker and Eileen Patten, "The Sandwich Generation: Rising Financial Burdens for Middle-Aged Americans," Pew Research Center, Washington, D.C., January 30, 2013, http://www.pewsocialtrends.org/2013/01/30/the-sandwich -generation/.

13. "Table A-1. Time Spent in Detailed Primary Activities and Percent of the Civilian Population Engaging in Each Activity, Averages per Day by Sex, 2016 Annual Averages," U.S. Bureau of Labor Statistics, Washington, D.C., 2016, https://www.bls.gov/tus/a1_2016.pdf.

14. Mierle Laderman Ukeles, "Manifesto for Maintenance Art, 1969," Arnolfini, https:// www.arnolfini.org.uk/blog/manifesto-for-maintenance-art-1969.

15. John Kucsera, with Gary Orfield, New York State' s Extreme School Segregation: Inequality, naction and a Damaged Future, Civil Rights Project/Proyecto Derechos Civiles, March 2014, https:// files.eric.ed.gov/fulltext/ED558739.pdf.

16. Sam Roberts, "Gap between Manhattan' s Rich and Poor Is Greatest in U.S., Census Finds," New York Times, September 17, 2014, https://www.nytimes.com/2014/09/18 /nyregion/gap-between-manhattans-rich-and-poor-is-greatest-in -us-census-finds.html.

17. "Inequality," The State of Working America, Economic Policy Institute, Washington, D.C., http:// www.stateofworkingamerica.org/fact-sheets/inequality-facts/.

18. Lawrence Summers, "It Can Be Morning Again for the World' s Middle Class," Financial Times, January 18, 2015, https://www.ft.com/content/826202e2-9d85 -11e4-8946-00144feabdc0.

19. "DP02: Selected Social Characteristics in the United States: 2015 American Community Survey 1-Year Estimates: New York City

and Boroughs," U.S. Census Bureau, Washington, D.C., 2015, http://www1.nyc.gov/assets/planning/download/pdf/data -maps/nyc-population/acs/soc_2015acs1yr_nyc.pdf.

20. Carola Suárez-Orozco and Marcelo M. Suárez-Orozco, Children of Immigration (Cambridge, MA: Harvard University Press, 2001).

第6章

1. "Support Portland Metro Area Schools This Summer," Uber Blog, June 20, 2016, https://www .uber.com/blog/portland/support-portland-metro-area-public -schools-this-summer/.
2. Joseph A. Vandello and Jennifer K. Bosson, "Hard Won and Easily Lost: A Review and Synthesis of Theory and Research on Precarious Manhood," Psychology of Men and Masculinity 14, no. 2 (2013): 101.
3. Michael Kimmel, Angry White Men: American Masculinity at the End of an Era (New York: Nation Books, 2013).
4. Heather Knight and Joaquin Palomino, "Teachers Priced Out: SF Educators Struggle to Stay amid Costly Housing, Stagnant Salaries," San Francisco Chronicle, May 13, 2016, http://projects.sfchronicle .com/2016/teacher-pay/.
5. Emmanuel Levinas, On Escape, trans. Bettina Bergo (Stanford, CA: Stanford University Press, 1935), 63.
6. Richard M. Ingersoll, "High Turnover Plagues Schools," September 2002, USA Today, August 14, 2002, retrieved from http://repository.upenn.edu/gse_pubs/130
7. Susan Adams, "More Than a Third of U.S. Workers Are Freelancers Now, but Is That Good for Them?" Forbes, September 5, 2014, https://www.forbes.com/sites /susanadams/2014/09/05/more-than-a-third-of-u-s-workers-are -freelancers-now-but-is-that-good-for-them/#54754dd921c3.
8. Davey Alba, "Judge Rejects Uber' s $100 Million Settlement with Drivers," Wired, August 18, 2016, https://www.wired.com/2016/08/uber-settlement-rejected/.

第7章

1. 小說家艾曼紐・卡黑爾（Emmanuel Carrere）將此段劇情描述為裁員之下的恐怖電影：「他用整天的時間四處遊蕩，但必須避開自己家裡周圍。他不和任何人交談，路上每一張臉都使他驚疑，深怕是自己的前同事。」Emmanuel Carrere, The Adversary, (Picador).

2. "2016 Student Loan Data U 禁止歧視懷孕法 te," Center for Microeconomic Data, Federal Reserve Bank of New York, New York, https://www.newyorkfed.org /microeconomics/databank.html.
3. Same Levin "Millionaire Tells Millennials: If You Want a House, Stop Buying Avocado Toast," Guardian, May 15, 2017, https://www.theguardian.com /lifeandstyle/2017/may/15/australian-millionaire-millennials -avocado-toast-house.

4. "Household Debt and Credit: 2017 Q2 Report," Center for Microeconomic Data, Federal Reserve Bank of New York, New York, https:// www.newyorkfed.org/microeconomics/hhdc/background.html.

5. PatriciaCohen, "Over 50, Female and Jobless Even as Others Return to Work," New York Times, January 1, 2016, https://www.nytimes.com/2016/01/02 /business/economy/over-50-female-and-jobless-even-as-others -return-to-work.html.

6. "Charge Statistics (Charges Filed with EEOC) FY 1997 through FY 2016," U.S. Equal Employment Opportunity Commission, https://www .eeoc.gov/eeoc/statistics/enforcement/charges.cfm.

7. Karen Kosanovich and Eleni Theodossiou Sherman, "Trends in Long-Term Unemployment," U.S. Bureau of Labor Statistics, Washington, D.C., March 2015, https://www.bls.gov/spotlight/2015/long-term -unemployment/pdf/long-term-unemployment.pdf.

8. ShahienNasiripour, "ITTTechnical Institute Shuts Down, Leaving a Hefty Bill," Bloomberg News, September 6, 2016, https://www.bloomberg.com/news/articles /2016-09-06/itt-technical-institutes-shuts-down-leaving-a-hefty -bill.

9. Camila Domonoske, "Judge Approves $25 Million Settlement of Trump University Lawsuit," NPR, March 31, 2017, http://www.npr.org/sections/thetwo-way /2017/03/31/522199535/judge-approves-25-million-settlement-of -trump-university-lawsuit.

10. Patrick Danner, "San Antonio House-Flipper Montelongo Sued by 164 Ex-Students," San Antonio Express-News, March 2, 2016, http://www.expressnews .com/real-estate/article/San-Antonio-house-flipper-Montelongo -sued-by-164-6866991.php.

11. Scott Sandage, Born Losers: A History of Failure in America (Cambridge, MA: Harvard University Press, 2006), 256.

12. F. Scott Fitzgerald, "My Lost City," in My Lost City: Personal Essays, 1920-1940, ed. James L. W. West III (Cambridge: Cambridge University Press, 2005), 114.

13. Saul Bellow, The Adventures of Augie March (New York: Viking Press, 1953), 1.

14. Theodore Dreiser, The Financier (New York: Harper & Brothers, 1912; reprint, New York: Penguin, 2008), 20.

15. 或如同畢甫・羅曼（主角之子）所言：「在高中畢業後，我用了六至七年的時間試圖工作養活自己。貨運公司的文書員、銷售員、各式各樣的生意。那些都像是最低賤的存在。必須在炎熱的夏日清晨擠上地鐵……且總是必須比別人搶先一步。」Arthur Miller, Death of a Salesman (Harmondsworth, U.K.: Penguin Books, 1996), 22.

16. Barbara Ehrenreich and Deirdre English, For Her Own Good: Two Centuries of the Experts' Advice to Women (New York: Random House, 2005), 331.

17. Mark Barenberg, "Widening the Scope of Worker Organizing: Legal Reforms to Facilitate Multi-Employer Organizing, Bargaining, and Striking," Roosevelt Institute, New York, October 7, 2015, http:// rooseveltinstitute.org/wp-content/uploads/2015/10/Widening-the -Scope-of-Worker-Organizing.pdf.

18. Lance Williams, "How Corinthian Colleges, a For-Profit Behemoth, Suddenly Imploded," Reveal, September 20, 2016, https://www .revealnews.org/article/how-corinthian-colleges-a-for-profit -behemoth-suddenly-imploded/.

19. 為了緩解中年失業父母所面臨的困境，還有許多更常見的方法，像是公費贊助且有目標的就職訓練，跟像現在許多企圖尋找自己第二、第三人生者所遭遇到的災難大雜燴般，有所差別。此種職業訓練不同於以往：沒那麼多個人主義，以務實為目標，著重於填補人力市場的人手短缺，而不是那些以個人或唯利是圖教育的想法為重。我們國家可以策劃更多由聯邦或州政府層級出資贊助的就職訓練，並鼓勵更多的工會和非營利組織去發展學徒制計畫。就現況而言，美國政府花在職業訓練體制與再受訓上的預算，遠低於其他已開發國家。前總統歐巴馬也曾試著在其第二任內，推動德國式的學徒制，希望能滿足機械操作員和機器人專家上的人手短缺。目前，「美國學徒制」（ApprenticeshiopUSA）也正在打造一個類似的體制。聯邦政府每年給予該計畫九千萬美元的經費，用於補助各州的學徒制度（尤其針對新興產業）。

第8章

1. Ken Doctor, “Newsonomics: The Halving of America’ s Daily Newsrooms,” Newsonomics, July 28, 2015, http://newsonomics.com/ newsonomics-the-halving-of-americas-daily-newsrooms/.
2. Claude S. Fischer, “Reversal of Fortune,” Boston Review, June 20, 2016, https://bostonreview.net/us/claude -fischer-reversal-fortune-urbanization-gentrification.
3. David Madden and Peter Marcuse, In Defense of Housing: The Politics of Crisis (New York: Verso, 2016).
4. 自一九六九年開始，有鑒於戰後所蓋的房子租金開始飆漲，紐約施行了租金管制；現在，有一百萬戶公寓依舊受此政策所規範，保護租客遠離巨幅飆漲的租金。有些人認為租金的穩定，有助於建立一個更為公平的住房市場，防範仕紳化（gentrification）的擴散。有些人則認為對住房實施價格限制，會減省供應意願，從而促使這些租金穩定或受管制區域內的房價成長。部分地方政府與聯邦政府也是圖透過法律上的方式（如給予承租房子給低收入戶者的房東稅務優惠），來回應人民對可負擔住房的請求。
5. “Cohousing in the United States: An Innovative Model of Sustainable Neighborhoods,” Cohousing Association of the United States, Boulder, CO, March 6, 2017, http://www .cohousing.org/sites/default/files/attachments/StateofCohousing intheU.S.%203-6-17.pdf.
6. Adrienne Rich, Of Woman Born: Motherhood as Experience and Institution (W. W. Norton & Company, 1995).

第9章

1. 該劇中的傭人們絕對比純潔的「上層」社會，更為吸睛、誘人；確實，該電視節目的第一季反映了當時英國新左派階級的思維。另外，《上層底層》的第一集是由女性主義小說家菲．維爾登（Fay Weldon）來撰寫，因此出現女傭的觀點也絕非巧合。
2. “American Time Survey: Leisure and Sports Activities: Leisure Time on an Average Day,” U.S. Bureau of Labor Statistics, Washington, D.C., last modified December 20, 2016, https://www.bls.gov/TUS /CHARTS/LEISURE.HTM.
3. 以 Netflix 耗資一億五千萬美元所拍攝的《王冠》（The Crown）電視劇為例，該劇的內容以伊莉莎白女王二世和皇室為主軸，其中一集更是以首度在電視上播放的女王加冕儀式為主題：藉由透過電視向其子民們分享儀式的極其豪奢輝煌，這名君主得以分散人民對於戰後配給與艱辛日子的關注。

4. Felicia R. Lee, "Being a Housewife Where Neither House nor Husband Is Needed," New York Times, March 5, 2008, http://www.nytimes.com/2008/03/05 /arts/television/05real.html.

5. Nicholas Confessore and Karen Yourish, "$2 Billion Worth of Free Media for Donald Trump," New York Times, March 15, 2016, https://www.nytimes .com/2016/03/16/upshot/measuring-donald-trumps-mammoth -advantage-in-free-media.html.

6. Will Wilkinson, "The Majesty of Trump," New York Times, November 2016, https://www.nytimes.com /interactive/projects/cp/opinion/election-night-2016/the-majesty -of-trump.

7. Michael Lerner, "Stop Shaming Trump Supporters," New York Times, November 9, 2016, https://www .nytimes.com/interactive/projects/cp/opinion/election-night-2016 /stop-shaming-trump-supporters.

8. Lev Manovich and Alise Tifentale, "Our Main Findings," Selfiecity, http://www .selfiecity.net/#findings.

9. Mark R. Leary, "Scholarly reflections on the 'Selfie,'" OUPblog, November 19, 2013, https://blog.oup.com /2013/11/scholarly-reflections-on-the-selfie-woty-2013/. Leary was asked, along with several other scholars, to write a short reflection; the article is not attributed to him.

10. 「生產性消費」（Prosumption），該詞最初是由艾文．托佛勒（Alvin Toffler）所創造，用於描述同時具備生產（production）與消費（consumption）意義的單一動作。我們透過社群媒體，提供給朋友一個美化並改造過的自己。而在這些動作之中隱藏著一定的期待，希望這些圖像能提升我們的總體社會資本，並掩飾自己那正在走下坡的記者或法律生涯。

11. 如果再往前走，回到一個電視尚未吸引所有人目光的時代，那些以我國（美國）歷史上經濟最黑暗時期──大蕭條時期為主題的電影，其所展現出來的富人生活，尤其出名。貧苦的美國人民成群結隊地排著隊，只希望能一睹螢幕中那穿著飄逸洋裝的美女，以及令人心醉神迷的音樂。而對於不平等的呈現，往往是透過如《我的戈佛雷》（My Man Godfrey（譯注：沒有官方翻譯）這樣的電影呈現：原本為遊民的主角，在任性富家女的命令下，參加了該時代的一%盛宴；或如《大國民》（Citizen Kane）中，經營著報業帝國的主角查爾斯．福斯特．凱恩（Charles Foster Kane）那樣。

12. Thomas Doherty, "Storied TV: Cable Is the New Novel," Chronicle of Higher Education, September 17, 2012, http://www.chronicle.com/article/Cable-Is-the-New -Novel/134420.

13. America' sShrinkingMiddleClass: A Close Look at Changes within Metropolitan Areas," Pew Research Center, Washington, D.C., May 11, 2016, http://www .pewsocialtrends.org/2016/05/11/americas-shrinking-middle-class -a-close-look-at-changes-within-metropolitan-areas/.

14. Michael Z. Newman and Elana Levine, Legitimating Television: Media Convergence and Cultural Status (New York: Routledge, 2012).

第10章

1. American Trucker Associations, "Reports, Trends & Statistics," http://www.trucking .org/NewsandInformationReportsIndustryData.aspx

2. World Economic Forum, "The Future of Jobs: Employment, Skills and Workforce Strategy for the Fourth Industrial Revolution," January 2016, p.13.
3. Joelle Renstrom, "Robot Nurses Will Make Shortages Obsolete," Daily Beast, September 24, 2016.
4. James Manyika et al., "Disruptive Technologies: Advances That Will Transform Life, Business, and the Global Economy," McKinsey Global Institute, May 2013, https://www.mckinsey.com/business-functions/digital -mckinsey/our-insights/disruptive-technologies.
5. Evans Data Corporation, "Software Developers Worry They Will Be Replaced By AI," March 2016.
6. Michael J. Hicks and Srikant Devaraj, "The Myth and the Reality of Manufacturing in America," Ball State University, Muncie, IN, June 2015, http://projects .cberdata.org/reports/MfgReality.pdf.
7. Brian Hopkins et al., "The Top Emerging Technologies to Watch: 2017 to 2021," Forrester, September 12, 2016, https://www.forrester.com/report /The+Top+Emerging+Technologies+To+Watch+2017+To+2021 /-/E-RES133144.
8. Marco della Cava, "Self-Driving Truck Makes First Trip—A 120-Mile Beer Run," USA Today, October 26, 2016, https://www.usatoday.com/story/tech/news /2016/10/25/120-mile-beer-run-made-self-driving-truck /92695580/.
9. "My Problem With Uber All Along." http://www.rushkoff.com/rebooting-work/ Douglas Rushkoff' s Website, Also Medium, October 17, 2015 in a review "Getting Over Uber" Susan Crawford.
10. Jenny Gold, "The Orderly Zipping around the Hospital May Be a Robot," Marketplace, Minnesota Public Radio, February 23, 2016, https://www.marketplace .org/2016/02/25/health-care/orderly-zipping-around-hospital -may-be-robot.
11. "Occupational Outlook Handbook: Registered Nurses," U.S. Bureau of Labor Statistics, Washington, D.C., last modified October 24, 2017, https://www .bls.gov/ooh/healthcare/registered-nurses.htm.
12. Benjamin Mullin, "Robot-Writing Increased AP' s Earnings Stories by Tenfold," Poynter, January 29, 2015, https://www.poynter.org/news/robot-writing-increased-aps -earnings-stories-tenfold.
13. Zeynep Tufekci, "Failing the Third Machine Age: When Robots Come for Grandma," Medium, July 22, 2014, https://medium.com/message/failing-the-third-machine-age -1883e647ba74.
14. James Griffiths, "Singapore Turns to Robots to Get Seniors Moving," CNN, February 29, 2016, http://www.cnn.com/2015/10/20/asia/singapore-aging -robot-coaches-seniors/index.html.
15. Louise Aronson, "The Future of Robot Caregivers," New York Times, July 19, 2014, https://www.nytimes.com/2014/07/20/opinion/sunday/the-future -of-robot-caregivers.html.
16. SianneNgai, "TheoryoftheGimmick," Critical Inquiry 43, no. 2 (2017): 467.
17. Adam Conner-Simons, "Robot Helps Nurses Schedule Tasks on Labor Floor," MIT News, July 13, 2016. http://news.mit.edu/2016/robot-helps-nurses-schedule-tasks -on-labor-floor-0713.

18. The tech intellectual Jaron Lanier calls the winners of the rise of the robots the "siren servers." He dubs this tech ruling class—those who produce and finance these machines— "narcissists; blind to where value comes from, including the web of global interdependence that is at the core of their own value." (Those who reap the most from this efficiency are, by and large, rich technologists.) Jaron Lanier, Who Owns the Future? (New York: Simon & Schuster, 2013.)
19. Deborah Bach, "Study Reveals Surprising Truths about Caregivers," UWNews, June 16, 2015, https://www.washington.edu/news/2015/06/16/study-reveals -surprising-truths-about-caregivers/.
20. Madeline Ashby, "Ashby: Let' s Talk about Canadian Values (Values Like a Universal Basic Income)," Ottawa Citizen, November 15, 2016, http://ottawacitizen.com /opinion/columnists/ashby-lets-talk-about-canadian-values-values -like-a-universal-basic-income.
21. Kathi Weeks, The Problem with Work: Feminism, Marxism, Antiwork Politics, and Postwork Imaginaries (Durham, NC: Duke University Press, 2011).
22. James Livingston, No More Work: Why Full Employment Is a Bad Idea (Chapel Hill: University of North Carolina Press, 2016).
23. Judith Shulevitz, "It' s Payback Time for Women," New York Times, January 10, 2016.
24. Barbara Almond, "The Fourth Impossible Profession," Psychology Today, November 5, 2010, https://www .psychologytoday.com/blog/maternal-ambivalence/201011/the -fourth-impossible-profession.
25. As the writer Sue Halpern put it in the New York Review of Books: "All economies have winners and losers. It does not take a sophisticated algorithm to figure out that the winners in the decades ahead are going to be those who own the robots, for they will have vanquished labor with their capital." Halpern, "Our Driverless Future," New York Review of Books, November 24, 2016, http://www.nybooks.com/articles/2016 /11/24/driverless-intelligent-cars-road-ahead/.

結語

1. JerryKaplan,Humans Need Not Apply: A Guide to Wealth and Work in the Age of Artificial Intelligence (New Haven, CT: Yale University Press, 2015).
2. Michael Chui, James Manyika, and Mehdi Miremadi, "Four Fundamentals of Workplace Automation," McKinsey Quarterly, November 2015, https://www.mckinsey .com/business-functions/digital-mckinsey/our-insights/four -fundamentals-of-workplace-automation.
3. Lisa Baraitser, Maternal Encounters: The Ethics of Interruption (London: Routledge, 2009), 26.
4. Toni Morrison, Conversations with Toni Morrison, ed. Danille K. Taylor-Guthrie (Jackson: University Press of Mississippi, 1994), 270.
5. Michael Kimmel, Angry White Men: American Masculinity at the End of an Era (New York: Nation Books, 2013).

被壓榨的一代

發薪即破財——
直面高房價、高通膨時代的虐心解讀

Squeezed: Why Our Families Can't Afford America

作者：艾莉莎．奎特（Alissa Quart）｜譯者：李祐寧｜主編：鍾涵瀞｜特約副主編：李衡昕｜編輯協力：王萱｜行銷企劃總監：蔡慧華｜視覺：木木、吳靜雯｜印務：黃禮賢、林文義｜社長：郭重興｜發行人兼出版總監：曾大福｜出版發行：八旗文化／遠足文化事業股份有限公司｜地址：23141 新北市新店區民權路108-2號9樓｜電話：02-2218-1417｜傳真：02-8667-1851｜客服專線：0800-221-029｜信箱gusa0601@gmail.com｜臉書：facebook.com/gusapublishing｜法律顧問：華洋法律事務所 蘇文生律師｜二版一刷：2022年5月｜電子書EISBN：9789860763881（EPUB）、9789860763874（PDF）｜定價：460元

國家圖書館出版品預行編目(CIP)資料

被壓榨的一代：發薪即破財——直面高房價、高通膨時代的虐心解讀 / 艾莉莎・奎特 (Alissa Quart) 作；李祐寧譯. -- 二版. -- 新北市：八旗文化出版：遠足文化事業股份有限公司發行，2022.05

368面 ;14.8×21公分

譯自：Squeezed : why our families can't afford America

ISBN 978-986-0763-85-0（平裝）

1.中產階級 2.經濟政策

546.16 111000787